全媒体记者
必备素质构成与培养

伊文臣 ◎ 著

江西高校出版社

图书在版编目(CIP)数据

全媒体记者必备素质构成与培养/伊文臣著.——南昌:江西高校出版社,2018.10(2022.3重印)
ISBN 978-7-5493-7676-6

Ⅰ.①全… Ⅱ.①伊… Ⅲ.①记者—新闻工作—研究—中国 Ⅳ.①G214.2

中国版本图书馆 CIP 数据核字(2018)第 220455 号

出版发行	江西高校出版社
社　　址	江西省南昌市洪都北大道96号
总编室电话	(0791)88504319
销售电话	(0791)88592590
网　　址	www.juacp.com
印　　刷	天津画中画印刷有限公司
经　　销	全国新华书店
开　　本	700mm×1000mm　1/16
印　　张	13
字　　数	226千字
版　　次	2018年10月第1版 2022年3月第2次印刷
书　　号	ISBN 978-7-5493-7676-6
定　　价	58.00元

赣版权登字-07-2018-1095
版权所有　侵权必究

图书若有印装问题,请随时向本社印制部(0791-88513257)退换

"VR+新闻"热潮中的变革、挑战与坚守
——代为序

媒体的飞速发展是大家有目共睹的事实,眼花缭乱的技术,不断更新的观念,推陈出新的形态,这些变化总会给媒体一种来不及适应的感觉。同时,在这样的背景下,作为个体的记者,也会有无所适从之感。于是,媒介融合的背景下,记者应具备怎样的素质,如何培养适应新时代媒介环境的能力,这就成了各界关注的焦点。这也正是本书的出发点和落脚点。

只是,在实践面前,理论难免会显得有些滞后,就像本书从选题确定到最终成稿,整个过程中一些数据和观点已经在发生变化,这也让笔者感到力不从心。但是,冷静思考,毕竟无论时代再怎么变,总有一些核心的内容需要坚守。

就像当下热门的VR技术,它已经对社会的方方面面产生了不同程度的影响,"VR+新闻"的形式也已呈现。虽然虚拟现实技术进入新闻领域的时间并不长,但已经为新闻开辟了新的视角,出现了"沉浸式新闻"的报道形态,受众也从旁观者转化为目击者。但其中存在的技术局限、伦理风险、人才短缺等问题也不容忽视。因此,在VR热潮中,同样要坚守新闻媒体的责任,坚守新闻人的专业精神。笔者用2017年发表的一篇论文《"VR+新闻"热潮中的变革、挑战与坚守》作为序,希望能给大家一些启示。

虚拟现实技术(VR)在经历了萌芽、理论研究、实际应用的几个阶段后,如今已经到了全面大发展的时代,并对社会产生了广泛影响。教育、房地产、军事、医疗等行业都在逐渐地涉及这一技术。2016年,在拉斯维加斯和上海举办的消费电子展(CES)上,虚拟现实是最引人关注的焦点。从展会情况看,虚拟现实系统、硬件设备和游戏、影视等各种VR内容均有涉及。在这样的大背景下,"VR+新闻"的形式也逐渐被重视。正如每一次新技术的应用会带给新闻行业新的变革一样,VR技术的到来再一次引发了人们的思考:VR技术到底能够带给新闻怎样的变化?二者在融合的过程中又面临着怎样的挑战?新闻行业在变革与坚守的博弈中如何健康发展?下面将对这些问题做一个梳理。

一、VR 技术在新闻行业中的应用

VR 技术又称虚拟现实技术,是一种可以创建和体验虚拟世界的计算机仿真技术,通过这种技术,用户可以沉浸在一个多源信息融合的交互式三维动态视景和实体行为系统中。虚拟现实技术具有的多感知性、浸没感、交互性、构想性等特点[①],为 VR 技术贴上了注重用户体验的标签。因此,游戏、影视、娱乐等由消费者推动的行业,最先受到影响。

在电影制作中,通过大量运用虚拟现实技术和数字影像合成技术,可以创造出一种"真实的非真实"影像世界,把导演的想象力发挥到最大限度。在 2015 年的美国圣丹斯电影节上,一部完全依靠计算机动画(CG)制作的 VR 短片《迷失》(LOST)引来热议;2015 年 10 月 10 日至 18 日,由英国电影协会主办的伦敦电影节举办了全新的虚拟现实故事展,涉及纪录片、科幻片、动画片等类型;《速度与激情》系列的导演林诣彬也在 2016 年拍摄了一部 VR 短片《求救》(HELP)。

电视人也开始尝试将 VR 技术引入其电视节目制作中。2015 年,英国广播公司与一个名为"倒带"的工作室合作,制作了一档以 360°全景 VR 技术拍摄的真人秀节目《舞动奇迹》,节目播出后大受欢迎;2016 年 2 月,英国广播公司采用 VR 技术制作了一部关于大型草食性恐龙的教学片,可以让观众模拟与巨型动物的亲密接触,甚至还可以在"透视"状态下感受恐龙的心跳。

以真实为生命的新闻也并不排斥虚拟现实技术的介入,率先尝试将虚拟现实技术引入新闻报道并产生影响的是美国甘内特(Gannett)集团旗下的《得梅因纪事报》(Des Moines Register)。2013 年,该报推出大型解释性报道《丰收的变化》(Harvest of Change),获得了甘内特季度创新大奖,吸引了超过 40 万的网页点击率。

这样的尝试在 2015 年呈现了多样化的态势,国内外的许多媒体以及高校都做出了尝试。2015 年 9 月,美国广播公司新闻部推出了一个全新的服务"ABC 新闻 VR",即通过 VR 技术将观众带到新闻现场,而美国广播公司也成为全世界第一家利用 VR 技术报道新闻的电视台。《纽约时报》也积极涉足 VR 技术,不仅推出了自己的平台,还积极探索新的商业模式。2015 年 11 月 6 日,《纽约时报》推出 VR 客户端"NYT VR",已经有 11 段新闻纪录片和 4 段广告影片上线。其中,最知名的一部是《流离失所》(The Displaced),它以三个孩子的视角,展现

---

① 王艳东.虚拟现实新闻系统[J].中国传媒科技,2008(12).

他们周围的环境——一间千疮百孔的教室、一片致命的沼泽、辛苦劳作的年轻的流亡者等,从而揭示全球难民的状况。

国内较早推出 VR 作品的媒体是财新网。它在 2015 年 9 月推出中国首部 VR 纪录片《乡村里的幼儿园》。2015 年"9·3"胜利日大阅兵时,《人民日报》全媒体平台首次引进全景 VR 视频设备全程记录阅兵现场,使得观众能够身临其境、全方位地感受阅兵式。2016 年的全国"两会"报道中,VR 技术也派上了用场,比如新浪网推出 VR 全景式报道《人民大会堂全景巡游》,使百姓能够全方位、多角度地观看会议。上海文化广播影视集团(SMG)在 2016 年也宣布入股美国 VR 公司 JAUNT,并联合微鲸科技、JAUNT,共同出资 1 亿美元成立 JAUNT 中国。SMG 同时还储备了 VR 综艺节目,另外,该集团还利用 VR 技术拍出了一则上海拆除违章建筑的新闻。

暴风魔镜、国家广告研究院、知萌咨询联合推出的《中国 VR 用户行为调查》显示,无论是重度用户还是浅度用户,在最感兴趣的十大 VR 行业中,VR 与新闻的结合均榜上有名。而在用户感兴趣的 VR+场景中,全景直播新闻则排名前五,在重度用户和浅度用户中的关注度分别为 67.2% 和 58.7%。可见,VR 技术将给新闻业带来许多新变化。

二、"VR+新闻"开辟新闻新视角

2016 年,在华盛顿举行的全球新闻媒体代表大会(World News Media Congress)上,由世界编辑论坛(World Editors Forum)撰写的《新闻编辑室趋势 2015》正式发布,报告中列举了新闻编辑室在 9 个方面的发展趋势,第一条便是交互新闻游戏与虚拟现实兴起。其中提到,新兴的可穿戴技术,以及像谷歌眼镜(Google Cardboard)和电子游戏设计的头戴式显示器(Oculus Rift)这样经济实惠的虚拟现实设备,正逐步改变着新闻媒体生产新闻的方式。综观当前 VR 与新闻的结合,已经呈现了以下四种新变化。

1. 传统媒体新领域

近年来,在新媒体的冲击下,传统媒体也纷纷推出新媒体业务,希望在媒介融合的大趋势中能够占有一席之地。VR 技术的引入,为传统媒体又开辟了一个新的领域。新媒体在技术、人才、理念方面,比起传统媒体有一些优势,但在 VR 技术面前,新媒体和传统媒体几乎还在同一起跑线上。所以,传统媒体在实践中并没有落后,而是在这新领域中不断做出新动作。这一点对于平面媒体来说,体现得更为突出。在影视传媒领域,VR 技术多用于现有的产品中,如应用在电视节目的拍摄、制作环节。而平面媒体则完全是在生产新产品,并为新产品在创造着合适的平台。

这方面《纽约时报》的经历最为典型。《纽约时报》不仅推出 VR 纪录片、VR 新闻现场视频,还专门推出了一款面向智能手机和谷歌眼镜的虚拟现实新闻客户端 NTY VR。这款 App 在 2015 年 11 月 6 日上线当天,《纽约时报》向美国国内家庭订阅户免费送出一百万套"Google Cardboard"(谷歌眼镜),让读者尽快感受 VR 技术魅力的同时,也扩大了《纽约时报》在受众中的影响力。

2. 新闻报道新形态

在虚拟现实技术的支持下,新闻产品的形态将不限于文字、音频、视频,媒体可以制作出让受众身临其境的作品。基于 VR 技术多感知性、浸没感、交互性、构想性等特点,虚拟现实新闻又被称为沉浸式新闻。有虚拟现实教母之称的诺妮·德拉佩纳提出,沉浸式新闻是一种能让观众获得新闻故事中描述的事件或情形的第一人称体验的新闻生产形式。① 沉浸式新闻与以往的报道形式相比,最突出的特点就在于即使电视现场直播也难以达到的强烈的现场感。同时,新闻报道中的故事化理念将进一步延伸,在 VR 新闻中,记者不只是讲故事,而是将受众置身在故事的场景中,用现场人物的视角真切地感受现场的细节、氛围,让受众获取新闻信息的方式从平面视角转换到立体化空间。

3. 新闻生产新流程

"VR + 新闻"的生产流程不同于传统的新闻生产,从技术上来讲更复杂,需要更多的环节和团队合作。诺妮·德拉佩纳在 VR 新闻的研究和实践方面均有着丰富的经验。她和团队的制作过程一般分为前期和后期两个步骤。前期需要采集现场的新闻素材,如真实场景,实时记录的声音、图片、视频以及出现在场景中的人,基于图片资料建模或对他们进行动态捕捉以创造精确的数字化身等。使用游戏引擎构建一个描述特定线性新闻事件的虚拟环境,加入人物塑造等,创造出具有强烈在场性、真实性与冲击力的空间叙事现场。

即使在前期的采集环节,VR 新闻与传统的影像采集也有很大的不同。360°的全景画面拍摄时,边框、构图、景别以及运动镜头等镜头语言都不再适用,同时也需要有更多设备的支持。如中山大学设计与传播学院制作《舞狮》的过程中,在前期工作阶段准备了如下设备:拍摄设备是一台 8 镜头(Go-Pro 相机)结构

---

① 杜江,杜伟庭."VR + 新闻":虚拟现实报道的尝试[J].青年记者,2016(2).

360° VR Video 原型机;头戴显示器由"三星 Gear VR 二代、三星手机、GALAXY S6 Edge、三星耳机 Level"组成;同时还用理光 Theta360 相机练习全景拍摄。可见,要制作优质的 VR 新闻作品,必须有人员和技术能够完成工作流程中的每个环节。在新的工作流程中,不仅需要有采写能力的记者,还需要有操作计算机系统的专业人员和有着影视导演思维的编导。

4. 受众体验新角色

从旁观者到目击者,受众的参与感更强。如果说之前业界提出过的沉浸性新闻,是让记者真正浸入所报道的情境中,那么沉浸式新闻则为受众提供了置身"现场"的可能。无论是一个灾难现场,还是一个比赛现场,虚拟现实技术都会让受众的感受更加真实。受众在接触虚拟现实新闻这种"沉浸式新闻"时,通过头戴式设备和体感、运动追踪等设备可以让受众置身"现场",它所带来的变化不仅是获取新闻的过程更加有趣,而且实现了受众角色的根本性转变。同时,虚拟新闻报道中所加入的游戏元素,也让受众从一个信息接收者成为信息选择者,受众的参与感更强。在当前传统媒体的年轻用户正在流失的困境下,这种新鲜的体验,可以吸引更多年轻人关注新闻。在《丰收的变化》中,为了激发受众阅读的兴趣,设置了一些游戏任务,受众通过一些线索获得提示,从而得到报道中更深入细致的信息。

三、"VR+新闻"带来新挑战

每一次技术的进步,都会带来新闻报道理念的更新,也为新闻行业带来无限的可能。虚拟现实在新闻传播领域已经给了人们一些惊喜,但依然面临着许多不确定的因素。

1. 技术问题带来的局限性

目前的技术水平限制了报道范围。虚拟现实技术复杂的制作程序,还不能满足新闻对速度的要求,不适用于一些时效性较强的报道,一般会应用在时效性较弱的解释性报道中。高昂的制作成本也让很多媒体望而却步。如前面提到的 Harvest of Change,360°全景摄像、收集资料、采写文字内容以及最后的制作整个过程的花费达到 5 万美元。对于一般的新闻媒体而言,这笔开销还是比较大的,而且也存在风险,毕竟新闻领域不像娱乐行业能有较可观的收益。对于受众来说,购买配套的观看设备也是一笔不小的开支。更何况,注重用户体验的 VR 虚拟技术,目前还难以给受众最好的观看体验。

2. 伦理风险引发社会担忧

虽然虚拟现实技术与新闻的结合还处于初级阶段,但一直伴随着许多伦理上的挑战甚至来自各方的质疑。

虚拟现实对新闻真实客观的挑战,让人们担忧世界将成为一种技术的存在,受众在接收信息的时候容易全盘吸收,盲目依赖,丧失自身理性的判断。毕竟,从本质上来讲,"虚拟现实"中所谓的"现实"并非客观世界中的现实,也是经过选择过滤的产物,如果把关不严会存在被操纵的危险,甚至成为虚假报道的温床。

融合游戏化元素也让人担心会影响到新闻的严肃性。目前 VR 报道经常会将镜头对准人们无法亲临的现场,比如战争、自然灾害等。此类题材如果不能把握好度,不仅不能吸引受众,反而会引起反感。如 BBC 发布的交互式游戏《叙利亚之旅》(Syrian Journey),就遭到了多家媒体以及民众的批评,认为它将严肃性的新闻话题以娱乐性的游戏方式呈现有失分寸。

对真实环境的模拟呈现让一般的受众有了不一样的体验,但我们也不能忽视广泛的受众群体中,心理承受能力较弱者的观看感受。比如在战争报道中,那些血腥、残酷、悲惨的场景会让一些暴力事件受害者等有过类似经历的人受到二次伤害,尤其是对患有创伤后应激障碍的人来说,让他再去体验那些逼真的场景,带来的伤害更是难以预估。

我国有学者专门撰文分析了虚拟现实新闻的伦理风险,提出了 VR 新闻对公众可能具有更大的操纵性和欺骗性,仍然具有极强的把关、议程设置和显化功能,也有将"公众"退化成"群众"的风险。同时,他还提出了"虚拟现实"新闻是否会带来"缸中大脑"的可怕未来、用户"身体"是否真的就不重要了等引人深思的问题。可见,虚拟现实新闻所带来的伦理风险不容忽视。

3. 人才短缺问题不容忽视

同样不容忽视的还有人才短缺的现实。在人员配备上,VR 新闻的生产需要一大批专业技术人员。从目前的整体情况看,相关的技术人员还非常缺乏。从长远来看,培养既熟悉虚拟操作技术,又懂得新闻生产规律的专业人员,并加强技术人员与团队其他岗位人员的配合,都是亟待解决的问题。

这一问题对学校的教育提出了挑战。要培养适应虚拟时代的新闻人才,需要学校的理念、师资、教学方式、教学设备等方面都能跟进。比如,从教学理念来说,新闻院校必须以一种开放的心态去接受新技术的挑战。技术因素对影视传媒发展所具有的革命性和引领性作用，使得我们必须重视技术类课程的引入，或者开发与技术有关的新兴课程。

在传统的新闻学教学中，这样的新兴课程已开始出现。比如美国南加利福尼亚大学开设了一门名为"谷歌眼镜新闻学"（Glass Journalism）的课程，教学生们用增强现实技术（AR）和谷歌眼镜进行新闻报道，也将开发相关的应用；塞浦路斯大学开设了"沉浸式新闻"（Virtual Reality Storytelling）课程，使学生理解虚拟现实技术制作的内容的特点，学习使用 Unity 3D 游戏引擎、3D 建模工具来构思讲述新闻故事。[1]

开放式的教学理念也要落实在具体的教学方式中，传统新闻教学中的课内实践以及课程与课程之间的联合实践，已经难以满足虚拟现实新闻复杂的工作流程，在虚拟现实新闻的实践中，甚至需要打破院系的壁垒，通过不同院系、不同专业之间学生的合作，呈现最真实的工作环境。

四、虚拟时代更要坚守新闻人的专业精神

在新技术更新换代飞快的今天，传媒比以往需要更强的定力，冷静面对 VR 技术给新闻领域带来的新变化，从容应对 VR 技术所引发的各种担忧，最根本的就是要坚守新闻媒体的责任，坚守新闻人的专业精神。

真实永远是新闻的生命，也是新闻工作的基本准则。用专业的记者团队，真实、全面、客观地报道事实是新闻媒体起码的社会责任。虚拟时代，内容为王并不过时，新闻报道的水平更多的还是取决于选题的价值、内容的质量，设备只是载体，要提高核心竞争力，必须有能够提供优质内容的强大报道团队。选择有价值的选题，要求记者有发现新闻的敏锐性，同时也要有专业的把关能力。因为并不是所有新闻都适合用 VR 技术去呈现。对于一般的城市新闻、时政动态、社会新闻，人们只关心"发生了什么"，快速高效获取信息就够了，还有一些深度报道，例如财经报道、人物报道，同样不适合 VR。[2]

内容的表达除了有技术的载体，还需要探寻恰当的叙事方式。《丰收的变化》为了保证趣味性，舍弃了大段的文字报道，同时增添一些非核心的环境信息等，在部分信息表达的效率上可能会略低于传统媒体报道。[3] 因此，在其平面媒

---

[1] 张姗姗. 虚拟现实新闻的现在与未来[J]. 新闻界 2016（3）.
[2] VR 或将在新闻报道上大有可为，但不必担心它会取代新闻工作者[EB/OL]. http://www.tmtpost.com/1716045.html.
[3] 俞哲旻,姜日鑫,彭兰.《丰收的变化》:新闻报道中虚拟现实的新运用[J]. 新闻界,2015（9）.

体《得梅因纪事报》上还进行了配套的系列报道。其实有清晰流畅叙事结构的 VR 新闻报道并不多,当前许多冠以 VR 新闻的作品,严格来讲用全景式新闻表述更恰当,它们为受众提供的仅仅是一个环境,没有引人入胜故事情节和人物角色。因此,前沿的 VR 技术也必须借力于恰当的叙事方式,才能做出真正意义上的 VR 新闻。

未来,还会有更多的媒体尝试虚拟技术,也会有其他新的技术介入新闻报道。为新闻插上新技术的翅膀,创造新鲜的新闻形态,是新闻媒体和所有新闻人不能回避的任务。但更重要的是,我们不能为了追求新闻形式的新颖,而忽略新闻本质的要求,要在变与不变之间找到最佳的平衡点。VR 技术元年已经到来,但 VR 技术在新闻领域中的应用还有很长的路要走。

目 录

第一章　全媒体记者概述 ……………………………………… 1
第一节　全媒体时代的发展历程 ………………………… 2
第二节　全媒体时代的新闻工作 ………………………… 6
第三节　全媒体时代的新闻记者 ………………………… 10

第二章　导向意识与受众意识相结合 ………………………… 13
第一节　导向意识的培养 ………………………………… 13
第二节　受众意识的打造 ………………………………… 20
第三节　导向意识与受众意识在新闻业务中的体现 …… 24

第三章　高超的选题策划能力 ………………………………… 32
第一节　为什么要重视选题策划 ………………………… 32
第二节　确定选题的方法 ………………………………… 35
第三节　新闻策划的技巧 ………………………………… 41

第四章　采访的功夫必须下足 ………………………………… 51
第一节　对采访活动的基本认识 ………………………… 51
第二节　如何选择知情的采访对象 ……………………… 52
第三节　把握采访工作的几个环节 ……………………… 57
第四节　记者如何在提问中"抛砖引玉" ………………… 61
第五节　体验式采访的灵活运用 ………………………… 67
第六节　谨慎选择隐性采访 ……………………………… 74

第五章　文字是记者不变的核心竞争力 ……………………… 81
第一节　文字功底是写好新闻报道的基础 ……………… 81
第二节　新闻写作的基本原则 …………………………… 83

第三节　新闻写作的基本方法 …………………………………… 90
　　第四节　如何写好消息 …………………………………………… 98
　　第五节　新闻特写的写作特色 …………………………………… 108
　　第六节　各类媒介的新闻写作要点 ……………………………… 112

第六章　不能忽视信息核查环节 ……………………………………… 119
　　第一节　事实核查制度 …………………………………………… 119
　　第二节　事实核查的重要性 ……………………………………… 124
　　第三节　如何进行事实核查 ……………………………………… 133

第七章　懂得如何用图片说话 ………………………………………… 136
　　第一节　新闻图片的魅力 ………………………………………… 136
　　第二节　新闻图片的拍摄 ………………………………………… 138
　　第三节　新闻图片的取舍 ………………………………………… 142
　　第四节　全媒体环境下的新闻图片 ……………………………… 145

第八章　把握视频类新闻的发展趋势 ………………………………… 148
　　第一节　新闻短视频 ……………………………………………… 148
　　第二节　移动直播 ………………………………………………… 155
　　第三节　媒介融合式的现场新闻 ………………………………… 160

第九章　深度报道不过时 ……………………………………………… 163
　　第一节　对深度报道的基本认识 ………………………………… 163
　　第二节　事件类深度报道解读 …………………………………… 166
　　第三节　现象类深度报道解读 …………………………………… 170
　　第四节　人物类深度报道解读 …………………………………… 176
　　第五节　新媒体时代的深度报道 ………………………………… 185

参考文献 ………………………………………………………………… 189
后　　记 ………………………………………………………………… 192

第一章　全媒体记者概述

2014年8月18日,中央全面深化改革领导小组第四次会议审议通过《关于推动传统媒体和新兴媒体融合发展的指导意见》,习近平总书记亦明确提出着力打造一批新型主流媒体,建成几家有强大实力的新型媒体集团。

随着我国数字技术的广泛运用和互联网传播的飞速发展,多种媒体融合已成为我国媒体发展的主流趋势与重要表征。2010年以来,全国共批准开办10家网络广播电视台。中国网络电视台着力开发多平台、多媒体、多终端新型节目形态,目前已拥有21个频道。中国广播网实现台网联动,创办了国内首份有声手机报《新闻和报纸摘要》。移动多媒体广播电视发展加快,已覆盖320个城市,拥有了一定的用户规模。IP电视、手机电视特别是互联网视听节目服务,在规范中快速发展,目前,全国共依法批准了594家互联网视听节目服务从业机构。

新媒体的发展与媒介融合的趋势需要相当数量的专业人才。媒体融合所催生的变革不仅给传媒业带来了新的机遇与挑战,对传媒专业人才的培育也提出了新的要求。优秀的新媒体人才应该是一专多能的复合型人才,除了需要掌握传统新闻专业技能,同时还应具备网络和多媒体应用等业务知识与技能。

据专家保守估计,未来3到5年内,新媒体人才和媒体融合人才的缺口在60万~80万人。新媒体人才急缺的岗位,不仅包括各传统媒体纷纷自建的网站,也包括发展快速的新闻门户网站、专业网站,还包括极具潜力的掌上媒体、金融机构电子信息服务平台等未来"新兴媒体"。新媒体在社会中的日益普及,呼唤着更多的新闻专业高级人才加入其中,探索新媒体的传播特点。

综上所述,目前的传媒行业,急需大量、优质、新型的传媒人才。因此,无论是为适应传媒行业发展的需求,还是为了满足地方经济发展的需要,各界都需要重视传媒人才的培养。

第一节　全媒体时代的发展历程

随着我国网络的发展和普及，网络已经成为国民日常生活的重要工具。截至 2017 年年底，我国网民规模达到 7.72 亿，手机网民也达到了 7.53 亿，占网民数量的 97.5%。各种媒体相互渗透，全媒体的概念逐步明晰，很多媒体也开始提出"全媒体化"的战略目标，标志着全媒体时代已经开启。

最初，全媒体的概念在学术界并没被明确提出，它主要来自传媒界的应用层面。媒体形式的不断变化，媒体内容、功能的融合，使得人们在使用媒体的概念时需要意更广阔的词语，至此，"全媒体"的概念开始被广泛应用，且目前已经成为学界思考、业界实践的重要命题。截至 2018 年 3 月，在中国知网以主题"全媒体"进行检索，可检索到 14000 多条记录，在百度可找到相关结果 1550 多万个。从目前文献检索的全媒体研究来看，多是描述性的分析或个案式的追踪探讨，缺乏学理性的深层次研究。

石长顺教授在《全媒体的概念建构与历史演进》一文中做了较为系统的研究。他从全媒体的概念建构与辨析入手，探寻中国全媒体的发展演进之路，即全媒体发展的初期孕育、全媒体发展的报业转型和全媒体发展的整体推进，并提出未来全媒体发展的关键在于全媒体的认知共识、制度建构、流程再造和全媒体人才培养。其中，他对全媒体的概念进行了梳理归类：

1. 报道体系说。该学说认为，全媒体是指一种业务运作的整体模式与策略，或者说是采用多种媒体手段和传播平台来构建的报道系统。这种报道不再是单一落点、单一形态和单一平台的，而是在多个传播平台上开展的多个落点、多种形态的报道体系。传统的报纸、广播、电视媒体及网络新媒体都是这个报道系统的整体组成部分。这一概念从新闻业务本体出发，落脚点放在全媒体形态的报道体系上，较好地概括了全媒体报道的模式和特征，但将其限定在媒体"报道"业务层面，略显偏狭。

2. 传播形态说。该学说认为全媒体是综合运用多种表现符号，如文字、图像、声音、光线等，全方位、立体化地展示传播内容，并通过多种传播手段传输的一种新型传播形态。或者说，全媒体是在传统和新兴媒体表现手段基础之上进行不同媒介形态之间的融合，进而产生质变后形成的一种新的传播形态。从本质上说，全媒体是指不同媒介类型之间的嫁接、转化和融合。其基本内涵主要表现在以下方面：信息资源的多渠道采集，信息资源的统一加工，全方位多业务系统的支持，多渠道的资源共享。此概念将全媒体视为不同于以往的新型传播形态，强调了各种媒体间融合生产信息内容的立体传播状态，较全面地概括了全媒体传播的形态特征。

3. 整合运用说。该观点在综合前人认识的基础上，从两个方面进行界定。广义的全媒体概念是指对媒介形态、媒介生产和传播的整合性应用。狭义界定，是指立足于现代传媒技术和媒体融合的传播观念，综合运用新兴媒体与传统媒体在媒介内容生产、传播渠道联通、运营模式统筹等方面的整合性实践。这一观点突出了全媒体更具宏观性的"整合应用"，将多因素囊括其中，但未清晰地概括出全媒体概念的内涵和外延。

通过梳理以上几种学说，有几个共同点可作为界定和理解全媒体的要点：一是全媒体发展的主体是传统媒体，这是其面对新媒体求生存发展的必由之路；二是发展整合多种媒介形态，而缺乏多种媒介形态间的统合协同，就构不成全媒体；三是实行多媒体分流传播，并根据媒体的不同分流生产出不同的媒体产品；四是作为一种新型的运行模式。

对于全媒体的起源，较为普遍的观点是，以2006年英国老牌报纸《每日电讯报》的全媒体改革之路为起点，随后，由《今日美国》在2008年开始尝试的产业链重构推进了全媒体的实践。在我国，全媒体转型最早可追溯到2007年，《广州日报》于当年6月成立滚动新闻部，专门针对报纸、手机和网站进行"联动发稿"。次年7月，经新闻出版总署批准试点的我国首家全媒体采编系统在烟台日报传媒集团正式上线运营，自此，报社记者的角色悄然转型，开始以全媒体记者的身份向多个媒体终端——传统报纸、手机报、多媒体数字报、电子移动报和户外大视屏等发布信息。2009年1月，浙江宁波日报报业集团全媒体新闻部正式成立，它标志着我国第一个以全媒体命名的新媒体机构正式诞生。同年，南方报业集团也正式提出构建"南都全媒体集群"的理念。具体来说，中国全媒体的发展演进可以分为以下几个阶段：

一、孕育：全媒体发展的初期尝试。中国全媒体的启程在21世纪初，从报业的跨媒体运营开始。特别是迅速兴起和普及的互联网，使报业的生存和发展受到极大冲击，乃至出现"报业寒冬论"。在此情形下，报业如何突围？传统报业纷纷开始思考拓展生存空间的问题，并开启跨媒体发展的探索之路。

2001年，《沈阳日报》的改革探索可看作是我国报业最早的全媒体尝试。该报率先在国内实现采编网络化和管理一体化，并通过图文合一的采编网络平台建立起集各种传媒业务于一体的系统,为报社未来实现信息传播流程一体化开辟了新道路。

中国报业的跨媒体运营,从创办报纸网站开始,实施报网互动是其典型特征之一。报业网站建设,以2000年10月《人民日报》在其网络版基础上打造的人民网为起点,标志着报业开始跨向综合性新闻网站,在新闻业务上尝试不同于纸媒的内容生产。国内其他报纸也纷纷在人民网之后推出自己的新闻网站,自此,报纸与网络开始了报网业务联姻互动的尝试。"这种互动一方面表现在每条报纸新闻的下面,都会用超链接方式转接提示相关的网络新闻;另一方面,网上点击较多的热点事件,也会成为报纸新闻的来源,而报纸新闻的重点稿件资源,又会被共享到网上做突出报道。"报业跨媒体转型的另一探索是打造视频记者,这经历了一个从"视觉新闻"到"视频新闻"的变化过程。"视觉新闻"首先由上海《东方早报》发起,该报于2003年创刊伊始就明确提出了"新闻视觉化"的理念。视觉新闻最初就是强调在报道中大量使用新闻图片,包括占据大版面的大幅照片,甚至推行视觉化的新闻叙事,以争夺受众的眼球。后来《嘉兴日报》《南湖晚报》《南方日报》等媒体纷纷成立视觉新闻中心,尤其是《南方日报》视觉新闻中心将摄影记者、图片与视频编辑等人员进行整合。但此时的报业都还没有将视线转向视频领域,直到2007年《南方都市报》摄影部在报业首设视频记者岗位,国内报业的第一批视频记者随之诞生。《京华时报》《新京报》等报也紧随其后,开始探索推进视频记者岗位的专业化发展进程。

二、转型:全媒体发展的报业探索。在报业跨媒体运营探索的同时,新闻出版总署报纸期刊出版管理司也于2006年8月5日开始组织实施"数字报业实验室计划",这一计划旨在探索传统报纸向数字网络出版的转型,该计划在我国报业很快得以实施。同年12月20日,沈阳日报报业集团打造的国内首家全流程、全媒体数字报——《沈阳日报》《沈阳晚报》《沈阳今报》正式上线。与以前的数字报刊系统不同,在全流程、全媒体数字报刊平台上,该系统实现了从采集、生产制作、发布、交换、反馈到经营的一体化运营流程,增加了视频、动画、音频等多媒体元素,丰富了读者的阅读体验。

中国报业在经历跨媒体经营后,开始进入全媒体转型发展阶段,时间分割点大致在2007年,以《国家"十一五"时期文化发展规划纲要》《国家新闻出版业"十一五"发展规划》为标志,确立了"国家数字复合出版系统工程"发展规划,并规划了"全媒体资源服务平台""全媒体应用整合平台"和"全媒体经营管理技术支撑平台"等建设项目,这是中国官方第一次正式用文件提出"全媒体"的概念,并将其作为媒介发展方向。依然是2007年,新闻出版总署启动了全媒体数字采编发布系统工程建设项目,南方报业传媒集团、烟台日报传媒集团等成为我国"国家数字复合出版系统工程"第一批试点单位,这标志着我国报业系统全媒体转型重大工程建设的开始。

2008年3月,烟台日报传媒集团在优化产品生产流程、推动报业集团从报纸生产商向内容提供商转型的基础上,组建了全媒体新闻中心,探索全媒体数字采编发布运行系统,初步实现了一次采集、资源整合、多途径发布的数字化传播。宁波日报报业集团也于2009年成立了全媒体新闻部,并组建了基于手机报纸、手机电视的3G事业部,通过使用全媒体数字技术平台,实现了多媒体、即时的和互动的移动新闻播报。2009年6月上旬,该集团全媒体数字技术平台通过新闻出版总署的评审和验收,实现了全媒体综合性新闻内容生产体系的新运行模式。同年,南方报业传媒集团也提出向全媒体集团转型,首先实施南都全媒体集群战略,构建起了包括报刊、音频、视频、网络、手机报及户外LED等全媒体形态集群,向着"全媒体数字信息运营商和现代通讯社"转型。此外,南方报业旗下的《21世纪经济报道》与中央人民广播电台经济之声合作推出中国首家移动互联网电台;《广州日报》成立负责报纸与手机、网站等部门联动发稿的滚动新闻部;《人民日报》及人民网合力开创人民电视、人民播客、人民掘客、手机报、手机电视等原创互动型的系列全媒体;杭州日报报业集团实行报网合一并组建全媒体记者队伍等。在此时期,新华通讯社也在视频新闻领域取得实质性突破,不仅开通了新华视频新闻专线,还于2010年元旦和2010年7月1日分别开播了中国新华新闻电视网(CNC)华语、英语电视频道,开始走上全媒体通讯社之路。

三、风潮:全媒体发展的整体推进。在我国报业全媒体转型之时,广播电视业也不甘寂寞,继报业之后迅速跟上全媒体建构的潮流。2010年前后,中国网络电视台和央广广播电视网络台先后开播,标志着电视和广播媒体也开始向全媒体发展。2009年12月28日,中国网络电视台正式开播,这是我国视听新媒体发展的一个里程碑,也是我国电视行业介入全媒体建构的重要起点,它依托中央电视台向用户提供视频直播、上传、搜索、分享等服务,形成了以强大的视听互动为核心、融网络与电视特色于一体的多终端立体传播平台。我国省级网络广播电视台的"首张绿卡"——安徽网络广播电视台于2010年7月正式启动。随即黑龙江、湖北、江苏等省级网络广播电视台陆续开播,诸多市级网络广播电视台亦相继涌现。

深圳广电集团从2010年开始打造全媒体集群,整合全媒体力量,试图建成我国第一家提供一站式全媒体运营的平台,为客户提供一站式全媒体营销服务。浙江网络电视联盟则是浙江省县、市广电播出机构联合浙江在线新闻网站创办的,初步形成了浙江地方广电视频网站集群。由杭州文化广播电视集团、浙江广播电视集团等多家单位投资组建的杭州华数数字电视公司,专注于以互动、融合为特色的全媒体业务,在全国三网融合领域产生较大影响。华夏传媒集团公司与深圳广播电影电视集团等40多家城市媒体共同打造的城市联合网络电视台,实施跨媒体和多终端的节目营销,已覆盖全国22个省市、近8亿用户。

广播媒体的全媒体探索,始于2010年8月中国国际广播电台开办的中国广播电视网络台(CIBN)。该台拥有61个传播语种、全业务媒体形态和新媒体国际传播平台,以"向世界介绍中国、向中国介绍世界、向世界报道世界"为宗旨,向全球受众提供综合信息服务。紧随其后,中央人民广播电台也于同年9月获准建立央广广播电视网络台,这是我国国家级网络广播电视台,是继中国网络电视台之后又一个以网络视听节目传播及互动服务为核心的全媒体播出机构。中央人民广播电台是年年初还成功开办了中国第一份有声手机报,与之并行的中国国际广播电台则在获得IPTV牌照之后又于2010年初步建成了基于移动互联网、面向手持终端的英文信息平台——移动国际在线,大大拓展了自身的全媒体建构。

在中央级的广播电台带动下,全国地方广播电台也纷纷走上全媒体发展的道路。湖南人民广播电台着力打造全媒体直播室,集广播、网络、电视直播于一体,其直播节目通过光纤传输,由湖南电台交通频率、湖南移动电视、芒果广播网组成的全媒体进行传播。黑龙江人民广播电台在重大报道中将网站视频与手机视频同步直播,将广播音频内容配上记者采访的图文内容,实现多媒体传播。沈阳广播电视台还可在播出过程中实现全媒体的节目与受众互动,真正迈向统一的全平台、全媒体演播室,实现广播、电视、网络和手持终端平台的全覆盖播出。

第二节　全媒体时代的新闻工作

要适应媒介环境,就要先了解媒介环境,所谓媒介环境,是指"在一定的社会环境中,媒介各构成要素之间、媒介与媒介之间、媒介与其外部环境之间关联互动而达到的一种相对平衡的结构状态"。每一次新媒介的出现,都将开创新的媒体时代,打造一个全新的媒介生态。

全媒体时代在为受众带来丰富体验的同时,还使媒介环境发生了变化,具体表现在以下几个方面：新闻传播主体的变化，即新的媒体时代，新闻传播的主体发生重大变化，由公众媒体转变为"公私"混合的时代；各媒介间关系的变化，网络媒体的出现与发展，打破了不同媒介之间的界限，新旧媒体相互融合，在保持原有介质优势的条件下，媒介之间开始互相借鉴传播方式，实现媒体的相互融合、渗透；新闻传播流程的变化，在新的媒介环境下，传播流程已被改变，受众在传播中的主动性更强，新闻传播的主体为记者与受众共同分享，促使新闻产品多样化发展；服务对象的变化，全媒体时代，各类媒介高度融合，受众由单纯的受众转变成传者和受者的双重角色。

新的媒介环境也赋予了新闻工作新的内涵。传统媒体和新媒体相互融合发展，整合了新闻资源，提高了新闻产品的选择性，扩大了媒体的影响力和竞争力。目前，国内各家媒体纷纷进行尝试，探索自己的全媒体融合之路，与时俱进，扬长避短。只有不断加强新闻从业人员基本素质和业务能力，不断改进新闻传播方式、方法，最终才能使传统媒体和新媒体更好地融合发展。因此媒体必须了解全媒体时代的新闻工作所提出的复合型要求，新闻院校也要注重培养复合型传媒人才。

一、全媒体时代所提出的复合型新闻工作特点

（一）要具备全媒体能力

全媒体时代的到来，让受众的需求发生了极大的变化，每一个信息的接收者都有不同的信息需求，要求信息传递准确、迅速，甚至要符合他们的性格特点。因此，种类繁多的新媒体产品应运而生以满足客户需求。这就对广大新闻从业者提出了更大的挑战和更高的要求。要成为全媒体时代的"全能型"记者，首先要突破传统新闻表达方式，有全媒体思维，根据不同媒体产品，灵活掌握语言技巧，比如在做微信公众号稿件时，语言要幽默、轻松，掌握文字技巧；学会利用H5、长图等流行的元素制作新闻，传播新闻。其次，要掌握多岗位的工作要求，全媒体时代，要求媒体人采编合一、会写稿、会摄影、会剪辑、会使用新媒体软件后台，能熟练掌握新应用操作设备。

（二）要以服务客户群体为本

当今社会人们信息需求存在差异化，获取信息的途径也在发生深刻的变化地，不同年龄、职业、爱好的人对信息有着不同的需求，如果无法按照客户需求准确地提供信息服务，就无法正确引导舆论方向。因此，要想使传统媒体和新媒体更好地融合，就要把握好互联网发展趋势，掌握客户信息需求和诉求，迅速适应新兴媒体平台使用，通过各种生动、多样化的传播手段实现信息传递。广大新闻工作者对于网站用户,可以用丰富的文字图片表达;对于微博、微信用户,则需要使用绚丽的图片和简单生动的语言。只有根据不同受众进行不同的表达,才能多层次满足大众需要。

(三)要加强传统媒体和新媒体互动

传统媒体有着其独特的传统价值理念和深度,而新媒体有着传播速度快、形式多样、制作有创意的特点,推动媒体发展的最终落脚点是受众的需求,新媒体要在传统媒体的基础上寻找最佳切入点,运用好新闻源,拓宽新闻传播渠道,打造新闻产业链条。在实践中,要加强新媒体各类平台互动,制作高质量、有深度、有创意的专题、H5,扩大传播途径,逐步增强媒体融合度。新媒体的兴起并不意味着传统媒体的没落,形成良性互动的发展模式就会产生多赢的效果。

二、全媒体时代复合型新闻人才培养的路径

在媒体融合大趋势下,传统媒体的采编人员面临着巨大的挑战,仅仅满足于写稿、编辑是远远不够的。要适应全媒体采编发展方向,必须要调整采编人员选用、教育和培训:选用人才时,多选择年轻的、能迅速接受新鲜事物、有创新头脑的新闻人才;通过继续学习,促进传统媒体新闻人才从单一的写作向复合型采编人员转变,要掌握采、编、设计、整合以及新媒体传播技巧和能力。在全媒体记者的培养过程中,新闻传媒类院校起着非常重要的作用,新闻教育工作者要及时跟进行业需求,设置相关专业,调整课程体系,更新教学内容,改进教学方法,这样才有可能培养出适应传媒环境和岗位需求的合格传媒人才。对于这一点的论述,笔者将在后记中做深入讨论。

三、全媒体时代要推进媒体融合法律建设和监管

2014年被称为"媒体融合元年",近年来,各地加快媒体创新探索,为媒体发展寻求一条可行之路,但其发展的基本条件是建立健全管理机制,加快新媒体立法。目前网络造谣、诈骗、恶意吸粉等情况频频出现,负面信息也层出不穷。国家应首先考虑制定有关新媒体管理的专业法律法规,明确规定新媒体内容、言论、行为,同时完善健全新媒体管理办法,为今后媒体发展做好铺垫。其次,国家应加强日常管理。当下网络新媒体种类繁多,服务方式众多,国家应建立和完善新媒体舆情搜索、反应机制;对近期热点问题、重点网站开展24小时监测,及时沟通处理舆情动态,为营造网上正能量和舆论方向做好基础工作。此外,各地网信办应建设更完善的技术监管平台,增强不良信息的防御能力,规范新媒体的管理。第三,加强媒体人自律。要根据新媒体发展需要,组织开展媒体人自我学习和培训,增强媒体人的职业道德和业务水平,带头传递网络正气。

四、全媒体的未来发展思考

(一)发展基础

全媒体的认知共识。全媒体转型,是未来传媒发展的必由之路。但同任何改革一样,全媒体的发展也必然会遇到各种思想障碍和阻力。解决问题的关键是媒介观念的解放与调适,须首先从观念上改变以往的惯性思维,深刻理解全媒体发展的必然趋势与运行规律,寻求一种与时俱进的媒体发展道路。

(二)发展保障

全媒体的制度建构。传媒发展离不开传媒规制,我国还没有形成与全媒体发展完全配套的一系列制度,这就要求必须对现有的相关传媒规制进行革新,尤其是要打破以往森严的媒介壁垒。这点可从国外得到启示,如美国1996年修正并通过的新《电信法》,打破了以往传媒产业跨越不同媒体运营的限制,带来了美国综合性传媒集团的整合性飞速发展。

(三)发展途径

全媒体的流程再造。中国全媒体的发展尚在摸索当中,尤其在全媒体的运作模式上,还没有形成一种成熟有效的模式。按照传统媒体的习惯和模式,很难适应全新的全媒体运营需求,不同种类的媒体运作,需要一定时间的探索与磨合,找到适合自身全媒体化的具体运作方式。媒体的战略取向一般采取"媒体+平台"的建设模式,平台模式是对传统产业的颠覆性整体重构,它包括基础平台和应用平台。基础平台的任务是架构基础网络,不直接向最终用户提供产品和服务。应用平台则依托基础平台,搭建各种功能或专业性的平台,开发应用服务产品,与传播终端用户直接连接。媒体在内容应用平台层面,通过提供一种支撑环境,建立起较为完善的市场运作及利益分配机制,可为全媒体平台的良性运作提供保障。在这个基础之上,实施全媒体的流程再造,即实现"前端全媒体采集,后端流媒体制作,终端互动式体验"。

(四)发展关键

全媒体的传播人才培养。中国传媒业正经历着一个急剧转型的时代,在这个以全媒体技术平台为依托、以多媒体报道为主要方式的后报业时代,全媒体记者成为不可替代的新闻传媒专业人才,也是传媒集团实现全媒体转型的关键。全媒体人才要求既能用手机对突发事件进行报道,又能为网站写稿、提供视频,还能为报纸写深度报道,为广播电视台做现场报道。全媒体记者强调媒体的交叉、专业的多能,而传统新闻传播学总是把记者泾渭分明地分为报纸、广电或网络新闻记者。为此,必须随着媒体对人才的新需求,探讨全媒体新闻记者、编辑人才的培养途径，使一线记者能实现从单一传播向多元传播的转型，能够在第一时间内同时采集图文、视频和音频信息。

全媒体是媒介融合的一个特定阶段，全媒介进程所达到的最终效果就是真正的融合媒体，或称为"融媒体"，即真正实现多种媒介全方位地融合运行。融媒体状态绝不只是技术层面或业务层面的融合，还需媒体所有权的融合。"从媒介生态学角度看，融合媒介促进了传统传媒业的全面升级，也体现了传媒未来发展的必然走向"。全媒体转型作为一个长期的过程，并不适应所有的新闻媒体，但全媒体建构并向融媒体过渡，一定是未来传媒发展不可漠视的重要课题。

第三节 全媒体时代的新闻记者

全媒体时代媒体对记者的要求已经远远超过传统媒体对记者的要求。要想跟上时代节奏，记者务必要融入这个全媒体的主流之中，积极迎接全媒体时代，只有思想上承认转变，才会在行动上去改变，转换原来单一的思维方式，主动学习全媒体时代记者所要学会的各项新的专业技能。可以说，思想和技术上都要完成由"传统媒体型"向"全媒体型"转型。

当前全新的媒介生态所要求的全媒体记者，是指具备突破传统媒体界限的思维与能力，并适应融合媒体岗位的流通与互动，集采、写、摄、录、编、网络技能运用及现代设备操作等多种能力于一身的人才。

那么，在大家都摸着石头过河的背景下，作为传媒行业最基层的记者，如何才能适应这一全新的传媒时代，更好地让受众接受，记者的媒介素质与以往相比，更应注重哪些方面的锻炼才能应对新的挑战？这是每一个记者在全媒体时代必须关注的问题。

一、坚守基本的新闻素养

从思想素质上来说，党性原则仍然是记者的政治大方向，要主动学习，不断提高政治素质。从专业素质上来说，坚持新闻的真实、客观、公正原则是记者必须在工作中贯彻的。从业务素质上来说，新闻媒体的基石仍然是记者的采访能力和写作能力，尤其在全媒体时代，庞大的信息量以各种形式出现在受众面前，报道的质量一定是最重要的指标。纸媒记者拿起纸笔，采访对象往往打开话匣子容易些。在日常报道中，笔者经常要做一番解释，精彩的画面却无法重演。单兵作战的全媒体记者，就需要花更多时间在和被采访人的沟通上，以取得对方的信任。尤其是一问一答式的采访，单兵式全媒体报道因为采摄都是一个人，更需要前期的沟通。而在突发事件的新闻现场，在镜头前，流利的语言表达，也是文字记者要操练的一项新的基本功。从作风素质建设来讲，做好记者的前提当然是良好的作风素质。无论在什么时代，记者最重要的是要坚守职业道德，媒介素养不仅包含专业素养，还包括职业道德素养。在全媒体化的今天，在媒体商业化、市场化的情况下，坚守职业道德的意义更为重要，如果媒体人员滥用权利牟取私利，或者为增加点击量、收视率进行恶意新闻炒作，干涉个人隐私，甚至制造"假新闻"等，不仅会导致受众流失，还会削弱媒体的公信力。

二、以先进技术创新为支撑

从传播技术角度看，媒体的发展总是与技术的创新紧密联系在一起。新兴媒体诞生和发展的过程，实际上就是网络技术和信息内容相互结合与发展的过程。技术与内容互为支撑、相互融合，是一体之两翼、驱动之双轮，共同构成核心竞争力。传统媒体要生存发展，必须顺应互联网传播移动化、社交化、视频化的趋势，积极利用大数据和云计算技术推进新闻生产，利用移动互联网技术实现超越，利用微博、微信技术拓宽社会化传播渠道，把当今可用的技术都囊括到我们的视野和项目设计中来，把长期积累起来的内容生产优势、传播公信力优势与新兴媒体的数字技术、多媒体传播、多元交互等技术优势充分结合起来，才能取得融合发展的最佳效果。

因此，记者要紧盯技术前沿，瞄准发展趋势，不断以新技术、新应用创新媒体传播方式，寻找适合全媒体时代的方法。全媒体记者在现场需要灵活转换文字和视频两种思维方式。很多文字记者对文字有感觉，但对视频、镜头的推拉摇移、电视剪辑等没有太多的训练。文字记者要向全媒体记者转型，首先就要有从零开始的学习劲头和勇气，要花工夫对视频拍摄和视频编辑有所钻研。全媒体记者要有新闻聚合的头脑，适合各媒体的特点，发挥不同载体的不同组合产生的效应。与传统媒体相比，全媒体时代的记者更需要掌握多媒体传播能力，记者要能够熟练地搜集、处理各种文本、照片、图表、动画、视频等素材，其中也包括多媒体网络语言理解能力。

三、提高综合传播能力

新闻传播方式的变化改变了传统媒体信息采集与制作的流程，不同的媒体在同一个信息操作平台上统一策划，根据受众的特点对信息进行分类加工，制作成不同的新闻产品，通过不同的传播方式传播给受众。这种新闻业务流程是对新闻信息和资源的整合，要求记者在资源整合能力上有极大提高。"融合新闻"体现了媒体对事件的处理有更多角度、更多形式，更注重与受众互动，这对记者的信息筛选与整合能力提出了更高的要求：要注意培养多媒体报道的思维和理念，懂得不同媒介的传播效果，将信息资源转化为不同的新闻产品，从而提高新闻传播的能力；要在传播上注重快捷精简，多生产精准短小、鲜活快捷、吸引力强的信息，在传播中抢得先机；要在服务上注重分众化、互动化，认真研究用户的不同需求，有针对性地生产特色信息产品，点对点推送到用户手中，做到量身定做、精准传播，提高新闻宣传的实效性；要加强媒体与用户间的互动交流，吸引用户提供新闻线索、报道素材和意见建议，提高用户的关注度和参与度，在互动中参与、在参与中传播；要在展示上实现多媒体化，以多样化的展示、多介质的推送，实现内容产品从可读到可视、从静态到动态、从一维到多维的升级融合，使新闻报道动起来、活起来。

四、以内容建设为根本

全媒体时代仍需进一步增强媒体信息内容的核心竞争力。新闻媒体是党和人民的喉舌，内容永远是根本，是决定自身生存与发展的关键所在。推动媒体融合发展，在强调技术引领和驱动的同时，要始终把内容建设摆在十分突出的位置，以内容优势赢得发展优势，要在品质上追求专业权威。传统媒体在信息采集核实、分析解读等方面，有着新兴媒体无法比拟的优势，必须最大限度地把这个优势发挥出来，延伸和拓展到新兴媒体。

五、加强信息的把关能力

全媒体时代，新闻的多元化、复杂化，信息传播的速度加快，都使得虚假新闻数量增加，尤其是信息在不同媒体之间转发、转载的再次传播过程中，传播方为了提高时效性，往往会缺少对信息的把关，还有些媒体为了吸引人眼球，恶意将标题夸大或标题根本不符合新闻主题内容，要杜绝这些现象，考验的正是媒体人员对信息的把关能力和自身素质的提高。记者面对爆炸式的信息量，要提高信息处理能力，筛选、鉴别有价值的信息，将其有序地整合出来，使受众能够更加真实、系统、深入地了解新闻内容。因此，拥有更强的信息分析处理能力，就拥有了更大的社会影响力和发展空间。

此外，全媒体时代对记者的体能和机动性提出了更高的要求。我们永远不知道，何时会有精彩的新闻出现。这就意味着，全媒体记者的装备要随时可用，在工作期间要处于随时待命的状态。小型DV、相机经常性地随身携带，还有现场采集新闻的工作强度，比单纯的文字记者肯定要大，后期剪辑花费时间也多。而媒体和相关管理者，必须以机制创新为动力，加快改革步伐，建立适应融合发展的组织结构、传播体系和管理体制，为融合发展以及全媒体记者的培养提供坚实保障。

第二章　导向意识与受众意识相结合

近年来随着媒介融合的发展,人们有更多的地方发出自己的声音,但同时影响舆论的因素明显增多。媒体的发展需要树立以受众为本的意识,但也要注意导向意识,要肩负起引导正确导向的职责。尤其是主流媒体,具有传播社会主流价值观的任务,以自身的公信力和社会影响力在舆论引导中发挥着重要的作用。在当今媒介融合的环境下,舆论引导的难度明显加大,主流媒体的舆论引导力受到了不同程度的冲击和挑战。面对这些冲击和挑战,媒体一定要站对立场,受众意识与导向意识并重,但同时又要将导向意识放在首位,在此基础上思考并采取措施,确保在舆论引导中始终发挥重要作用。

第一节　导向意识的培养

2016年2月19日,习近平总书记在北京主持召开党的新闻舆论工作座谈会并发表重要讲话,概括了在新的时代条件下,党的新闻舆论工作的职责和使命,即高举旗帜、引领导向,围绕中心、服务大局,团结人民、鼓舞士气,成风化人、凝心聚力,澄清谬误、明辨是非,联接中外、沟通世界。

一、坚持正确的舆论导向是媒体人的责任和使命

媒体是把双刃剑。剑锋指处,可主持正义,斩妖诛魔,也可能剑走偏锋,伤及无辜。当今社会,新闻舆论的社会影响力越来越大,引导得好,可以统一思想,对人民的事业起促进作用;引导不当,就可能激化矛盾,引起混乱,给事业带来不利影响。

舆论导向作用是新闻重要的社会功能,无论是在人们的生活中,还是国家建设中都起着至关重要的作用。新闻媒体将新闻事件加工处理,通过一定的宣传手段和表现形式进行宣传,突出新闻反映的积极面,引导人们从正确的方向思考社会现状和政治格局,从而达到引导群众思想的作用。正向舆论能够对社会发展起到推动和促进作用,而负向舆论则对社会发展起到破坏和阻滞作用。

（一）正确的新闻舆论导向是促进社会和谐发展的前提

舆论是一种无形的力量,新闻舆论对于党和国家事业发展与长治久安具有重要意义。新闻媒体通过近几年来的飞速发展,传播形式和内容变得多样化和复杂化,但是新闻媒体依旧肩负着宣传者、监督者和引导者的重要使命。党将新闻媒体的舆论工作列入思想政治的范畴,充分利用新闻的舆论导向作用,宣传正确的指导思想、国家发展方针、政策、法律法规等,为社会人群树立正确的发展观念,从而促进社会的和谐发展。因此,正确的新闻舆论导向是促进社会和谐发展的前提。媒体作为我国党和人民的"耳目喉舌",应当充分发挥自身的舆论导向作用,在社会主义核心价值观建设的过程中扮演好引导者的角色,借舆论效应引导主流意识,为和谐社会的发展提供强大的舆论支撑。

（二）新闻舆论导向引导人们的社会行为

新闻已经成为人们生活中不可或缺的一部分,尤其是网络的普及让人们在繁忙的工作生活之余也能抽出碎片化的时间关注时事、关注新闻。然而,媒体并非只是传播社会积极面的信息,对社会存在的恶性事件也有相当一部分的报道,例如违法犯罪行为、贪污腐败事件、食品安全问题等。如果新闻舆论导向出现偏差,这些恶性事件就会直接影响着人们的心理健康和社会行为作风,当某些人并没有意识到恶性事件的危险性,反而效仿违法乱纪分子的行为时,则会引起社会的不安和动荡,从而助长社会不良风气并诱发违法犯罪行为,对国家造成不可弥补的损失。因此,只有正确的舆论导向才能引导人们正常地生活,为社会带来福音。

一直以来,传统的主流媒体在舆论引导方面扮演着主力军的角色。正如有着多年来从事党报评论丰富经验的人民日报社评论部专栏室主编张铁所说:"作为党的新闻媒体,我们的权威性和公信力,就在于要及时发出'主流声音'、构建'主流叙述'。越是众说纷纭、越是多元多样,越需要党报评论弘扬主旋律,传播正能量,让党的主张成为时代最强音。"因此,把握正确的舆论导向,有利于新闻工作者完成所担负的重大责任。

舆论宣传是国之大事,事关党和国家前途命运,事关人民福祉,事关社会稳定,无论何时何地都不能放任自流,听任那些蛊惑人心的言论随意散布,任何时候都要坚持正确导向,坚持以正驱邪,始终不渝地把舆论宣传的方向引到利党、利国、利民、利社会主义的正确轨道上来。

二、新媒体环境下媒体的舆论引导功能受到的冲击

当代社会,新媒体对舆论的影响力越来越大,网络为人们提供了广阔的意见发布平台,传统媒体的舆论引导功能受到了很大冲击,舆论引导工作也面临着严峻的新形势。

一方面,新媒体对原有舆论生态造成了冲击。以民生新闻为例,民生新闻与老百姓的工作生活密切相关,是受众关注度特别高的一类内容,然而令人遗憾的是,目前的民生新闻在舆论引导中存在着诸多不容回避的问题。

这些问题具体表现在:一是负面报道集中。民生新闻缺乏明确定义,再加上新媒体崛起所带来的压力,为了吸引受众的注意,不少民生新闻呈现出了"街头杂文"的趋势,充斥着大量的负面新闻,车祸、抢劫、盗窃等案件不断。记者面对此类选题时,真实地还原新闻现场,并进行连续追踪报道,让社会大众了解来龙去脉,这体现了新闻传播信息的基本功能。但是,某些电视媒体却忽视了这些事件可能产生的社会负面效果,在其报道过程中仅仅只是强调了这些事件中主人公的不幸,却没有在接下来的新闻报道中提出解决这些事件的正确方法,以阻止其造成恶劣的社会影响,避免此类事件再次发生。二是新闻内容形式趋同。现如今,很多民生新闻总是将视角聚焦在东家长西家短的小事上面,将这些琐碎的新闻搬上电视屏幕,却不加以深入处理和思想引导,并且同一个题材和形式被各个媒体反复使用,造成电视民生新闻内容与形式趋同现象越来越严重,这也导致受众总是在接收相同、单调的信息,削弱了电视民生新闻的舆论引导力。三是信息挖掘缺乏理性深度。对于新闻报道来说,选题的选择和信息的挖掘关系到报道的质量,也关系到社会舆论的引导。当前,有些新闻媒体在挖掘新闻事实方面缺乏有效的管理和监督,特别是有些民生新闻内容过于表面化,没有深入剖析问题的本质,没有起到发人深省的作用,这种缺乏实质剖析的情况难以凸显电视民生新闻应有的广泛的社会意义,有时甚至会起到反作用。

另一方面是当前的舆论环境出现了一些新问题。首先,在新媒体的冲击下,舆论环境堪忧。随着手机的普及化和网络的全民化,微博、微信、客户端等新媒体快速发展,传播信息的门槛越来越低,每个人都是信息的传播者,新媒体时代已经全面来临。由于新媒体传播的个性化特点,每个人都有自己的观点,情绪化的价值判断容易走向极端,最后偏离舆论的主线。其次,网民成为发声者,谣言四起。今天,新媒体市场的竞争越来越激烈,这就导致有些自媒体为了追求新闻的点击率,而忽略新闻的真实性,导致信息失真,继而流言四起。近日,北京网信办依法约谈了一系列网站,责令其切实履行责任,加强用户账号管理。此事件一出,立刻引发了网友们的热议,低俗的信息之所以泛滥成灾,究其根源是因为自媒体为了博取眼球,受利益的驱使而放弃了社会责任感。多数网民也赞同这一举措,应当把那些影响青少年成长的不良内容,与社会主义核心价值观相悖的言论彻底清除。

媒体在传播信息的同时还有教化功能,这就决定了不管是官方媒体还是自媒体,要深刻认识自己的地位和职能,对网上具有倾向性、处于萌芽状态的问题主动地进行引导,引导公众健康、正确地认识问题,消除网络上非理性的言论,努力营造积极健康、理性和平的网上舆论环境。记者要深入研究网络传播的特点和规律,准确把握网民的接受习惯,发挥好正确的舆论导向作用,把握引导的时机、节奏、力度等,在传播信息的同时,加强正面宣传的思想教育。

三、媒体如何坚持正确的舆论导向

(一)坚持正确导向,必须认真学习"2·19讲话"

习总书记在讲话中用"一个必须,四个牢牢"指明了方向:必须把政治方向摆在第一位,牢牢坚持党性原则,牢牢坚持马克思主义新闻观,牢牢坚持正确舆论导向,牢牢坚持正面宣传为主。

习总书记强调,要引导新闻舆论做党的政策主张的传播者、时代风云的记录者、社会进步的推动者、公平正义的守望者,党的新闻舆论工作坚持党性原则,最根本的是坚持党对新闻舆论工作的领导。党的新闻舆论媒体的所有工作,都要体现党的意志、反映党的主张、维护党中央权威、维护党的团结,做到爱党、护党、为党,保持本色、围绕中心、服务大局,在思想上、政治上、行动上同党中央保持高度一致。

习总书记在讲话中指出,针对新的时代特点,随着形势发展,党的新闻舆论工作必须创新理念、内容、体裁、形式、方法、手段、业态、体制、机制,增强针对性和实效性。要适应分众化、差异化传播趋势,加快构建舆论引导新格局。要推动融合发展,主动借助新媒体传播优势。要抓住时机、把握节奏、讲究策略,从时度效着力,体现时度效要求。

习总书记强调,新闻舆论工作各个方面、各个环节都要坚持正确舆论导向。各级党报党刊、电台电视台要讲导向,都市类报刊、新媒体也要讲导向;新闻报道要讲导向,副刊、专题节目、广告宣传也要讲导向;时政新闻要讲导向,娱乐类、社会类新闻也要讲导向;国内新闻报道要讲导向,国际新闻报道也要讲导向。

(二)坚持正确导向,必须大力弘扬主旋律、传播正能量

主旋律反映当代中国发展进步的主流价值观,代表党和人民的根本利益。弘扬主旋律就是要反映时代最强音,用主旋律来鼓舞士气,提升觉悟,动员全体人民为实现伟大的中国梦而努力奋斗。所谓正能量,即所有积极的,健康的,催

人奋进的,给人力量的,充满希望的人、事、理。正能量体现了积极向上、乐观健康的社会精神力量。传播正能量就是要宣传社会主义核心价值体系,传播有利于振奋人民斗志、凝聚民族力量、推动社会进步的精神力量,就是宣传英雄模范等典型人物,使之起到社会示范作用。无论是弘扬主旋律,还是传播正能量,都要全力占领各种宣传阵地,做到无一遗漏,无一空缺。要坚持依法、科学、有效管理网络空间,净化网络环境,努力掌握网上舆论主动权,最大限度地发挥网络积极作用。

(三)坚持正确导向,必须大力推进改革创新、不断提升宣传工作水平

当前,随着科技进步,现代传播技术迅猛发展,舆论生态、发展环境和整体格局都发生了深刻变化。在这样的大背景下,坚持正确的导向,推进宣传思想工作,必须在继承和发扬优良传统的基础上,打破思想束缚,勇于尝试新的传播模式,牢牢把握好宣传思想工作的活力源泉。具体来说,就是要创新传播理念、创新传播手段、创新基层工作,变生硬说教为娓娓道来的循循善诱,变板着面孔训人为形式活泼的生动诠释,用人民群众喜闻乐见的方式提升舆论引导质量和水平,不断增强吸引力和感染力,做到因势而谋、因势而动、因势而为,不断开创宣传思想工作的新局面,占领舆论新阵地和舆论制高点。

团结稳定鼓劲、正面宣传为主,是党的新闻舆论工作必须遵循的基本方针。做好正面宣传,要增强吸引力和感染力。要舆论监督和正面宣传相统一,直面社会丑恶,激浊扬清与弘扬中国传统文化相统一,事实准确,针砭时弊与讴歌时代先锋模范,唱响社会主义核心价值观相统一,最终引领社会正气,鞭挞虚假丑陋,激发起与科技、时代、民族共同进步的中国网络正能量。

四、新媒体也要讲导向

随着媒介技术的不断发展,新媒体环境呈现出技术门槛消失、去中心化、互动性和开放性进一步强化的特性,不仅延伸了传者和公众的表达空间和公共讨论空间,并且大大增加了对各种信息、意见的包容力及扩散能力,这意味着新媒体环境在赋予舆论更多表达、曝光机会的同时,也为舆论引导带来了严峻挑战。

2016年2月19日,习近平总书记在党的新闻舆论工作座谈会上强调:"新媒体也要讲导向"。随着现代信息传播技术迅猛发展,新媒体已经成为广大受众特别是年轻受众获取信息的主渠道,媒体格局和舆论生态正在重塑和调整。由于新媒体所具有的较强舆论辐射力和感染力,在突发事件、群体性事件和公共事件中发挥着重要的信息传播和舆论引导作用,因此,互联网新媒体已经成为舆论斗争的主战场。

据不完全统计，比较热门的新媒体现在已有30多种，如网络、数字杂志、数字报纸、数字广播、桌面视窗、触摸媒体等。目前，我国新媒体行业中的网络编辑人员已经超过500万人，而传统媒体的编辑记者尚未超过70万人，未来三五年里，网络编辑还将继续呈上升趋势。

（一）新媒体坚持正确导向是现实需要

新媒体要坚持正确舆论导向是我们党新闻舆论工作性质的要求。新媒体尽管是新兴舆论阵地，但仍然属于我们党新闻舆论工作的重要组成部分，仍然要践行党管宣传、党管意识形态、党管媒体的根本原则。

新媒体要坚持正确舆论导向是当前新闻舆论环境的要求。在新媒体时代，人们的思想日益多元化，其行为的选择性、多变性、差异性日益增强，社会生活中舆论生态的多元、多样、多变已是一种事实。在人人都是自媒体的时代，就需要有主旋律来定音、来导航、来正向，更需要用正能量来暖心、来凝神、来聚力。新媒体作为我们党新闻舆论工作的一个重要领域、一支重要力量，理所当然应该以正确的舆论导向来帮助人们明辨是非，引领潮流，营造有利于"四个全面"战略布局顺利推进的舆论环境。这既是全国各族人民的根本利益所在，也是新媒体的职责使命所在。

新媒体要坚持正确舆论导向是其自身发展的根本要求。坚持正确导向是新闻舆论工作的核心和灵魂。新媒体也不例外。众所周知，"内容为王"是新媒体的核心理念。如果新媒体的内容有悖正确舆论导向要求，那么新媒体的发展就必然会受到相关部门的制约。这就是说，新媒体也在监管范围之列，也要体现党管新闻的根本要求。只有坚持正确舆论导向，新媒体才能得到顺利发展。目前，我国新媒体发布新闻内容的平台主要有两大部分：一是传统媒体开设的网站、微博和微信以及App平台等，其发布的内容主要由传统媒体和上级宣传部门进行监管；二是个人或公司开设的自媒体微博、微信，由新浪、腾讯等运营商和国家互联网信息办公室对网上内容进行监管。在一定意义上，坚持正确舆论导向既是新媒体必须自觉践行和坚守的核心价值和职业道德，也是新媒体存在的价值和意义所在。

（二）新媒体环境下舆论引导的出路

1.健全和落实有关网络舆论的相关法制规范

当前的行业自律公约缺乏必要的针对性。《中国互联网行业自律公约》《互联网新闻信息服务自律公约》的主要针对对象是互联网服务行业机构，而对新媒体内容制作、内容编辑与专题策划人员缺乏针对性。舆论引导应纳入法制约束的框架,建立完善信息发布制度,强化信息核查与把关,剔除极具煽动性、情绪化、真假难辨的低质量信息及言论;政府及相关部门依法治网、积极引导、执法必严,对不负责任、带来严重不良影响的煽动性言论的制造者严惩不贷;同时,建立健全网络舆论工作机制,完善追责机制,为舆论引导提供洁净的舆论空间及良好的制度保证。

2. 培养公众理性,提升媒介舆论素养

媒介素养影响人们对信息的认知、判断、评价及使用能力。面对新媒体海量复杂的信息及舆论,媒介素养的缺位使受众对信息的选择及判断更加困难,新媒体中群体化的交往方式,消解使用者的质疑与批判能力,做出非理性的分析和反应,从而影响舆论场的良好氛围。因此,传播者和社会教育机构要肩负起提升公众媒介素养的职责,提升受众的理性及正确分析媒介信息、提出批判意见和对负面信息的免疫能力,对于技术赋权带来的"公民记者",同样应该提升其专业技能。

3. 提升公权力机构的网络及舆情素养能力

舆情迫切需要政府机构、媒介及组织以权威的表态、解释及承诺的形式进行舆论引导,以消解舆情持续发酵可能带来的破坏力。应对舆情时,这些公权力机构应及时、高频率、多渠道、有针对性地进行回应,并且在语言风格等表述策略方面注意技巧,切忌逃避或对抗式回应,对舆论进行积极的引导。

4. 建立健全网络舆情人才、团队与技术系统建设

在"纸包不住火"的新媒体环境下,网络舆情的传播效应被扩大,这些舆情可能进一步酿成负面社会事件,此时正面的舆论引导就显得尤为重要。2017年8月的海底捞后厨事件被曝光后,海底捞方面不仅在第一时间发表道歉声明,并且持续、多次进行说明及表态,在一定程度上迅速扭转了危机局面,其危机公关范本被广泛传播与学习。

面对新媒体的强势发展,新闻从业者要切实研究认识新媒体的传播规律,增强运用新媒体的能力,在因新媒体而生的新兴舆论阵地中掌控话语权和影响力,依法依规对新媒体实行科学管理等。只有加强对新媒体的认识、监管,才能更好地引导新媒体的发展,从而占领新兴舆论阵地。

第二节 受众意识的打造

受众需求是新闻事业发展的内在动机,是新闻发展的前提条件,新闻媒体脱离受众需要,置受众需要于不顾,一厢情愿地去报道、评论,只会收到相反的效果。所以说,新闻媒体要切实发挥导向功能,必须要在满足人民利益的基础上,满足受众需要。

一、受众的概念及特点

受众即受传者,也称为信宿。受传者既可以是某个个体,也可以是某个群体或某个社会组织,也就是说受众从宏观上来看是一个巨大的集合体,从微观上来看体现为具有丰富的社会多样性的人。具体到新闻传播的过程中,就是指信息传播的接受者,包括报刊和书籍的读者、广播的听众、电影电视的观众,第四媒体网络的兴起使得受众的范围越来越大了。

无论是在传统媒体时代,还是全媒体时代,受众的特点都体现在以下几个方面:1.广泛性。这里指的是受众成员组合和地域分布上的广泛性。新闻媒介是面向全社会开放的,从广义上讲,所有社会成员都是新闻媒介现实或潜在的受众群,无论种族、性别、年龄、职业,这时他们都只有一个共同的身份——新闻媒介的受众。新闻传播的广泛性也使受众超越了地域的间隔,在相同或相近的时间里,聚合而为传媒信息的接受者。2.混杂性。也正因为新闻媒体受众成员广泛地分布在全社会的各个角落,就相应造就了受众群体成员的混杂性特征。他们在同为传媒受众这一点上是同一的,但他们彼此之间却又同时存在着许多明显的个体差异,如身份、地位的悬殊,贫富的差别,文化教育程度、价值观念的不同等,可谓千差万别。3.隐蔽性。尽管分散的受众成员有时也采用各种直接、间接的形式参与新闻媒体工作,如加入受众参与节目,来信、来电反映意见和要求,或参与、接受媒体组织的受众调查等,但在总体上,受众与新闻媒介是不见面的,是一种笼统的、隐蔽的存在。

二、新闻传播者与受众之间的关系

从新闻传播的构成因素看,传者和受众是新闻传播的两个重要因素,受众借新闻媒介发布的新闻获得信息,以此认识世界、适应世界。而新闻媒介,因能满足受众获得信息需要,因能有益于社会与公众,因能受到受众的信赖、支持而获得生命与源泉,得以生存和发展。传播与接受构成这种流动的整体,应当说是新闻传播得以完成的基础和前提。为此,新闻传播要高度重视传播领域中传者与受众的关系,研究新闻报道和受众的关系,进而通过改进新闻报道来吸引、争取受众。

从新闻传播的流通过程来看,新闻传播是信息的双向流通。一次传播过程的完成,当以从新闻信息源经过传播者到达接受者的传通为标志,传而不通是无效的传播。1948年,美国传播学学者哈德鲁·拉斯威尔提出著名的五个W传播模式中,其中的第一个W是Who,指传播者与"把关人",在传播的活动中,传播者和"把关人"在挑选、过滤和放大传播内容过程中,固然起着主导作用,但"传"要有效,要能"通",还必须顺利通过后面的三个W,In Which Channel、To Whom、With What Effect,即渠道、受众和效果。

三、受众在新闻传播中的地位

从新闻传播的来源和效果来看,受众占有极其重要的地位。

首先,作为舆论主体的公众是一种信息源。新闻来源于生活实践,人民群众是社会实践的主体,没有人民群众的积极参与,新闻便成了无源之水、无本之木,新闻受众的积极参与为新闻传播提供丰富的新闻素材。而广大人民群众是新闻传播的潜在接受者,这是不言自明的事实。所以,我们必须重视新闻受众在新闻传播中的资源作用。

其次,受众又是新闻信息实现的归宿。没有受众,传播就无法进行,就失去了对象和目的。新闻受众对新闻信息的接收情况决定了新闻价值的实现和实际效果的实现。

最后,新闻受众的信息反馈是新闻传播活动走向深入的唯一途径。新闻传播的目的是要新闻受众接受新闻传播的内容,并产生预期的效果。而现代新闻传播是双向的,新闻受众接收信息后必然会对其产生相应的反应:他们或赞成、或反对、或支持、或抵制……这些反馈的意见对新闻信息的再输出具有重要的意义。

四、受众中心论的提出

自大众传播学成为一门学科以来,谁是新闻传播活动的中心,一直是众多学者研究和讨论的焦点之一。早期的传播学者从宣传的角度出发,先后提出了"枪弹论""强效果论"等理论,其实质就是把受众看作是被动的信息接收者,很明显,在这些理论中传者是居于中心地位的。随着研究的发展,传播学者们发现受众并不是单纯的、被动的接受者,也不是同质的,不同的受众对于同一传播信息会产生不同的反应,受众在传播过程中的作用开始受到重视。

受众的特点真正从传者中心论转变为受众中心论是在20世纪60年代。受众中心论的研究者认为,受众是传播的主动者,媒介是被动者。受众并不是消极地"接受"信息,而是积极地寻求信息为自己所用。这也就是所谓的受众本位意识论。

施拉姆曾这样解释:受众参与传播就好像在自助餐厅就餐,媒介在这种传播环境中的作用只是为受众服务,提供尽可能让受众满意的饭菜(信息)。至于受众吃什么、吃多少、吃还是不吃,全在于受众自身的意愿和喜好,媒介是无能为力的。换句话说,这个理论假设的中心是受众。它主张受传者的行为在很大程度上是由个人的需求和兴趣来决定的,人们使用媒介是为了满足个人的需求和愿望。此外,德国学者伊丽莎白·纽曼提出"沉默的螺旋"受众模式与理论,从而在新闻理论界确立了受众在新闻传播过程中的中心地位。

在实践上,西方新闻界也经历了一个从漠视受众到重视受众的转变过程,甚至一度把受众中心论发挥到了极端,如黄色新闻的泛滥。西方新闻界先后通过行业自律和社会责任理论的提出,对新闻传播过程中的种种弊端进行限制和革除。毋庸置疑的是,受众在新闻传播活动中的中心地位已经牢牢确立了。

20世纪90年代,我国市场经济体制逐步建立以后,受众中心论正式被新闻理论界提出,并引起争议,然而,受众的重要地位也越来越被业界和学界重视。许多报刊、广播电台、电视台都开展了不同规模的受众调查,同时一些专业的调查机构也开始出现。1982年,中国社会科学院新闻研究所和首都新闻学会调查组共同发起的北京地区读者、观众、听众调查,是我国进行的第一次大规模的受众调查。这次调查规模大、统计规范、权威性强,调查结果发表后在国内外引起很大反响,使得受众观念、理论得以建立并强化,受众研究组织相继问世。更为关键的是"受众"这一概念从此深为广大新闻媒介从业人员所接受。1986年,中国人民大学舆论研究所成立,标志着我国对受众的研究有了专门的组织。1995年后,社会上的调查公司渐渐多了起来,受众调查的深度、广度都有所突破。根据受众的反馈,媒体不断寻求新的报道方式和手段,以满足受众多种层次的需求。随着现在社会主义市场经济体制的建立,媒体的竞争加剧,如何将受众市场这块蛋糕做大成为大家所共同关心的话题。可见受众中心论已经渗入大至国家小至地区的各层传播媒介。

五、全媒体时代受众特点的演化

Jay Rosen(2008a)曾这样描述曾经的受众:受众处于单向媒体渠道的接收端,其传播模式是在准入费用极高的情况下,极少的公司竞争大声发言的机会,而其他人只能孤独零散地在另一端静静地听着。这几乎是大众媒体出现后人们对受众的第一印象。

在社交媒体和 Web 2.0 出现之前,人们习惯于老式的、单向的和自上而下的媒介消费方式(Rosen,2008b)。以电视为例,信息传播基本上是单向的,从电视台到受众。电视制作人挑选他们认为合适的内容、决定在什么时候用什么样的方式呈现这些内容,因此他们拥有很大的传播权力。而坐在沙发前的观众,面对着铁盒子里传出的独白,他们只能被动地接收。极少的联系和互动使得媒体难以听到观众的观点(Thompson,1995)。

传统媒体科技不能够将大规模的受众联结在一起。受众每天都在收看相同的新闻和节目,但他们却很难互相取得联系,只能始终保持着分离和隔绝的状态。这就导致受众不能组织起群众性的活动去表达他们的想法,受众始终争取不到权力。

在媒体融合的时代背景下,市场受众有了越来越多的发声平台,以微博、微信和 QQ 为主,这些都是可以供人们表达看法、发表观点的快速渠道。基于此信息接收者逐渐变成信息生产者和传播者,进而影响了报道新闻信息的方式,由直线的单向传播形式变成了辐射状的多向传播。面对这种变化,全媒体时代的记者必须要充分分析市场受众,了解媒体融合时代的受众特点。编辑记者首先要转变思考立场,从受众的视角出发,对受众关注的新闻点进行提前预测,并在新闻的采编与制作过程中,在保证新闻真实性的前提下尽可能地主动靠拢受众,为广大受众表达心声。其次,编辑记者可以尝试从专业性上引导受众,通过分享一些新闻拍摄、编辑的技巧,让其在一定程度上感受新闻的专业性工作。比如梨视频就会不定期为全球的拍客团进行培训,确保了受众提供素材的质量。

六、舆论引导工作与受众意识的关系

(一)了解受众需求,是舆论工作的前提

受众对新闻需要的出发点产生于对某种新闻的兴趣,受众兴趣孕育着受众需要。受众兴趣是受众需要产生的前提,受众需要是受众兴趣的反映和结果。受众兴趣不是一成不变的,兴趣可以培养。这种培养有的由外力促成,有的由受众自身不断提高对客体的认识而养成,这两者是相互促进的。新闻媒体要发挥引导作用,首先要努力使受众产生新的兴趣,然后不断培养受众新的需要。受众从兴趣到需要的这一客观过程,是新闻媒体值得重视、研究、利用的过程。新闻媒体抓住了这个过程,引导就更加主动,更卓有成效。因此,掌握受众兴趣,不断培养受众兴趣,就真正掌握了引导的主动权。

(二)进行舆论引导,是联系群众的体现

新闻媒体是保持党和人民群众血肉联系的桥梁纽带,新闻工作是党的群众工作的有机组成部分。做好舆论工作,就是对"三贴近"和"三深入"的落实和坚持。要做好新闻工作,就要面向基层,服务群众,始终关心群众的生产生活,关注群众的所思所想,通过报道群众在现代化建设伟大实践中涌现出的先进典型来激励、感染群众,通过对群众关心、关注问题的正面宣传和解疑释惑来吸引、教育群众,在服务群众中引导、感染群众,在联系群众中团结、教育群众。要增强服务意识,满足群众需求,努力赢得人民群众对媒体的信赖和支持。

第三节 导向意识与受众意识在新闻业务中的体现

导向意识的培养和受众意识的打造最终都要落实在具体的新闻业务中才能产生实效。下面将结合案例,详细阐述两个意识在新闻业务环节中如何体现。

一、报道选题中的导向意识与受众意识

在决胜全面建设小康社会的大背景下,党和国家对于农村的发展做出了一系列新的战略部署,对于精准扶贫、乡村振兴等,媒体必须研究、弄懂。媒体的负责人要把好关,编辑记者们要研究透,反复讨论当前党和国家的大局是什么,它的内在关系是什么,大局对各项提出什么新要求,应该把握什么样的标准,坚持什么样的方向,要一一吃透,这样才能把媒体办好。特别是年轻的编辑记者,既要系统学习、深刻领会、准确把握各项政策,弥补对这些政策的历史演进、来龙去脉的认知断层,同时还要经常深入农村调查研究,真正了解农村实际情况和农民实际需求。

当代社会,在加强文化建设,努力实现文化大发展、文化大繁荣的新形势下,媒体更要明确自身的责任并发挥重要的作用。改革开放特别是党的十六大以来,我们党始终把文化建设放在党和国家全局工作的重要战略地位。十七届六中全会通过的《中共中央关于深化文化体制改革推动社会主义文化大发展大繁荣若干重大问题的决定》,首次从完整意义上制定了"文化强国战略"。十八大报告再度强调"建设社会主义文化强国,关键是增强全民族文化创造活力"。从中不难看出,文化发展的战略地位和发展规律越来越明晰。推动文化建设不断取得新成就,走中国特色社会主义文化发展道路,成为新时期非常重要的任务。媒体是党和政府的耳目喉舌,在传播先进文化过程中必须深入贯彻建设文化强

国的精神,为促进社会主义文化大发展大繁荣提供强有力的舆论支持。

以电视为例,在各种类型的电视节目中,新闻类节目占有举足轻重的地位,不仅比重大,占据黄金时间,在收视率排行榜上也名列前茅。因此,电视工作者应充分利用新闻类节目广泛的影响力,为文化发展营造良好的舆论氛围。在报道内容上,电视工作者要重视与文化发展有关的选题,全面宣传好国家和省市制定的扶持文化发展的方针政策。如在对有关会议进行报道时,除了报道会议的基本新闻要素,还要宣传会议精神,解读会议中与文化有关的政策,全面分析当前文化发展的形势和任务,充分发挥电视媒体的主导作用,做到全方位、多角度的报道。在日常报道中,电视工作者要善于发现、总结文化改革发展中的丰富实践和宝贵经验,把镜头对准文化发展的优秀成果,用生动的画面展示文化发展的新成就,为全国文化改革提供坚实的交流平台。同时,文化惠民工程、文化产业发展、文化遗产传承及保护、公民素质提升、各类文化活动等都应成为新闻的报道对象。媒体应通过正确的导向为文化发展营造良好的舆论氛围。

再如,社会主义核心价值观是社会主义核心价值体系的内核,在文化大发展大繁荣的道路上,有着引领方向的重要作用。中共中央办公厅印发的《关于培育和践行社会主义核心价值观的意见》明确提出,新闻媒体要发挥传播社会主流价值的主渠道作用。坚持团结稳定鼓劲、正面宣传为主,牢牢把握正确舆论导向,把社会主义核心价值观贯穿到日常形势宣传、成就宣传、主题宣传、典型宣传、热点引导和舆论监督中,弘扬主旋律,传播正能量,不断巩固壮大积极健康向上的主流思想舆论[1]。

2011年国家新闻出版广电总局发布的《关于进一步加强电视上星综合频道节目管理的意见》中也明确写到,各电视上星综合频道要开办一个弘扬中华民族传统美德和社会主义核心价值体系的思想道德建设栏目。据国家新闻出版广电总局统计,上星综合频道普遍开设有思想道德建设类栏目,34个频道共开办36档[2]。如中央电视台《身边的感动》、湖南卫视《平民英雄》、山西卫视《美的故事》、北京卫视《好人故事》、东方卫视《大爱东方》、四川卫视《公益中国》等,这些栏目大多以人物故事为报道选题,涵盖了助人为乐、见义勇为、诚实守信、敬业奉献、孝老爱亲等多个方面,这些出现在电视荧屏上的新鲜血液,为电视注入了

---

[1] 中共中央办公厅.关于培育和践行社会主义核心价值观的意见[M].北京:人民出版社,2013.
[2] 张冬林.如何讲好"好人故事"[J].新闻与写作,2012(6).

先进文化的血液。

事实上,弘扬积极向上的主旋律不仅是一段时期媒体工作者的工作内容,更是媒体工作者天然的责任,是基本的职业道德。同时,社会主义核心价值观的渗透,对于提高公众文化品位和道德情操,促进社会和谐发展也有着重要意义。

今年是改革开放40周年,20世纪80年代,我们把工作重心转移到以经济建设为中心的轨道上来,通过改革开放取得了很大成绩,这是有目共睹的。但是,改革开放所要走的路是前人没有走过的,是在探索中前进,因此,人们对改革中出现的有些问题不是一下子就能认识清楚的,而且改革难免会出现失误、挫折。如何统一认识,尤其是对工作中的失误和挫折的认识,是新闻媒体应该充分发挥引导功能去解决的问题。怎么去引导呢?这就必须坚持以马克思主义为指导,正确地分析问题,引导舆论,达到受众正确认识问题,坚定改革开放信心的目的。许多报刊在抓重大问题报道时,坚持了马克思主义的世界观和方法论,做到个别和一般、现象和本质的统一,有事实的报道,有专家学者对事实本质的分析,还组织广大受众参加讨论,正确引导了舆论,把受众兴趣引导到了有利于改革开放的方向上来。

新闻工作者要完成好党和人民赋予的舆论引导之使命,就一定要从政治上、内容上、程序上认真把好关,切实贯彻执行好党的路线方针政策,反映社会发展的大势主流,严格遵守党的政治纪律、宣传纪律。要做好热点引导,遇到热点不能回避,要政治坚定、头脑清醒、正确分析、妥善引导,从党和政府的工作大局出发、从广大人民的根本利益出发,阐明观点、引导舆论、解决问题,要找准党和政府工作与人民群众的"兴奋点""共鸣点",用人们喜闻乐见的体裁和形式报道新闻,用新闻评论阐述立场、表明观点。树立主流媒体意识,从巩固党的执政地位的立场,从维护社会和谐稳定的高度、增强国家软实力的角度,从新闻事业发展壮大的思路出发,培养履行舆论引导职责的紧迫感、使命感。

二、典型报道如何体现受众意识与导向意识

2013年12月30日在山西卫视《7点最新闻》栏目播出新闻《老井离横岭三十里》,时长为13分25秒。此新闻专题获得第24届中国新闻奖二等奖以及2013年度山西省新闻奖一等奖。本片讲述了山西两个特别的小山村在社会主义市场经济发展到改革攻坚阶段的不同发展状态,并从中挖掘了背后的原因,反映出十八届三中全会提出的"充分发挥市场在资源配置中的决定作用"这一政策的重要性,揭示出改革攻坚阶段必须要处理好政府、市场这两只手的关系,此专题为千千万万的村庄发展产业提供资源配置中的现实版本,具有较强的政策前瞻性、典型说服性和执政启示性,可以说充分体现了受众意识与导向意识。

(一)把握主旋律,契合时代的重大主题。

"好新闻"要紧扣时代的脉搏。当前,正值全党和全国各族人民全面奋力建成小康社会的关键时期,全面深化改革同样进入了深水区和攻坚阶段。为此,新闻媒体和记者要始终与党中央保持高度一致,紧扣时代发展的脉搏,要多报道中央新近出台的一系列大政方针,多吹响奋力建成小康社会的号角。要牢牢把握时代的主旋律,不能各吹各的号,各唱各的调。要多为人民而歌唱,多为我们这个伟大的时代鼓与呼。

在上面那个片子中,老井村有两次集中发展的机会,一次是电影《老井》拍摄后带来的集中援助。通水、通路、通手机信号,老井村共200口人,人均接受援助3万元。但是输血式扶贫也带来新的问题:村干部账目不清,干群关系恶化。第二次是在2007年,左权县旅游局以政府的名义盖起山门、售票处,搞了个启动仪式开发老井的生态游。但是由于政府主导,开发屡屡受挫,最终半途而废。老井村抱着一块金字招牌,依旧过着靠天吃饭的日子。

和老井不一样,小说《小二黑结婚》的原型地横岭村从来没有被关注过,也没有得到过援助。为了改变命运,村子抓住了两次机会。一次是2006年开始的移民搬迁,80%的村民在中心村盖了新居。另一次在2012年,通过市场化手段发展生态农庄,村里人在3000亩核桃园里当产业工人,同时开发旅游,村子的未来充满希望。

中央在十八届三中全会中提出,在改革全面深化的过程中,必须要发挥市场在资源配置中的决定作用。这两个名村的一成一败,成为全国千千万万个村庄今后在资源配置中的现实版本,这个契合时代的主题成为此片成败的关键。

全面建成小康社会最艰巨的任务在农村,特别是在贫困地区。此片播出后,当地政府组织专题研讨,推出政策细则,将条件相似、地缘相近、发展程度不同的村庄结为共同发展对子。在政策的引导下,目前已有企业正在考察老井村,准备开发写生基地。革命老区的村庄开始用市场手段解决致富的问题。此专题正是紧扣时代的脉搏,引导舆论朝着政策的方向、积极的方向发展。

(二)接地气,坚持群众观点与群众路线。

1. 选取群众内容,为群众所喜闻乐见。

对于社会主义新闻事业来说,人民群众是社会生活的主体,也是新闻的主体,人民群众的劳动、工作、生活和要求,就是新闻报道反映的主要内容。社会主义新闻事业应该占用主要的节目时间。首先,新闻工作者要充分地反映和报道人民群众的实践活动;其次,要满腔热情地去讴歌人民群众中的先进人物以及业绩;

最后，要运用新闻报道的多种形式去表达人民群众的情绪、愿望、意见与呼声。

字幕：（鞭炮声）左权县芹泉镇横岭村的移民新村。

解说：过了大雪节气，横岭村迎来移民新村的第一场婚礼。村民大部分已经搬出了相伴多年的大山，在新村落户。崭新的小院里洒满冬日的阳光。

同期：一鞠躬。

解说：婚礼的新郎是横岭村的曹常青，娶的是老井村的鲁翠燕。村民告诉我们，几十年来，横岭村第一次娶上老井村的媳妇。

现场：新郎新娘是自由恋爱、幸福的一对。

无论是老井村、横岭村核桃惨遭绝收的事实，还是老井、横岭两个年轻人婚礼这个典型事件的选取，都与农村百姓的生活息息相关，反映了百姓在现实生活中的现状与需求。

2. 采用"群众形式"，适合群众的思维方式与情趣品味。

人民群众是怎样生活的，他们自己所经历的过程很完美地形成一种自然的结构。讲述他们的事情，要同他们最熟识的周围事物联系起来，那就是最好的、最自然的一种表现手法。一定要用他们自己的结构和手法去反映他们的生活，反映他们在生活中的真面目。

这个片子总长13分钟多，典型的、有地域特色的音响有三处：在讲述老井村背景时选用了电影《老井》里的伴奏音乐——唢呐版的《桃花红杏花白》；在讲述横岭村背景时选用了歌剧《小二黑结婚》的插曲——郭兰英演唱的《清粼粼的水来蓝莹莹的天》，浓郁的山西特色不仅增加了全片的感染力，也让观众立刻融入横岭村特殊的文化背景中；左权县老井村赵三旦全家在山坡上收割玉米时，使用了原生态山间嗓音唱的《桃花红杏花白》，这首歌就是左权民歌，原汁原味的山野嗓音用在这里贴切自然，成为这部专题片的点睛之笔。

此外，比如早晨的鸡叫、夜晚的狗叫、石头落入水井、老人打谷子的声音以及电影中的对白等等，都成为片子中调整节奏、烘托气氛的重要手段。这些贴近群众生活的音响与声音拉近了片子与群众的距离。

3. 走"群众路线"，很好地体现了"走转改"的作风。

此片采制时间历时半年多，从春天的遭灾开始，围绕两个村子面对灾情怎么办进行跟踪拍摄，以农事的节令入手，立秋、白露、霜降、立冬……记录两个村的农民都在忙什么、想什么，用大量的事例和细节撑起了作品，避免了蜻蜓点水。作品生动地反映出老井村因反哺的东西太多，等、靠、懒等思想严重妨碍了村子的发展，并且深究如何从转变观念入手，增强农村自身造血功能，市场、政府都应各司其职、各归其位。此片捕捉了很多的细节,比如老井村村民的抱怨,想向政府要遭灾补助;而横岭村的村民不等不靠,在市场手段调度下,在自家门口打起工;老井村的老人还得靠爬树摘松壳贴补家用,而横岭村的老人在精明地拨动着发展的算盘珠;老井村事事冲着钱,横岭村却在挖文化遗产的宝藏;结果是老井村人烟稀少,而曾经更贫困的横岭村村民第一次娶上了老井村的媳妇。

记者跟随老井村60多岁的赵三旦老人在太行山深处徒步行走了一天,记录下他爬树采药,风餐露宿,贴补家用;横岭村的村民去农庄给核桃林做越冬管护,顶着呼呼的西北风,记者记录下了铲、埋、缠等工序;老井村的村民代表去横岭村参观取经,记者记录下他们羡慕的表情、焦急的询问、激烈的争吵和反思的探讨,整个场景真实、自然。而这些细节的捕捉无疑是记者深入基层,深入调查的结果。

三、批评性报道如何体现受众意识与导向意识

批评性报道是实现媒体舆论监督功能的重要方式,也是保障受众权益的正当渠道。但批评性报道也要讲导向,这一点是必须坚持的。下面以2013年9月17日《焦点访谈》的一期节目《严查"第一口奶"》为例,对这一问题进行分析。

(一)监视社会环境,推动社会发展新闻舆论监督功能的体现

揭露、批判、否定并不是舆论监督的唯一任务,它所具有的保障、肯定、推动、建设的作用更大。不破不立,揭露是为了推动,批判是为了建设。舆论监督的社会监视功能,表现在它对社会发展具有"晴雨表"和"候风仪"的监测作用。媒体迅速真实地报道新闻,传播信息,使人们能及时了解客观世界的变化状况,主动适应变化了的环境,并及时采取相应的措施,趋利避害。

【段落一】

解说:记者来到天津一家医院的妇产科,镜头里的这个宝宝出生不久,刚喝完护士送来的奶粉。

记者:这是医院拿过来的奶粉吗?

家属一:嗯。

记者:这是什么奶粉啊?

家属一:不知道。

记者:宝宝是要吃母乳还是要喂奶粉之类的,没人问你们?

家属二:没有。

【段落二】

解说:有研究表明,婴儿出生后的第一口奶至关重要,如果吃不到母亲的初乳,对孩子的影响可能是一生的,根据世界癌症研究基金会的研究,不能母乳喂

养,甚至可能会增加母亲和孩子患上癌症的风险。

首都医科大学附属医院主治医师:妈妈身上的一些带菌状态,如肠道的带菌状态和孩子非常相似。孩子通过母乳喂养,就能摄取到妈妈的这些免疫球蛋白,所以说对于孩子来说是具有保护作用的。

解说:专家还介绍说,如果孩子第一口没有吸食到母乳,很可能会对奶粉产生依赖,最终导致婴儿不再接受母乳,而只能用奶粉喂养。

【分析】

通过记者的提问,我们可以发现,对于此事家长们并不知情,而此事一经报道,全国的观众可以通过镜头得知个别医院存在此种不良情况,当家里有新生婴儿时,会很好地起到防范的作用。

同时,新闻中所提到的母乳喂养的益处以及孩子不吸食母乳的危害,对于广大群众也是一种知识的普及,对于一些准父母和初为人父人母的群众也是一种提醒。

(二)通过新闻批评进行舆论监督的基本原则

在实现舆论监督的多种手段中,新闻批评是一种最主要的形式。新闻批评是通过新闻媒介面向全社会的公开批评。由于它把批评的内容公开诉诸社会公众,这样就能够在相当大的范围内,引起人们的注意,或关心、同情,或愤怒、谴责,因而具有不可阻挡的巨大的社会冲击力。传播范围的宽广、公开传播的威力,使新闻批评的对象立即感受到全社会对其施加的精神压力。正是因为有如此大的影响力,因此媒体在进行批评性报道时必须坚守以下原则:

1.开展新闻批评要本着对党、对人民高度负责的精神,从人民和国家的根本利益出发,实事求是,坚持真理,勇于负责,能够冲破一切阻力,完成自己的使命。

【评论】

第一口奶就这样被奶粉企业和医院、医生绑架了。孩子的父母被剥夺了知情权、选择权;那些本应第一口就品尝到甘甜乳汁的孩子,也永远没有了这样的机会,让人可怜,又让人心疼。孩子喝下的不仅是奶粉,同时喝下的还有掺杂其中的非法的、灰色的商业利益。看着稚嫩、纯洁的生命喝下这样的奶粉,大人们于心何忍?奶粉企业不可能不知道这样做违规,但为了销量,无所不用其极;医生不可能不知道第一口奶的重要性,但为了一己私利,不惜玷污一身白衣。人们希望调查结果能尽快出来,也希望其他奶粉企业、医院、医生能以此为戒。谁操纵了孩子的第一口奶,谁就要受道德的谴责,乃至法律的惩处。

【分析】

新闻的最后以评论的形式对报道进行总结,而评论的角度是孩子的身体健康,是人民的知情权、选择权,抨击的是奶粉企业的违规与无所不用其极,是医生护士职业道德的丧失,而这些评论都是站在社会发展与人民利益的角度,这样的评论本身也是新闻工作者自身对于职业道德的坚守。

2. 新闻批评的威力和效果,首先在于对事实做真实、准确的报道。只有事实确凿无误,才能使人信服,才经得住实践的检验、群众的检验和时间的检验。但是,要获得确凿的事实是很不容易的,需要深入实际,深入群众,踏踏实实地进行调查研究。

新闻报道要使人信服,就要认认真真地把每一个事实、每一个细节核实清楚,记者把多美滋公司给天津各家医院的医生护士打款的明细单展示出来,而且在 ATM 机上测试名单上的人名与卡号,最后,为了确保真实准确,还借找人的名义确定医院确有此人。这些调查的方法,确保了新闻信息的准确真实,无疑加强了新闻的可信度与说服力。同样,塘沽妇幼医院护士的回答更加强化了观众对于事实的确信。真实是新闻的生命,更是新闻舆论监督发挥作用的重要手段。

3. 新闻批评的运作必须严格限定在法律、制度政策以及社会道德规范容许的范围之内,按照相关的法律法规办事,在新闻报道的内容中,也要充分地体现法律意识。

【段落一】

解说:卫计委 2011 年推出的《母乳代用品管理办法》明确规定,在婴儿出生 0 到 6 个月的时间里,任何奶粉品牌都不得做销售宣传,只有在产妇有严重疾病等特殊情况下,才建议使用奶粉代替母乳。

某品牌天津区前销售经理:"根本不是这么去做的,现在厂家已经这样了,宝宝一出生,不管你同不同意,不管你妈妈有没有奶,就直接给孩子上奶粉了。"

【段落二】

多美滋公司在这份声明中表示,公司严格遵循中国的法律法规,包括《母乳代用品销售管理办法》,如有违反,他们将采取严厉的惩罚措施。

在多美滋的官方网站上,记者注意到有这么一行字:"宝宝的安全意味着一切。"但显然,在现实中,他们把利益放在了第一位。

【分析】

新闻批评一定要有理有据,有法律、法规的依据,《母乳代用品管理办法》的规定为新闻批评提供了法律依据,而多美滋的声明与承诺,更为批评提供了有力的佐证,同时,也保证了新闻批评正常而有序地开展。

第三章 高超的选题策划能力

第一节 为什么要重视选题策划

一、好的策划有助于媒体做出"独家报道",在众多报道中吸引受众注意

这里的"独家"并不是唯一,而是独特的角度、独特的形式、独特的观点等。新闻策划就是利用掌握的新闻线索和背景资料,对如何报道选题所进行的周密设计和安排。在激烈的媒体竞争环境中,媒体很难再做出独家报道,但是好的策划却能帮助记者对同样的选题进创新表达,从而在众多的报道中脱颖而出。可以说,当前媒体间的竞争在某种程度上就表现为新闻策划高低的竞争。匠心独运的策划,可以使报道质量明显提高,可以使新闻的竞争力大大增强。成功的策划性新闻不仅能产生巨大的社会效应,也将为新闻单位带来较高的知名度和经济效益,从而使新闻单位在竞争中保持优势。

好策划的前提是需要有一个好的新闻选题,从宏观上来说,首先是符合党和国家大政方针的,在这一大的框架下,新闻选题更能贴近国家的实际情况,更能把党的最新政策和施政纲领传播给大众,使民众对方针政策有更进一步的了解,从而拉近党和政府与人民群众的关系。以《人民日报》《光明日报》这些主流媒体为例,它们能够及时报道党和国家的政策,做到时事及时更新,使离政治很远的大众能够更加近距离地了解时政要闻;其次是能够将社会主义核心价值观传播给每一个百姓,在弘扬社会主义先进道德理念的同时,起到了警示、教育的目的,成为党和国家思想教育的先锋队,对构建社会主义和谐社会起到了重要作用。从微观上来说,首先,一个好的新闻选题要从日常生活一些特别的、新奇的、具有个性的事情中去发现,需要新闻工作者用眼、用心认真观察,要贴近生活。马克思主义哲学提到要走群众路线,新闻工作也要坚持群众路线,我们在策划选题时,要深入生活,去发现发生在百姓身边的新闻、故事,"讲述老百姓自己的故事",这样的新闻才更能贴近生活、贴近百姓,才能更好地发挥新闻的社会性能,使百姓更愿意看新闻报道,充分体现人民当家做主的愿望。比如,关于老人晨练的新闻报道,既展示了老年人群体积极向上的生活态度,传播了正能量,又从细节入手,贴近百姓生活。

但需要注意的是,好的选题是多角度、多层次的,如果仅仅停留在就事论事的层面,就无法充分发挥选题的社会意义。这时就需要有高素质的新闻从业团队,从顶层设计到具体实施,都科学地进行策划,从而把选题拓宽、挖深。

二、新闻报道策划是新闻业务流程中的重要环节,策划的成败直接影响报道的成败

首先,一个成功的新闻策划能够充分发挥报道者的聪明才智和主观性,通过明确的目标和行动方案,报道者依据对新闻事件和活动的理解、参与,形成自己的一套报道思路,从而进行积极主动地反映,这对于提高报道质量大有好处。同时,通过发挥个人的主观性,能够充分发掘新闻背后的价值,甚至在不引人注意的新闻事件中发掘极有价值的珍宝。新闻策划能够极大地开拓和有效地利用新闻资源。不仅可以敏锐地看到眼前发生的事实,而且可以敏锐地回忆过去发生的历史,可以科学地预测未来,找到过去、现在和未来之间的发展趋势。

其次,一个成功的新闻策划能够最大限度地坚持群众路线,满足受众的需求。随着经济的发展和科技的进步,人民的物质和精神生活都发生了翻天覆地的变化,导致大众的需求和兴趣越来越广,这就使得简单的报道不能使受众获得满足,对事件内部的发展和事件背后所反映的思想层面的需求增加,它要求新闻策划者必须以群众为基础,从多个层面、多个角度甚至是逆向思维的角度来进行策划,充分满足受众的要求。

第三,策划有利于新闻主题更鲜明。服务于工作中心,唱响主旋律,体现正确的舆论导向,是新闻报道的基本要求。具有策划意识和策划能力的编辑,会利用那些题材重大、意义深远、新闻价值含量高的素材,根据解决党和政府工作中的重点、难点、热点问题的需要进行策划,将社会舆论聚集到团结、稳定、改革这个大主题上,从而增强新闻的价值,引领正确的舆论导向。

三、科学地策划有利于充分利用各种资源,提高工作效率

随着信息时代的到来,各种信息资源如潮水般涌现到人们的眼前,令人目不暇接。有策划意识和策划能力的记者、编辑,可以从中选择出那些受众最为需要的信息,对它们进行优化组合、合理配置,并及时传递给读者,以满足受众对信息的需求;也可以充分利用各种资源,进行精心准备和策划,使报道有立体感、纵深感。尤其是在时效性要求特别高的新闻工作中,科学地策划能够提高工作效果,保证受众能在第一时间接收到优质的内容。随着社会的发展,人们越来越不满足于仅仅知道"是什么",而更想知道"为什么"。对于深度报道,从确定主题到组织采写,再到版面编排设计,进行精心地策划,推出精品新闻与精品栏目,有利于增加宣传的强势,充分揭示新闻事实的意义,从而在受众中引起强烈反响,达到预期目的。

四、新闻报道者在满足受众需求的同时,也促进了新闻行业的良性竞争

一条新闻报道不仅仅是简单的新闻,也是对社会现象的反映,只有好的新闻策划,才能够从符合社会价值理念的角度进行报道,在社会上产生影响,感染更多的人,使其更好地服务大众。同时,新闻策划能够增强市场竞争力,各个新闻媒体在不断的竞争过程中,将自己的优势更好地发挥出来,也会不断地学习其他媒体的先进经验,在学习中进步,还会形成"你无我有,你有我新,你新我快,你快我深"的积极局面。应看到,竞争也带来了媒体之间的互相合作,在合作中优势互补、互相学习,合理配置和充分利用新闻资源,形成合力,更好地报道新闻,同时也达到了知己知彼,百战不殆的境界。

五、选题策划意识与能力是记者适应发展的需要

从现实看,媒体竞争的手段和方式奇招百出,扩版、敲门发行、价格战、新闻娱乐化、频道专业化等等,媒体都在绞尽脑汁打造自己的核心竞争力。新闻传媒的核心竞争力是什么?是在经营和发展中超越竞争对手的核心能力和资源。对于新闻传播而言,其核心优势自然要围绕新闻的采、写、编、评等业务来做文章。文章如何做?这就靠策划,以策划来营造核心竞争力。在如今的众多媒体中,策划能力,尤其是选题策划与报道策划能力,已成为一个媒体活力与创造力的具体体现。作为报道策划的具体执行者,也是媒体新闻作品的重要"制造人",记者必须树立策划意识,做策划型记者,只有这样,才能适应日益加剧的媒体竞争。

比如说在一个报社中,总编辑是总策划,拥有报道策划的决策权,但仅他一个人也形不成完整的策划主体,报道策划主体应是一个"编辑+记者+总编辑"的联合体。这个联合体中的角色各有分工、互相配合,缺一不可。就某一项策划而言,他们共同要做的事情是"出新闻、出好新闻",一个成功的新闻记者,应该在"出新闻、出好新闻"的过程中发挥自己独特的眼光、出色的分析能力和策划能力,将隐性新闻资源发掘成有价值的显性新闻,不断生产出新闻精品。

第二节 确定选题的方法

确定选题和进行策划,是新闻报道准备工作中的两个必不可少的重要环节。选题是策划的前提,也就是说策划要围绕着选题来进行。因此,要谈如何进行策划,首先要谈谈如何确定选题。当今世界,媒体不计其数,信息互相碰撞,竞争日趋激烈。在这种情况下,哪家媒体拥有了高质量的选题,它就会占领传播的制高点,扩大传播的覆盖面,赢得受众的注意力。因此,重视选题成了媒体的共识。选题首先遇到的一个问题是新闻线索。

一、新闻线索

新闻线索就是新近发生和发现的或即将发生的新闻事实的简明信息和信号。新闻线索的作用主要表现在:新闻线索能够触发记者的新闻敏感;新闻线索可以指明采访的去向;新闻线索的价值可以决定报道质量。那么,记者从什么渠道获得线索呢?概括起来主要有六个方面:其一,国家和政府的文件、决议、指示和领导人的讲话;其二,各种会议、简报、情况反映;其三,报纸、通讯社、广播、杂志的报道;其四,新闻发布会、记者招待会;其五,记者的日常观察;其六,记者的信息网络。社会各界人士、通讯员、电视观众构成了记者的信息网络。记者的朋友多、信息网点多,记者的耳目就灵,采访线索就永远不会枯竭。值得一提的是,在新媒体时代,网络可以说是记者获取新闻线索的重要仓库,但其中的线索鱼龙混杂,记者必须提高警惕,谨慎选择。

二、选题原则

由于新闻线索具有比较简单,完整性差;时间短暂,稳定性低;只是信号,有待证实;反映现象,变动性大等特点,因此,并不是所有的线索都能成新闻报道的选题,在进行选择时必须把握一定的原则。

(一)舆论导向正确

根据我国的实际情况,为坚持舆论导向的正确,往往把选题的重点放在以下两个方面:一是新成就、新经验。这是体现以正面宣传为主方针、保持舆论导向正确的成功经验。同时,选择"第一流"永远是记者追逐的目标。二是新风尚、新人物。新风尚、新人物的出现是一个国家、一个民族昌盛兴旺的表现;是社会思想、优良行为的缩影;是引导受众热爱祖国、热爱社会、热爱生活的路标;也是支撑新闻报道的骨架,是新闻媒体的永恒主题。

（二）传播效果良好

大众媒介影响广泛，其导向正确与否，事关社会稳定、思想健康和经济发展的大局。因此，媒介工作者一定要以高度的社会责任感，达到新闻报道预期的社会效益，获得良好的传播效果。那么，选择什么样的题材才能收到预期的传播效果呢？一是新信息、新动向。抓与老百姓生活密切的信息，抓大家普遍关心的事情，抓鲜为人知的信息。二是新事物、新问题。新事物指的是代表事物发展规律、社会前进方向，具有一定生命力的事情。新问题则是对社会有影响的问题，社会普遍存在的问题，新出现的问题。

三、选题标准

在选择新闻的过程中，还有一个非常重要的概念需要注意，那就是新闻价值。新闻价值是记者选择和衡量新闻事实的重要标准，是事实所具有的构成新闻的特殊要素，是事实的一种社会属性。新闻价值具体包括以下内容。兴趣：新闻能否引起读者普遍兴趣，记者判断事实时要考虑面对什么样的读者；影响：新闻能够产生什么样的社会影响，记者判断事实时要考虑其影响程度；接近：新闻能否产生影响、引起兴趣同受众接近程度有直接关系，记者判断事实时要考虑接近性因素；及时：记者判断事实时要考虑时间因素，新闻必须要及时，否则就会成为旧闻；显要：新闻人物的显要程度往往能引起普遍关注，记者判断事实时要考虑人物知名度；异常：不寻常的事、重要创举都具有异常性，记者判断事实时可以参照空前、绝后、唯一这三者的因素；冲突：战争、罪犯、政治争端、竞赛等都包含程度不同、意义不同的冲突，记者判断事实时要考虑社会冲突这一因素。

社会上有一些媒体在报道中出现导向错误，往往就是在选题标准上出现了认识错误。比如，乐于寻找极端的事例，追求轰动效应；乐于选择能够打政策"擦边球"的题材，使报道显得很"另类"；乐于选择一些能够连续炒作的事情，以吸引受众的关注等等。这其中的做法也许可以产生短暂的轰动，但是绝不可能长久，到头来往往会得不偿失。

一些长久不衰的权威节目则是把严格筛选选题作为工作的重心。以央视的《新闻调查》为例，该节目从1996年5月17日正式开播至今，一直是既叫好又叫座的名牌。它做到这一点，不是偶然的，也不是一蹴而就的，这与其始终保持有分量的选题、有质量的制度、有力度的观点有着极大的关系。

四、确定选题的方法

选题方法是研究如何策划选题的问题，虽然方法因人而异，但也有规律可循。具体来说有以下三点。第一，吃透政策精神，了解实际情况。确定新闻选题必须考虑新闻政策标准。新闻政策通常又体现在以下三个方面：政治标准，即从政治上来衡量新闻事实，判断某个事实在政治上的利害关系；新闻宣传思想，即新闻的宣传价值，它具有一致性、典型性、针对性、时宜性；新闻机构自身的编辑方针。第二，学会分析比较，从变化中发现选题。在目前的新闻体制下，多数记者较为固定地跑某一行业、某一领域或某一地区，因此对所跑地域的情况比较熟悉，容易看出新的变化，从变化中发现新的选题；同时，还可以透过一些表面事实，找出内在的原因，提炼出一些有深度、有价值的选题。第三，选择恰当的报道角度，扩大新闻选题。记者对同一事件，应从不同角度看待，从不同角度表达，竭力写出事物的个性特点。为此，就应该选择新的角度、新的突破口来表现新闻事实，确定新闻事实的着眼点和侧重点。具体来说就是要从同一题材中找出不同的视角，从老题材中找出新视角，从共同的视角中确立独家视角。

五、案例："新春走基层"系列报道选题分析

（一）"新春走基层"的选题来源

随着全媒体时代的到来，新闻选题的来源单靠传统的方式已经不能够满足受众的需求。在这个多种媒体并存的时代，最好的选择是"抢新闻不如报道好新闻"。在一些普通的新闻报道中往往蕴含着尚未挖掘的报道潜力，尤其是那些在固定时间段内发生的、常态化的、被各方媒体追踪报道的新闻事件，如果从中挖掘，定有意外的收获。

1."海采"下诞生的选题

自从"你幸福吗？""我姓曾"这一段对话以6700万的微博点击量爆红网络后，"海采"这一采访方式也因其活泼的内容和形式逐渐走进大众的视野。

从2013年开始，央视"新春走基层"采访活动陆续推出了《吾老吾幼》《百姓心声》《家风是什么》《孝顺怎么做》《一路回家》《家是什么》等栏目，共计25期"海采"新闻报道，占到2012—2018年所有"新春走基层"报道总数的13%，成为新闻选题的一个重要来源。"海采"的特殊性决定它必须获得充分多的采访基数，从而提取其中的"精华"部分，而足够充分的采访对象就能够在一定程度上展现中国人的价值观和精气神。《家风是什么》一经报道就引起了广泛关注，"不能忘本""老实做人、踏实做事""吃亏是福""不啃老、不坑爹"的字里行间透露的是中国人凝聚在骨子里的对家庭和亲情的理解，是这些力量让中国十几亿人的心凝聚在一起。"海采"下，选题的诞生水到渠成，也能够带给观众一定的感悟。

2. 从生活中取材

在2012—2018年"新春走基层"的188篇新闻报道里,180篇以上的选题来源于生活。具体来说,关于农民和普通百姓生活的报道有99篇,占比53%;关于边防官兵、军人以及航天从业者的生活报道有17篇,占比9%;关于从事与铁路相关的人员的生活报道有16篇,占比8%;其余反映社会基层工作者的生活报道有11篇,占比6%。

从生活中选材,一方面是选取百姓常态化的生活。"新春走基层"选择铁路上的工作人员、在外务工人员、留守儿童的生活为表现对象,例如《广东韶关:大山深处守隧人》《夜走冰雪边关巡逻路》等新闻里展现的基层工作者的生活状态,如深夜修复故障、及时为旅客备足水源、疏通堵塞的厕所等。对于"新春走基层"的记者来说,就是要把这些在过去可能看来太过平凡和琐碎的事情重新提炼表达,向观众展示一种未知的生活状态。

从生活中选材,另一方面是呈现百姓生活中的"小故事"。"新春走基层"通过讲述一个个中国人的小故事,让人们感受中国经济发展下的人情冷暖。2012年1月26日的一则报道《小央金:我去北京只有一个心愿》,里面讲的是一支医疗小分队来到西藏日喀则,对患有先天性心脏病孩子的身体状况进行筛查确诊,再到2012年2月3日最后一期《小央金、小次仁:今天我们回家了》,共计7则报道,在这中间,记者持续关注西藏地区先天性心脏病孩子"小央金"的治疗情况,从"小央金""小次仁"的身体状况被关注,再到第一次做手术,直到痊愈后回家。通过报道,他们的事被很多人知道,多家医院纷纷表示愿意帮助他们,前前后后共计20名先天性心脏病孩子的治疗问题得到解决。记者通过讲述小央金这一路的治疗"故事",让我们从中体会到了小央金的乐观坚强和全国人民对他们的帮助和爱心。

因此,想要做出一篇出色的报道,不仅要求记者有扎实的采写功底,更需要记者了解中国国情,真正从中国人的生活中寻找选题,用真实的故事感化人心,凝聚力量。

(二)"新春走基层"选题的出发点

1. 关注民生,践行"三贴近"原则

自2003年提出"三贴近"指导方针后,全国新闻媒体一直努力践行,使"三贴近"原则逐步推广开来。在此基础上,央视连续发力,在2012年春节期间推出"新春走基层"系列报道,两百余名记者走入基层,沉下身子,真正让"三贴近"原则落地生根。

随着"新春走基层"系列报道《过年回家》《蹲点日记》《百姓心声》《家风是什么》《零点后的中国》《回家的礼物》《问暖》等栏目的相继开播,农民工、医生、民警等普通人物的出镜率越来越高,央视"新春走基层"的记者们离群众更近了。

2. 注重与民众心灵的交汇

"新春走基层"的选题范围不局限于国内的重大事件,只要有特点、有故事、有情怀,并且能够让观众得到收获,哪怕只是不知名的小人物,记者也会去拍摄。2018年2月的一期"新春走基层"《大柱山隧道的坚守》关注的是云南大理至瑞丽的大瑞铁路,大瑞铁路的关键性工程大柱山隧道2008年开始施工,最初预计五年完工,但是十年过去了,隧道仍未贯通。由于地质条件太复杂,工人们在这个隧道里预计还需要再奋战三年。这里的工人们从十年前来到这里,离开家人和朋友,为隧道坚守了他们整个"青春"。新闻报道娓娓讲述,用"水流下睁不开眼睛""长时间在低水温里泡着""十年前随手种下的小树,现在已经长成了大树。当年意气风发的一群小伙子,也已经人到中年"等细节的讲述告诉我们,正是这样一群人的坚守,才让我们有了更便利的交通,而这一群人,正是我们身边最平凡的人。报道通过一些细节引起观众的共鸣,从而与观众产生心灵的交汇。

3. 缓解社会矛盾(矛盾话题的巧妙表达)

在新媒体环境下,新闻的准入门槛大大降低,滋生了一批"草根记者",随之增多的是一些不负责任的新闻报道和不加以求证的转发,这难免会激化一些社会矛盾。

2013年2月,在《走基层·蹲点日记》之《湖南长沙:朝阳城管夜查纪实》这则报道中,记者全程跟拍采访,真实全面展现了城管日常的工作状态。由于小区内流动商贩摆放小吃摊,城管一天内接到了10个附近居民的投诉电话,周玉贵夫妇的小吃摊由于影响了小区路面卫生,被城管队暂扣。"收了他们的摊吧,小商贩对你意见大,不收吧,附近居民又要骂你,我们就像风箱里的老鼠,两头受气。"片子的后续,城管大队考虑到周玉贵夫妇家里的经济条件,处以50元的最低罚款标准,这背后也反映出了租门面价格高和小商贩家庭生活条件差形成的一对矛盾,所以不可避免地出现了流动商贩与城管打游击战的情况。报道真实地再现了双方的处境和难处,客观反映问题,提出解决办法,一定程度上缓和了社会矛盾。

所以在选题上,电视新闻要贴近现实和生活,把握社会中最真实的热点和迫切需要解决的问题,以宏观视角出发,微观视角呈现,做民众喜闻乐见的新闻。

（三）"新春走基层"的选题特点

1. 人物类新闻选题成为主角

近年来，电视新闻平民化特征越来越明显，各新闻媒体选题的视角逐渐转向了普通人物，在报道方式上也一改以往"高大全"式的人物塑造，现在的人物报道多呈现"真实"的生活状态，展现一个个有血有肉、鲜活的人物故事。在2012—2018年"新春走基层"系列报道中，有90%的报道在讲述我们身边的人。

《编码/解码：电视镜像中的大众》一文中，作者倪剑锋以"新春走基层"系列报道中的故事集为研究对象，重新理解了威廉斯对"群众"的定义。用他的观点来说，"'新春走基层'系列报道中出现的劳动者就是群众，观众并不知道他们，但是他们就在我们身边，因为他们从事着我们在生活中离不开的那部分工作，我们的身体就站在他们身边。更重要的是，我们也是群众，群众就是其他人。对于电视机前的观众来说，我们通过电视观看其他人的工作生活，同时在某些情况下，我们的工作和生活也可能被其他人观看。从根本上说，我们（观众）也是群众。"①这段话用传播学理论解释了为什么讲述百姓故事的人物新闻类选题会更受欢迎。

2. 选题多样化种类及分布（以2012—2018年央视"新春走基层"188期报道为例分析）

表3-1

选题分类	频率	百分比
道德张扬类	61	32%
社会问题类	9	5%
风土人情、社会变迁、奇闻轶事类	86	46%
生老病死、医疗保健类	32	17%
合计	188	100%

从表3-1的统计可以看出，2012—2018年"新春走基层"系列报道的选题主要集中在风土人情、社会变迁、奇闻轶事类和道德张扬类，这类选题的争议性相对较小，加之报道多在"春节"期间播出，符合电视节目"温情"的主基调，其中"天下父母""家是什么""家风是什么""流水线上的爱情"等选题从普通民众的

---

① 倪剑锋.编码/解码：电视镜像中的大众——解读中央电视台"新春走基层"系列报道[J].新闻传播，2012(5)：178.

身边事讲起,游子回家的喜悦,时代发展下我们的变化,这种极具人文主义情感的新闻话题,一方面满足了受众的精神需求,另外一方面也更加接近了民生新闻的内涵。

3. 选题具有时代意义

时代的重大主题是新闻报道的沃土。只有厚植于时代的沃土,新闻报道才能引起观众的强烈共鸣。

在2013年《新春走基层·流水线上的爱情》系列报道中,采访对象是在外打工的几对夫妻,其中小韩和小琴的故事给人留下了深刻的印象。他们结婚的新房是十二年前盖的平房,没电,破旧得没法住。起初,小琴的家长想要给她介绍一个条件好点的男朋友,但小琴被小韩一句"有你有我就有家"感动并决定结婚。小两口省吃俭用,早出晚归,为了攒够买房的首付,几年来他们几乎不参加同事聚会,买别人剩下的菜,一周只吃一顿肉,小两口凭借自己的努力,终于在结婚时攒齐了房子的首付。

这些小到个人的故事,往往最能够引起观众的共鸣。《新春走基层·流水线上的爱情》系列报道里呈现的多对夫妻在大城市的选择和坚守,背后折射的是当时整个社会结婚难的问题,有一定的时代意义。

第三节 新闻策划的技巧

根据策划对象涉及的范围大小、时间跨度,媒体策划往往分为宏观策划、中观策划和微观策划三个层次。以电视媒体为例,宏观策划即整体策划,包括电视媒介的定位、思路、发展目标等;中观策划也叫局部策划,如频道的设立、内容的选择、风格的确立等;微观策划主要是指新闻报道、新闻管理、新闻营销中的具体题材、具体问题、具体活动的策划。我们这里所说的选题策划就是一种微观策划。选题策划对新闻工作流程中的各个环节做出具体明确的规定,以指导新闻活动的顺利进行。这其中不仅要对真实进行反映还要注重结合一定的创新性。

一、新闻策划的工作内容

(一)选择题材,提炼主题

记者想写好稿件、做好采访,就必须对自己的题目精挑细选。从一个合理的、科学的、新鲜的角度去探索,一定会找到非常好的题材。以记者和受众都非常头疼的会议新闻来说,记者必须要明确的是,会议本身不是新闻,会议中的内容才是需要挖掘的素材。比如去参加某单位的年度会议,如果单单写一篇会议消息,那仅仅是完成了非常肤浅的任务,没有新闻价值也不可能产生应有的社会影响。如果能从年会上挖掘出十分新锐的观点或者新闻,那就能写出好文章来。

选择题材是采访报道的前提与开端。选择什么样的题材采访报道取决于编辑部的报道思想,记者掌握的新闻线索,以及记者凭借新闻敏感所做的判断。真实性、新颖性和针对性,是进行报道题材策划的三项基本原则。

新闻的采访以及新闻事实的发现是通过一定的新闻线索来引导的。传播者选择新闻线索时的依据是对新闻真实事件的预期。新闻线索经新闻记者的分析,得出其中潜在的新闻价值,从而对新闻的采访内容做出预测。新闻线索的内容具有不确定性,因此它提供的信息对不同的新闻记者来说也存在差异,新闻记者对信息内容的判断也存在不同的方式。

首先,对于那种机遇式或存在一定前兆的新闻线索来说,由于它提供的是新闻事件的可能性,因此需要记者根据这些不确定性的线索,对新闻发生的概率以及新闻内容的重要程度做出判断,从而确定新闻选题。由于这类新闻的事实不明确,新闻信息不全面,具有开放性,因此需要新闻采访人员在采访中对出现的新信息理智地进行推测,因势利导。

其次,对于那种信息内容较为充足的新闻线索来说,记者往往能够根据这些新闻信息以及发展形势做出预测性推断,由于这些信息含量相对较为丰富,采访人员可以结合自身联想合理地进行分析、推测,预测将要发生的事件。那么,在这些推断的基础上,新闻采访人员就可以相对大胆地做出主题的抉择。

再者,对于那些本身新闻价值不是很高,可以作为新闻依据揭示社会上一种普遍现象的线索来说,新闻记者应当针对它和新闻报道之间的联系及其表现能力,来确定取舍范围、取舍程度。

选题确定下来后,记者的多维性思维活动并没有告一段落,此刻还要考虑主题。主题是记者在反映客观事物时,通过具体报道的内容所表达的中心观点、中心思想。立志高远、思想深刻是对报道主题的基本要求。那么,怎样看待题材与主题的关系呢?一般来说,报道题材是报道主题的基础,报道主题是对报道题材的深化;报道题材反映报道主题,报道主题揭示报道题材的意义;报道题材是客观的人和事的具体材料,报道主题则是客观与主观的统一;报道题材的获得主要途径是发掘,报道主题则是对报道题材的理解与提炼。

主题的选择是整个新闻策划的灵魂,是统率整个活动的思想纽带和思想核心。一则新闻可以从不同的角度来做,不同的角度有不同的重点,不同的角度会产生不同的方案,所以一般在讨论后都要从多个方案中选择并确定一个主题而不是多个,这里切忌有初学者将主题确定为多个,这样会使报道在后期撰稿时陷入困境。例如:采访国家的非物质文化遗产传承人,主题选择了两个方向,一是非物质文化遗产本身以及这项老手艺面临失传的现状,另一方面则是传承人精湛的技艺和勤学苦练的过程,这两个主题在公众看来都是有一定价值的报道主题,但是如果在一个报道中同时出现两条线,那么最终将导致报道失去重心,可能采访了很多素材,而所有的素材是围绕两个主题在走,记者却无法从中做出取舍。原因就是没有一个鲜明的主题,自然做不出内容流畅的报道,公众同样会不知所云,即使采访的素材再鲜活再生动,也无法弥补策划过程中的先天不足,终将导致一个作品的失败。

那么,在面临两个都很有价值的主题时,如何取舍,确定出报道的主题呢?确定主题的标准就是报道本身的新闻价值大小,即追求新闻价值的最大化。在不同时代、不同社会环境下,由于受众的需求不同,因此要根据具体情况,来确定主题。

这里所形成的主题往往比较宽泛并且有待于进一步细化,但是在最初的讨论时期,主题的宽泛有利于从多个层次了解新闻人物和事件本身。好的新闻报道在很大程度上往往取决于选取了一个好的角度,即成功地确定了一个主题,将对新闻报道起到至关重要的作用。在策划方案中,对这个主题的描述,越具体越好。例如,采访一名基层巡回法官,你可以把报道的标题暂定为《一名基层巡回法官的工作生活》,这会让人不知道你要说什么,为了让受众理解报道这个人的理由,那么接下来再做限定,《持之以恒:一个巡回法官为民服务的调解之路》,这个标题也可能在策划中是临时的,随着采访的深入,记者应力图把主题缩小,描述一些不合常理的人物特性,没有人会想到,一个法官真的会每天骑着电动车,走街串巷,处理家长里短的民事纠纷,而且一干就是五年。那么标题有了,《骑车走街串巷:一个巡回法官的五年调解之路》。在采访过程中,记者可以让这名法官用自己的亲身经历,讲述对生活和事业的责任感。只有顺着这个角度和方向,深入采访活动,最终才有可能产生有影响力的好的新闻报道。

(二)确定规格,把握规模

新闻报道是对社会生活的反映。这种反映本身就包含着规格与规模,即事件重大,反映就大;事件小,反映就小。这是新闻报道与社会事件的一般规律,也称为"报道适中律"。其内涵包括报道篇幅的适量、报道力度的适中和报道文体的适合。

在这个基础上,记者在策划中还要注意做到"精""细""实"。"精"即精品。作为一名记者,要树立精品意识,在采写新闻的过程中精益求精,打造新闻精品。每一次采写报道,都要做好策划,包括选题的确定,主题的提炼,视角的筛选,体裁的运用,稿件的谋篇布局,实现报道的途径和手段等等,都要反复斟酌,深思熟虑,别出心裁,宁缺毋滥,千万不可应付了事,要有"语不惊人死不休"的功夫和精神。"细"即将新闻的触角放到"细处"。要从大处着眼,细处入手,以小见大。作为微观策划,就是要在报道主题思想下做到"细微之处见功夫"。细心观察,细致考虑,抓住了别人没有捕捉到的细节和事实,就为报道的新颖、特别、动人铺平了道路。"实"即实在。一定要"务实"不"务虚",不能为了追求达到某种效果而脱离实际去进行"想象策划"。要通过各种渠道汇聚、了解、掌握各方面的信息,策划中可以有"合理推断",但写作中绝对不能凭空想象。围绕一个"实"字,就是要做到上符合政策,下符合实际,操作起来能够实现报道内容真实可信,传播出去可见实效。

(三)设计形式,制订方案

完成高质量的新闻报道,制订好科学的步骤,设计好完善的方案是十分必要的。一份完整的采访策划方案包含的内容非常多,包括选题阐述、采访提纲、工作流程等,其中,对于内容如何呈现的设计是非常重要的部分,可以说决定了一个选题最终呈现出什么样的形态。

新闻内容表现形式具有多样化的特征。不论是报道的方式,还是报道的角度;不论是报道的表达手段,还是报道的结构,都需要进行全方位的构思。这要求采访记者具有形象思维,能够设计出新闻报道的整体构思。表现形式对采访形式具有决定性意义。对于现场报道来说,它要求记者能够以目击者身份及时向受众转发现场的实时状况,做到真实、及时、有效;对于深度报道来说,它要求采访人员对采访活动进行细致的采访,深入挖掘事件的起因、背景、经过、后续发展以及造成的影响等,探究新闻事件的本质,并阐释一定意义;对于消息类的新闻来说,它要求采访应当直奔主题,新闻语言简明扼要,不需要做过多阐释,只需让受众了解新闻事件的要点即可。

在技术的支撑下,新闻内容的表现形式越来越有新意。就拿央视《数说命运共同体》来说,这是一个新闻专题系列报道,一共有7集,于2015年国庆期间在央视的多个频道同步播出,得到了社会上的广泛关注。作为国家级顶层合作倡议"一带一路"的特别报道节目,《数说命运共同体》将"一带一路"沿线国家的政策沟通、设施联通、贸易畅通、资金融通和民间合作现状通过数据的方式呈现出来,不仅表明了"一带一路"在沿线国家经济发展中的重要作用,而且分析了"一带一路"对世界经济格局的重要影响,为大众展现了数据背后的商业价值。

《数说命运共同体》在策划上最大的亮点体现在,节目将大数据时代和"一带一路"这两个时下最受关注的热点巧妙地结合起来,不仅形象地展现了大数据给大众生活带来的改变,而且反映出"一带一路"的最新发展现状。在报道方式上,节目通过数据挖掘和大数据分析等技术对"一带一路"沿线主要国家的发展现状进行定量解析;在表达手法上,从货物贸易、人员往来、文化交流等多个角度,深入挖掘了沿线各国互通有无的新闻故事。可以说,热点的结合、专业性分析工具以及创新性的数据收集和分析方法均是央视《数说命运共同体》被社会广泛关注的原因。

(四)可行性与灵活性的论证

对报道内容以及表现形式做出了设想和评估之后,应当对方案的可行性进行分析,判断其是否具有一定的可操作性,其实现的可能性有多大等。一个新闻报道从最初的设想到最终的完成,中间有许多环节,并有诸多的因素需要考虑,这些因素可能来自采访者主观,也可能来自客观环境;可能是积极的,也可能是消极的,这些因素对采访的实施造成不同程度的影响,因而需要从可行性的角度进行分析。报道整体设计计划与报道时效性之间的平衡是要考虑的重要因素。如果报道的整体设计过于冗长复杂,那么实施起来就会需要耗费更多的人力、物力以及时间,从而对报道的时效性造成影响,不仅无法使受众及时获知新闻信息,更使得媒体的公信力下降,影响该媒体长久以来树立的媒体形象。因此,在采访时需要对报道的整体设计计划以及报道的时效性这两者给予综合评价,并根据实际情况做出取舍。

方案的可行性要求媒体在策划时必须充分考虑实际情况。策划的依据和思路来源于三个方面:中央精神和主管部门的指示、部门工作的部署、社会环境的反馈。策划是在某一阶段、针对某一情况制定的带有导向性质的报道计划,是报道的开始或者准备,策划的实现靠记者现场采访,因为受实践的约束和限制,所以不能闭门造车任意杜撰。这就存在着策划与实践是否能够吻合的问题。现实是变动的,所以策划应是动态的、变化的,这样才能适应多变的现实。策划不能一锤定音,一成不变,而要记者在采写的过程中全程跟进,不断调整采访思路和采访要点。

同时,策划方案还要有灵活性。记者身处采访的第一现场,事件往往瞬息万变,所以记者在采访之前应该做一些必要的准备工作,一旦第一选择不能顺利实施马上就拿出备份,而且采访准备方案最好是一反一正,不要雷同。一位记者在对大兴安岭首例微创手术采访时,就遇到了意想不到的情况:准备采访方案时考虑较多的是手术成功后要问哪些问题,并一一罗列出来,但由于种种原因这次手术失败了。幸好这位记者在准备采访方案时顺便也设计了如果手术不成功应该提哪些问题,朝哪个主题转移的设想,所以才及时把手术情况以最快的速度报道出来。

  方案的灵活性要求策划不宜过细,既要重点框定,也要激发记者开阔采访思路。策划的作用在于确定主旨、规定范围、规划采访行动,属于宏观调控。但是策划不能过细,不能把记者手脚捆得太死,不能扼杀记者的主观能动性。策划在确定重点的同时要提出多种思路和方案,打开记者的思维之门,使其以积极的探索思维面对丰富多彩、不断变化的现实,采写出精品佳作。在一次公安系统表彰会上,有位记者采访的初衷只是会议报道,但是在会议期间记者看到公安机关展示并归还了失窃的夏利车、铂金首饰、人民币以及被盗的二百多本书籍等,记者还了解到偷书的是一名年仅18岁的少年犯,于是做了深入采访,采写了题为《青春有悔》的专题稿件,其独特的视角受到了观众的好评。

二、新闻策划能力的培养

  一名记者要培养高超的策划能力,首先应该加强自身的政治素养,培养高度的新闻敏感。只有具备了较高的新闻敏感,才能有针对性地做好报道策划,多角度、多侧面地去挖掘它的内在价值,取得较好的效果。如果连新闻事实的"含金量"到底有多少都吃不透、看不明,那就根本谈不上有效地去组织策划,去挖掘其新闻价值了。其次应该增强自己的敬业精神。好的策划不是一念之间,而是需要长时间的积累、许多次的讨论才能设计出来的,显然这需要媒体人投入更多的精力,也需要媒体人以高标准来求得高质量的策划效果。再次,要加强理论和实践的学习。记者不但要向理论、书本学习,也要向实践学习,多学习兄弟新闻单位在策划方面的可取之处,并把它转化为自身的技能。同时,要加强思维方法的学习,不断提高自己思考问题的能力。

三、新闻策划应注意的问题

(一)要把握好方向

  策划应围绕社会主义建设的各项事业展开,上至国家民族、下至千家万户,是媒体在策划时必须面对和关注的。脱离了为大众服务这一宗旨,闭门造车搞所谓的新闻策划,只能是纸上谈兵、水中捞月。衡量策划方案是否具有先进性、创新性和科学性,归根结底要看是否对人民大众有利、有用、有益,若脱离为人民服务这一新闻工作的出发点和落脚点,单纯追求新闻单位本身的权威性和知名度不可取。

(二)要坚持事实第一的原则

策划的出发点是满足读者的健康需求,增强传媒的竞争力。因此,记者必须以客观事实为基础,不能强扭角度,任意改变事实。只有真正肩负起弘扬真善美、鞭挞假恶丑的社会责任,站在时代的高度,从纷繁复杂的社会现象中发现事物的内在联系和发展趋势,才可能因势利导,策划出一些既受读者欢迎又符合新闻规律的新闻精品来。

(三)不能制造新闻

编辑策划在本质上是一种运用脑力的理性行为。在某一个时期围绕某一事件或主题进行一系列的部署运作,从而引起社会关注,凸显了"媒体效应"。这与主题先行、自导自演凭空制造新闻是完全不同的。为提高企业与产品知名度铺路,以取得经济利益为最终目的而炮制出来的所谓"策划",都具有生拉硬扯的人为痕迹和弄虚作假的成分,根本不是我们所说的新闻策划。这种炮制出来的新闻必然引起受众厌恶,并严重损害新闻媒体的声誉和形象。

四、案例:从《直播奉嘎山》全媒体环境下扶贫报道的创新策划

习近平总书记在打好精准脱贫攻坚战座谈会上强调,打好脱贫攻坚战是党的十九大提出的三大攻坚战之一,对如期全面建成小康社会、实现我们党第一个百年奋斗目标具有十分重要的意义。在这样的背景下,广大新闻工作者应该充分发挥媒体优势,创新扶贫报道,助力精准脱贫。2018年3月,湖南卫视"新春走基层"系列直播创作暨"新闻立台"创新研讨会在北京召开。一直以来,创新都是湖南卫视最突出的优势之一,在新闻扶贫方面也不例外。今年春节期间,湖南卫视《湖南新闻联播》对国家级贫困县娄底市新化县,进行了题为《直播奉嘎山》的连续报道,为新闻扶贫开辟了多元路径,既扶持了当地经济,也保护和弘扬了当地的文化。

(一)深入挖掘地方资源,丰富扶贫报道层次

湖南卫视在《直播奉嘎山》系列报道中,深入挖掘当地资源,将旅游与文化融入其中,在众多打感情牌的扶贫报道中找到了新的突破口。

首先,《直播奉嘎山》给观众最直观的印象是当地的自然景观。本次直播点主会场设在被称为"古桃花源"的奉家镇下团村,这里因地处山谷,小溪与桃林交相辉映,颇具世外桃源之风而得名。五天的直播,让全国观众甚至全球华人欣赏到了桃源美景。

其次,《直播奉嘎山》中传统文化与地方风俗是其内核。梅山文化是贯穿在五天直播中的重要元素,节目按照新化过年习俗的顺序,带着大家体会特色年味,向大家展示了新化美食、新化山歌、梅山武术等。同时,节目还用当地人对"奉家山"的方言称呼"奉嘎山"作为标题,让方言文化潜移默化地在人们心中留下深刻印象。

再次,《直播奉嘎山》中展现了当地村民追求幸福生活的积极精神状态。五天的直播分别以回家的诱惑、团圆的味道、幸福的歌声、拳开新气象、喜看新变化为题,都从老百姓的角度出发,用一个个真实生动的故事,反映大家齐心协力攻坚脱贫以及创新传承传统文化的新面貌。如油溪桥村组织村民养甲鱼,大家靠着勤劳的双手走上致富路,"团鱼养成幸福鱼";28岁的奉志平为了让大家看到舞龙,他拜师砍竹,组织村民扎制了一条新草龙,让几乎绝迹的传统习俗得以留存。

当然,作为扶贫报道,《直播奉嘎山》也全面呈现扶贫成效。第五天直播的分会场设在水车镇锡溪村易地扶贫安置点,片中展现了新人搬新家开新店三喜临门,新家设在紫鹊界景区旁,一层商铺开超市,搬迁得来的实惠显而易见。而这个典型事例,正是对习近平总书记提出的实施"五个一批"工程的具体生动体现。

(二)策划多种表现形式,创新扶贫报道样态

在党的新闻舆论工作座谈会上,习近平总书记指出,新闻舆论工作要从党的工作全局出发把握定位,坚持党的领导,坚持正确政治方向,坚持以人民为中心的工作导向,尊重新闻传播规律,创新方法手段,切实提高党的新闻舆论传播力、引导力、影响力、公信力。扶贫工作有很多值得挖掘的报道点,报道的角度很重要,如何表现同样重要。

《直播奉嘎山》每天的节目涉及两个环节,三大板块。两个环节是短片+直播,三个板块是人物故事+主会场活动+分会场特色。

短片环节以纪录片的形式,从一个人或一户人家的角度,呈现浓浓的地方年味以及传统文化的创新传承,镜头中多以普通村民为主,极具亲和力;直播环节中的主会场主要展现策划的主题活动,如旅游形象大使的选拔、当地特色的长龙宴等;分会场中则以记者现场报道的形式展现一些特色活动,其中穿插现场采访、现场体验等方式。无论是主会场还是分会场,现场过节的气氛浓厚且真实。观众在镜头里可以看到走动、抢镜的群众,这种轻松、生动的现场氛围,将过年的热闹表现得淋漓尽致,充分发挥了电视媒体的优势。

整组报道还注重细节的设置,精心安排草编春牛这个悬念,从搭建成型到最后亮相,让观众产生了连续观看的兴致。报道中还有12名外国记者与当地老百姓一起体验特色的过年习俗,其中一位新西兰的记者还成为报道的主角,让此次扶贫报道有了国际视野。同时,在节目编排上,湖南卫视连续五天每天用15分钟左右的时长在《湖南新闻联播》进行直播,让贫困村成为整期节目的重点,这也是时政新闻栏目的一个突破。

(三)综合运用媒介平台,融合扶贫传播渠道

媒介融合时代,如何在发挥传统主流媒体作用的基础上,借助新媒体的传播优势,增强扶贫报道的传播效果,是新闻工作者在进行扶贫报道时需要考虑的重要问题。为了保证扶贫报道的传播效果,湖南卫视在传播渠道上融合了多种媒介平台。《直播奉嘎山》除了在湖南卫视播出,还在芒果TV、芒果云App全程进行网络直播,在湖南国际频道向全球转播,同时央视新闻频道、央视国际频道、新湖南、红网、腾讯等媒体还进行了联合报道。此外,再结合各种社交媒体中个人的参与,这种融合报道的网状传播,使得报道的影响迅速发酵,并快速扩张。有媒体统计,"新春走基层"栏目直播期间,芒果TV全平台吸引了168.9万次网络观看。截至2018年2月18日,"新春走基层·直播奉嘎山"栏目向全网推送《直播奉嘎山:大年三十,团圆的味道》《直播奉嘎山:梅山文化"活化石"——新化山歌》等多条短视频,在各大新闻客户端及短视频App上重点推荐,总播放量超24万。① 可见,在扶贫报道中,充分发挥各种媒介的优势,进行多媒介平台的融合传播,有助于更好地传播扶贫故事,推广扶贫经验,从而带动乡村振兴。

(四)精心策划打造精品,树立扶贫报道品牌

目前,"新春走基层"的扶贫系列已经成为湖南卫视扶贫报道的一张名片,一个品牌。而树立品牌一要做好策划,二要打造精品。

从2013年开始,湖南卫视每年都选择一个贫困地区,在黄金时段的《湖南新闻联播》进行新春走基层直播报道。作为一个已经固定下来的特色节目,与一般扶贫报道不同的是,其风格与频道定位"快乐中国"以及春节的喜庆气氛相吻合。同时,在确定了报道地区后,栏目组还会提前半年进行策划,深入调研,并做出有针对性的个性化直播方案。

为了提高节目的视听效果,湖南卫视在该项目上投入很大的精力,每一次直

---

① 陈慕天."新春走基层·直播奉嘎山"芒果TV传递湖湘文化.红网.2018-02-19. http://hn.rednet.cn/c/2018/02/19/4558383.htm

播活动都是一次精品打造的过程。为做好直播报道,主创团队需要在贫困村蹲点采访近一个月,与村民同吃同住同劳动。他们将自己视为村里的一分子,持续追踪关注贫困村的发展变化。① 比如,在《直播奉嘎山》中,五个分会场的设置对于直播来说有很大难度,为此参与的工作人员有 80 余人,其中现场导演就有 12 个。在拍摄方式上,栏目组用到了无人机航拍、水下拍摄等技术,带给了观众视觉上的震撼。

在"新闻立台"理念的指导下,湖南卫视还打造了"扫码扶贫"帮扶平台,用"新闻连续剧"拍摄《十八洞村扶贫故事》,这些正是新闻扶贫工作精品意识、品牌意识的体现。

早在 1997 年,中华全国新闻工作者协会就曾发出《关于在全国新闻界开展新闻扶贫活动倡议书》,20 多年来,媒体中也涌现出多种样式的扶贫报道,这是媒体围绕中心、服务大局的责任担当。新时代,扶贫工作有了新要求。新时代,新闻报道也有了新路径。新闻工作者必须进一步领会扶贫工作精神,认清扶贫工作形势,创新扶贫报道方式,从而将宣传力转化为生产力,助推扶贫工作的开展。

---

① 聂雄,谢鸿鹤.浅谈精准扶贫电视报道创新——湖南卫视的实践与启示[J].中国广播电视学刊,2017(4):126.

第四章 采访的功夫必须下足

采访与写作是新闻记者必备的两个核心能力,两者密不可分。但需要注意的是,新闻是"三分写,七分采",可以说新闻采访决定新闻写作。就其总体关系看,新闻采访与写作互相制约,相辅相成,而其中占第一位的决定性因素是采访。具体表现在以下几个方面:1.只有认清事实,才能反映事实,而对客观事实的认识,尽管可以贯穿整个采访写作过程,但是,认识事实的任务基本上在采访阶段完成,采访中对事实怎样认识,往往决定写作时对事实怎样认识。2.抓新闻就是抓事实,写新闻就是写事实,新闻写作有赖于对事实的采访。3.采访的深度和广度,直接关系到写作的深度和广度。4.内容决定形式,形式服从内容。用什么体裁写作,写长或者写短,如何表达为好,等等,都要视采访所获得的事实内容而定,这就叫"量体裁衣"。

第一节 对采访活动的基本认识

20世纪,随着人类新闻传播活动的成熟、新闻事业的发展、新闻记者队伍的形成及壮大,新闻采访活动日益活跃。采访,从字面上看,由采和访两种行为构成。采,就是采集;访,就是用语言四处打听。也就是说,新闻采访是指记者和其他新闻工作者,为完成报道任务或了解某些情况,围绕采集新闻事实材料而进行的调查访问活动。

具体来说,要全面认识新闻采访,需要从以下几个方面理解:新闻采访是一种调查研究工作;新闻采访具有明确的目的;新闻采访中记者是主体;新闻采访中客观事实是客体;新闻采访是一种社会交往活动。

由此,我们可得出采访的性质是主观认识客观并把握客观,是记者向客观事物"进行调查研究的活动",但与一般的调查研究又有不同。采访是以新闻事实为对象、以新闻报道为目的的一种专业性极强的调查研究。新闻采访和一般的调查研究既有共同点,又有不同点。两者的共同点主要表现在:都以马克思主义认识论为指导,使主观认识符合客观实际;都以正确的态度和科学的方法,弄清事物的真相,探求其本质与规律;都必须从实际出发,实事求是地分析、调查和解决问题。

但新闻采访和一般的调查研究又有不同。采访这种调查研究的特殊性,也就是采访的特点。它包括:采访活动追踪新近发生的事实;采访活动时刻处于时效的压力下;采访活动要贴近现场、贴近事实;使用社会交往的方式;采访活动的艰辛性等。

新闻采访的任务主要是发现、了解和选择新闻,并掌握足以构成新闻的各种事实材料。其作用体现在:1. 发现新闻线索。新闻采访首先是发现线索,这是记者采访活动的出发点,也是记者要着力捕捉的对象。2. 获取第一手材料。记者采访的作用,所要了解和掌握的不仅是一般的书面资料或间接材料,而是经过直接采访,耳闻目睹客观事实,主要是获取准确生动的第一手材料。3. 核对新闻事实。记者采访中,对获得的第一手材料和其他材料,一定要进行认真细致的核对查实。4. 增加感性认识。记者深入现场采访,直接观察体验,可以增加感性认识,真切了解事物。5. 激发采访激情。

要做好新闻采访有很多方法和技巧需要掌握,但首先要了解的是采访的基本方法——三深入,即深入生活、深入实际、深入群众。在全国新闻界展开的"走基层、转作风、改文风"活动,也是非常需要这一方法的落实和应用。那么,记者怎样才能做到"三深入"呢?要到第一线去,真正沉下去采访,记者越深入第一线,越能采集到有意义的素材;既要"身入",更要"心入",即从思想上重视,用心去感受;建立采访基点,获取各种线索和信息;持之以恒,扎根群众。

第二节　如何选择知情的采访对象

当前"新闻反转"等不健康的传播现象层出不穷,对记者的职业素养提出了更高的要求。如何维护新闻报道的真实客观公正,选择恰当的采访对象是一个基础而重要的环节。选择采访对象时,要考虑其是否知情,这是最基本的,也是最重要的。在采访中有一个同心圆理论,就是指导我们在面对与新闻选题有关的各类人群时,如何去选择有新闻价值的知情人。

下面,先给大家模拟一个情境,请大家带着其中的问题了解什么是同心圆理论。2017年一部讲述十八洞村脱贫故事的电影因其精美的画面和真实的情节引起了广泛关注。我们知道,当前,精准脱贫是全面建成小康社会的三大攻坚战之一,而十八洞村则是习近平总书记首次提出精准扶贫的地方。面对这样一个重大的选题,新闻媒体当然不能缺席。大家可以设想一下,假如你是央视《新闻联播》的记者,要全面报道十八洞村精准扶贫的工作经验,除了要深入实地观察体验,还必须采访到哪些人群,才能把这一报道挖深? 同心圆理论就为大家提供了很好的思考路径。

一、认识同心圆理论

首先我们要理解什么是同心圆理论。同心圆这种图形大家都不陌生,这里有一个关键就是,同心圆的中心是什么。我们都知道,新闻是对事实的报道,选择采访对象就是为了获得跟事实有关的素材,那么,这个中心就是事实。选择采访对象的同心圆理论,就是以事实为中心向外扩散,采访对象重要性依次递减。也就是说,离事实中心越近的采访对象,重要性就越强,记者就要优先选择,甚至是必须选择;离事实中心越远的采访对象,重要性就越弱,记者就可以根据情况灵活去选择。(如下图)

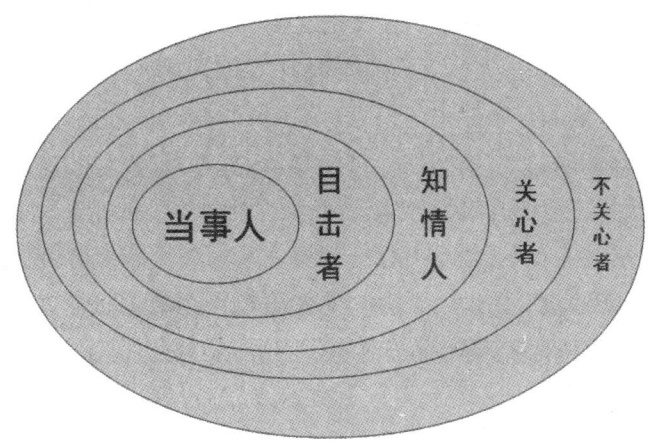

1. 处于核心位置的是当事人,是与新闻事件直接相关的参与者。他们最了解新闻事件,能够提供很多第一手材料,具有权威性和不可替代性。在开头的情境中,哪些人群是当事人呢? 村民、扶贫工作的干部、当地村干部等。

2. 处在第二圈层的是目击者,是事件的见证人。虽然他们并不处在最中心的位置,但是目击者对过程的叙述也是很重要的一手材料。在扶贫报道中,哪些人群是目击者呢? 比如邻村的村民、村干部等。他们从另一个视角评价,在一定程度上更能体现客观性。

这里要特别强调的是,在没有预兆的突发事件中,目击者是采访的重中之重。因为他们可能目睹了事件关键环节的一瞬间。在无法对过程进行现场拍摄的情况下，记者通过目击者提供的素材就能最大限度地完成对现场的还原。

《今日说法》曾经播出过一期题为《跌落的女童》的节目，片子主要讲的是，一个保姆骑电动车接一个8岁女孩放学，途中与一辆自行车发生碰撞，女孩跌落后，被公交车碾轧身亡。当时的情景到底是怎么样的？记者采访了当事人，包括保姆、自行车主以及公交车司机，大家各执一词。如何还原当时的细节，同学们可能会想，可以通过警方查看监控。这一办法固然可行，但是，如果监控里并不能看清细节呢？这时候，目击者就非常关键了。在这个片子中，记者采访的目击者有附近的几个居民，还有一位更为特殊，是一位私家车主，当时他驾车行驶在公交车后，行车记录仪正好全程录下了当时的情况。这样，通过目击者的语言描述和素材提供，就为我们还原了事实。

事情是，当时并不宽敞的道路上，6辆违停车辆占用非机动车道，这个保姆就骑上了机动车道，后面的公交车又逆行从她身旁超越，这时她身旁的一辆自行车发生转向，碰撞后导致女童摔倒又被公交车碾轧到头部。那至于责任如何认定，记者可以通过采访处理事故的民警以及参与案件审理的法官来了解情况。

3. 第三圈层的是知情人。上面的案例中，其实民警、法官就是同心圆中的第三圈，知情人。知情人与事件密切相关，知道事件发生、发展的内情，也是采访的重点对象。值得一提的是，他们往往可以帮助记者辨别素材的真伪。扶贫报道里，组织安排扶贫工作的直属领导，或者长期在外的村民都属于这个范畴。

4. 第四圈层是关心者，是与事件有间接关系的人。他们对事件的进程一直保持关注，并且能够对事件发表看法。扶贫报道中如研究员、学者以及当地对贫困村持续关注的媒体记者，都可以成为我们的采访对象。

最外圈的不关心者是不是就可以忽略不计？当然不是。在时间允许的情况下可以通过随机采访，获得更为丰富的素材。

实践是检验真理的唯一标准，下面我们看看央视在实际采访中是如何做的。此前，《新闻联播》确实推出过"十八洞村扶贫故事"的系列报道，当时连续五天用连续剧的编排方式（如下表），从扶贫先扶"精气神"讲到携手脱贫见曙光，全面呈现了这个村子的扶贫成效。其中涉及的采访对象就有村民龙德成和施六金、扶贫工作队队长、村干部，他们都是当事人，同时还有附近水桶村的干部群众以及县委书记，这都属于同心圆的第二、三圈层。

"十八洞村扶贫故事"连续报道标题
《找准"病根儿" 扶贫先扶"精气神"》
《选准产业 脱贫按下快进键》
《栽下梧桐树 引得"凤凰"来》
《扶贫经验可复制 活学活用奔小康》
《苗寨相亲 携手脱贫见曙光》

可见这一方法在具体实践中确实有很强的实用性。而要用好这个方法，不仅要知道它是什么，还得知道怎么用。

二、同心圆理论的应用技巧

在具体使用同心圆理论的时候，有两个技巧需要把握。

第一，既要选择具有权威性的采访对象，也要选择多层次的采访对象。

采访中我们当然要首选权威的采访对象。这里要注意，采访对象的权威性并不是体现在他外在的地位和身份上，而是他与事实的接近程度。也就是说，离事实越近，就意味着他对新闻事实掌握的程度越高，也就越符合权威性这一特点。

但是权威的采访对象并不是最可靠的采访对象。受主观状态和客观环境等因素影响，我们需要对当事人讲述的真实性和客观性打问号。就像《跌落的女童》这个片子，采访当事人并不能完全还原事实真相。因此，记者不能满足于向单一的采访对象获取情况，一定要采访其他相关人员予以验证或核实，以保证真实性。

同时，还要考虑的是，即使不同圈层的采访对象的观点是一致的，也要尽可能多层次地选择，这样才能保证客观性。在典型人物报道中，这种方法就很重要。2018年5月，山西的一位乡村医生贺星龙获得"中国青年五四奖章"，同时他还是十九大的代表。他扎根大山十几年，在特别艰苦的条件下服务着几个村的百姓。然而，此前的报道却引起了一些观众的疑问。比如有观众质疑怎么就那么巧，记者正好拍到了他骑摩托在山里摔倒的画面，会不会是摆拍。而事实是临汾有一个60岁的基层组织干部，他20年跟拍了50位基层党员，贺星龙就是其中一位。可是之前的报道涉及的采访对象一般仅是村民和他的家人，如果有这位采访对象，那么也就能解释大家的疑问，报道也就会更客观。

第二，要选择有代表性的采访对象。

什么样的采访对象具有代表性呢？一方面，是要在同类采访对象中选择典型的。比如在央视十八洞村的报道中,一个村子九百多人,为什么重点选择村民施六金和龙德成呢?首先来说施六金,他在第一天《找准"病根儿" 扶贫先扶"精气神"》中就出现了,从片中的解说词和采访同期声可以看出,施六金从一开始的不配合,到后面村里建停车场占用他家一亩地,他没要一分钱赔偿款,思想上发生了很大的转变,与扶贫工作的精神扶贫要先扶志非常吻合。

【解说词】村民施六金因为不同意将电杆架在自家的稻田里带头阻工,为此闹到了村委会。

【解说词】工作队介绍施六金外出打工,有了收入、见了世面,施六金眼界开阔不少,村里修建停车场占了他家一亩地,他一分补偿都没要。

而龙德成就更特殊了,习近平总书记第一次去十八洞村的村民家中时,当时坐在他身旁的就是龙德成。所以媒体自然会对她的关注度比较高。在央视连续5天的报道中,龙德成出现了三次,一次是回忆与习总书记的见面细节,第二次是讲自己家中过上了好日子,第三次则是拜托记者给习总书记带腊肉和糍粑。这些正反映了扶贫工作的成效,具有典型意义。

另一方面,也要选择不同类别有代表性声音的采访对象,以平衡不同意见。前面讲到采访的本质是调查研究,记者只有充分了解不同采访对象的观点,才能对纷繁复杂的社会现象有较为深刻的认识。就拿大家都特别熟悉的共享单车来说,自2016年下半年开始出现以来,共享单车在带给大家方便的同时,也带来了很多困扰。2018年《新闻调查》推出了一期题为《单车围城》的节目。对于这一现象,较为清楚的调查思路就是存在什么问题、谁来管、如何管,由此才能引发更深层次的思考。

结合这一思路,我们首先运用同心圆理论,对当事人及相关人进行分类,其实也就是包括政府、企业、公众、专家这四方,这也能反映出共享经济就要共治的特点。然而,仅仅停留在这一层面是远远不够的,细分片中的采访对象,公众中就是四类,志愿者、肯定、否定、中立的;企业既有CEO也有运维人员;专家既有教授也有研究员;政府部门涉及的就更细了,包括交管、城管的多个具体岗位。通过采访,我们听到了对共享单车乱象不同原因的分析,如政企对接不到位、相关法律法规不完善等;也听到了对共享单车治理的多种方案,如将大数据等智能化管理方式引入、政企联合治理等。这样,就给不同意见的采访对象都有一定的话语空间,在保障新闻客观性的同时也给了社会各界很多启示。

以上所涉及的例子既有主题报道、事件报道,也有人物报道、现象报道,也就是说同心圆理论的应用范围非常广泛。

第三节　把握采访工作的几个环节

一、做好充分的准备

采访的准备分广义和狭义。广义的准备也叫平时准备或平时积累,体现在日常的工作生活中,记者对各方面知识的涉猎,这也是记者素质能力的体现。狭义的准备就是为一次采访活动所做的准备。我们这里讨论的是后者,是在已经确定新闻选题,约好采访对象后所做的准备。一个小时的采访需要五个小时甚至更长时间的准备,这是一条重要的采访原则。

在采访前的准备工作,包括两个要点。一是查阅文献。寻找一些对采访策划有所帮助的信息,先问自己一些问题,以便更好地了解采访主题。在图书馆或电脑上查询过去一些有关采访对象和他的工作单位的报道,还要寻找一些有关采访和描写这类人物的书籍,把这类人物容易出现的特质和行为总结出来。对采访对象的背景进行调查,例如,年龄、婚姻状况、有无子女等。二是外围采访。初步采访一些了解采访对象或者采访主题的人,会有所受益。这些人会就如何接近你的采访对象,如采访对象喜欢的话题、讨厌的话题、业余爱好、喜欢读的书等,提出一些很好的建议。征求一些专家,甚至同行业的竞争者的意见也能提供一些有价值的见解。另外,被访者的同事和家庭成员也能提供一些信息,反映出他生活中的另一面,有助于记者了解采访对象的性格和兴趣。但在此过程中要注意,应在采访对象同意接受你的采访之后,再接近他周围的人。

二、进行现场观察

现场观察是记者进入采访现场后要做的第一项工作,甚至要贯穿于整个采访活动中。简单来说,现场观察就是指记者依靠感官在新闻发生的现场收集材料的活动,也是除了提问的另一种重要的采访方式。

现场观察可以获得第一手材料,核实第二手材料,力争新闻报道的准确性;可以加深记者对新闻事件和新闻人物的理解,激发创作灵感;可以捕捉到经典的细节,使新闻作品具有现场感和点睛之笔;只要注意调动视觉、听觉、嗅觉、触觉等各个感官,在访问前、访问中、访问后,都可以采访,这便是观察的长处。而有的场合不允许提问,或者无人可问的时候,观察便成了唯一的采访方法。现场的人物、环境、事物等都可以成为记者观察的内容。具体来说,观察新闻人物的相貌、动作和语言,观察新闻现场的周围景观,观察新闻事件特别是突发性事件发生的经过,观察精彩的经典细节等,这些都是记者在现场观察中的重要搜寻目标。

现场观察的基本要求是:第一,记者必须要到新闻现场去采访,坐在办公室里是不行的,依靠电话采访、网络采访都无法完成;第二,记者是依靠自己的眼睛和其他感官,如鼻子、耳朵,通过看、嗅、听来收集材料的。展示一个新闻事件的发生,不仅仅靠知情人所谈出来的材料,更需要记者到现场亲眼看到的"第一手"材料。这类材料因为是记者靠感官来收集的,它常常显示出极大的传播优越性,既可信又具有吸引力。在记者有条件采访到的动态事件中,使用现场观察写出的报道,如现场素描是新闻报道中可读性最强的一类稿件。

三、营造融洽的访问气氛

记者的访问是人际交往活动。在这种活动中,记者不能像法官和行政长官那样具有对被调查人的约束力。因此,记者和采访对象之间的地位是平等的,结合是自由的。正因为双方是这种关系,记者必须在访问中设法营造一种融洽的气氛,才能使对方畅所欲言,达到高质量的访问效果。

在访问的过程中,无论记者是否有意去营造一种气氛,访问气氛都是客观存在的。它或许是坦诚的、轻松的,或许是紧张的、僵硬的;或许是融洽的;或许是心怀芥蒂的……实践经验证明,如果记者在采访中和采访对象达到了"酒逢知己"的融洽关系,那么记者将得到极大的回报,这就是说,采访对象可能畅所欲言,妙语连珠——主动提供信息,主动解释信息,主动和记者探讨事实的性质,主动描述生动的场面和故事。双方对事实真相的探讨可能达到前所未有的深度,给新闻的写作和编辑提供了许多独家素材。

为了营造最佳的访问气氛,记者的态度要真诚、有亲和力、善解人意,这会使采访对象对记者产生信任感,情绪上也易放松,容易形成最佳的交流关系。为此,记者要注意自己给人的第一印象,如讲礼貌,遵守约定时间,选择采访对象易接受的地点进行采访等。一般情况下,提倡记者单独采访,避免"第三者"的存在。

另外,记者要善于用轻松或熟悉的话题打破隔阂,把阻隔在记者和采访对象之间的无形的心理之墙拆掉,缩短双方由生疏到熟悉的距离,努力营造一个融洽的谈话气氛。笔者在一次采访长沙的福利院时,小朋友非常不配合采访,躲在角落里自己玩。后来,笔者发现小朋友不说普通话,只说长沙方言,于是就给小朋友说了一个她可能很熟悉的长沙方言儿歌,果然小朋友顿时就来了兴趣,与笔者开始深入交流。这其实也是一种采访的方法,叫作心理搭桥。

四、提问中遵循的规律

(一)提问的目标要明确

记者提问的时候虽然常常以聊天的方式和采访对象交谈,但是,它和一般的聊天还是有本质区别的——它围绕着记者的目的来聊天,而并非漫无边际的"侃大山"。所以在提问过程中,记者要紧紧围绕着采访的目的,不但要按照原来准备的提纲依次提问,还要就记者在访问过程中不断发现的新苗头,不断产生的新疑问设计出新的问题。

记者的提问常须围绕三个目标:一是要设法弄清楚事实真相。这包括已经发生的显性事实和事实背后的隐性原因。二是要设法对事实的价值做出准确的评判,也就是在提问过程中,不仅要弄清楚事实本身的要素,还要弄清楚与事实相关的历史背景和环境背景,才能够进行准确评价。三是根据报道的主题,收集可以作为报道素材的事实材料。这时候记者的提问就不仅仅是弄清真相,而是通过提问,捕捉和挖掘典型素材。

(二)提问要系统,有逻辑性

记者的提问是经过事先精心准备的,是按访问的目的系统地设置的。首先要弄清楚每一个骨干事实,它的要素、背景、原因等,先围绕一个点提问,把一个问题弄清楚。这时候的问题,从外部看起来是一团一团的。高水平的提问者不满足于一问一答式的询问,而是希望与采访对象探讨真相,交流看法,有时还帮助对方梳理思路,提升认识,启发对方的记忆,激发谈兴。低水平的提问者则常常是问不到点子上,问题苍白,逻辑混乱。

提问的一般顺序应当顺应记者弄清事实所要遵循的思维规律,具体包括对基本问题的提问;对基本事实背景的提问;对事实原因的提问;对事实行为者动机的了解;对事实的感想和观点的了解;对事实的感性材料,即故事和引语的收集;对事实的质疑和反面的观点的收集。

(三)提问要具体

提问具体,对方的回答才能具体,所得的材料才清晰、确凿、生动,容易被读者接受。所以,记者一定要把大的事实一块一块切开,把大问题化成小问题,把抽象的概念化成具体的描述。

当然,经验不足的记者在提问时往往难以做到上述几点,老练的记者在偶然情形下也难免一时语塞。针对这两种情况,美国内华达大学新闻学教授拉鲁·吉勒兰推出了设计问题的辅助公式——"GOSS"。这个公式对我们设计问题可以提供可行的方法。

"GOSS"公式基于这样一种理论:大凡制造新闻事件的个人和组织,总是出于某种目的和目标(Goal);并且总是面临或即将面临实现其目标的障碍(Obstacle);新闻制造者已经找到或者正在寻找某种避开障碍的解决办法(Solution);然后再返回目标,追问这一目标是在什么时候由什么人的意见而开始的(Start)。①

"GOSS"公式可以提醒记者设计下列一些具体问题:

目标——你们要实现的目标是什么?贵组织的目的是什么?

障碍——你们遇到过什么难题吗?目前的阻力是什么?

解决——你们是怎样对付这些难题的?你们有解决矛盾的计划没有?

开始——这一设想是什么时候开始的?是根据谁的意见?

需要指出,"GOSS"公式只是设计问题的辅助公式,而不是万能公式。记者每次采访的题目、情形都是不尽相同的,因此不可能制定到处适用的公式。吉勒兰教授明确告诫读者,这一公式只是设计问题的辅助公式。此外,若记者一时卡壳,它也可以助一臂之力。

五、采访过程中要学会倾听

倾听十分重要,倾听是对对方的一种尊重,在提问的过程中,做好倾听的准备,让采访对象感受到你正在认真倾听,体现出对采访对象的尊重,有助于采访的顺利进行。从采访对象讲述的内容中可以找出感人的故事和细节,找出可以继续交流的、读者关注的话题。大家都十分喜欢看朱军主持的《艺术人生》,《艺术人生》为什么受欢迎,有人说是朱军主持得好。但朱军却这样说:"其实作为一个主持人,我一直恪守着三条原则,第一要做个倾听者,其次是提问者,最后才是辩论者。"

具体来说,倾听就是要听主要新闻事实,鼓励并指明方向;听关键点或没说出的话,并继续提问;听观点及反面观点,并评价对方发言;听回答动向并适时打断。需要说明的是,后面会提到一种常用的采访技巧——追问法,而追问的前提正是倾听。

---

① 沈慧萍,彭华.电视采写与写作[M].华中科技大学出版社,2012.

六、采访中要注意现场记录

新闻的真实性决定了采访时准确记录的必要性。记者不可能完全靠瞬时的记忆力将采访的内容写进新闻稿,因此,采访时的记录就成为非常必要的一个环节。怎样把辛辛苦苦搞到手的材料,如实、准确、完整又迅速地收集在自己的笔记本、录音带和录像带上,作为我们写作报道的原始材料,这一常常被一些人视作"雕虫小技"的本领,却是记者必备的基本功。采访应当记录的内容包括:采访对象叙述出来的事实信息;记者在现场观察中捕捉到的事实信息;记者访问和观察中产生的感想和写作灵感;记者收集到的资料性信息。

另外,需要说明的是,核实也是采访工作非常重要的环节,尤其是在"新闻反转""后真相"这样不健康的传播环境下,核实更是应上升到制度的层面进行安排。因此,本书将专门安排一章进行阐述,这里就不赘述。

第四节 记者如何在提问中"抛砖引玉"

采访是记者认识客观事物、探究真相、获取新闻素材而进行的一项社会调查活动,是一个系统的工作过程,需要有充分的采访准备、完善的采访方案。在采访实施的过程中,记者的观察、提问、倾听、搜集资料等采访工作能为下一阶段的电视写作提供丰富的素材。其中,提问环节是重中之重,是获取素材最直接、最基本的手段。善不善于提问,是记者成熟与否、水平高低的重要标志之一。

事实上,提问环节就是一个"抛砖引玉"的过程,引什么、向谁抛、抛什么、如何抛,是记者在实践中要不断思考、总结的。下面以凤凰卫视 2013 年 6 月 13 日播出的《社会能见度·出租车调价调查》为例,结合前面章节讲到的内容,总结分析记者在提问中如何"抛砖引玉"。

一、引什么:明确的采访目的是前提

引什么,即明确的采访目的,这是记者成功采访的前提。要了解记者在采访中如何做到"抛砖引玉",首先不是迫不及待地思考抛什么、如何抛,而是必须想清楚引什么,也就是要明确通过采访需要获得哪些事实。

(一)目的明确

采访中的提问是有目的的访谈,而不是漫无目的的闲聊。记者在实施访问前一定要明确采访的目的,这是记者设置问题、运用技巧的前提。片例中,主持

人曾子墨在开头语中这样说道：

【同期声】2013年5月23日，出租车调价听证会在北京召开，关于价格的讨论却变成了一道涨价选择题，区别在于涨3毛钱还是6毛钱，25名听证代表中仅一人反对涨价，涨价已成定局。但是在供给不足、需求旺盛的北京，仅靠涨价就能够解决出行难、打车难的问题吗？

开场点明主题，涨价这一些事实性信息只是表象，是否同意涨、涨多少并不是节目的重点，而是要层层深入地探讨本质的问题。本次调价的目的是解决出行难、打车难，但是涨价是否能真的解决这一问题才是本期节目的重点。以调价为新闻引子，调查出行难的原因到底是什么，出租车公司和司机到底能否通过涨价得到更多的利益，这一思路是记者在提问的过程中把握的主线。

（二）逻辑清晰

面对纷繁复杂的表象，记者要能够弄清事实真相，挖掘深层内涵，揭示内在联系。因此，记者在采访过程中还需要有较强的逻辑思维能力，围绕目的做到由浅入深、由易至难、由表及里。记者从采访的目的和逻辑出发设计采访问题可以让记者不依赖提纲，即使被打断，只要记住明确的逻辑关系便能继续提问。同时，这样也能让观众在观看时觉得条理清晰。

片中，记者对三个主要采访对象提问时，都是按照从基本信息到深度信息的原则，问题涉及：对涨价的基本态度—份子钱的调整—出租车司机和企业的现实情况—出行难的原因及措施，最终做开放式结尾，不做结论但引人深思。这样的采访逻辑顺理成章地呈现在成片中，形成片子递进式的结构，给观众思路清晰、层层深入的感觉。

二、向谁抛：准确的采访对象是基础

向谁抛，即要有准确的采访对象。明确了引什么，也就是明确了采访目的后，就要选择恰当准确的采访对象，准确的采访对象是获取准确信息的基础。

片中涉及的主要采访对象有：北京出租车司机王建生，他参与了此次调价听证会，14年的出租车从业经历让他对出租车司机这个职业非常熟悉，对整个出租车行业中存在的问题也有着切身体会。同时，在片中还穿插了在街头对北京出租车司机的随机采访，这样可以了解出租车司机真实的、普遍的想法。首汽集团副总经理梁海晨是出租车管理方的代表，熟悉出租车公司的运营规律，对于观众关心的提高出租车司机待遇为什么要让乘客买单、出租车司机关心的份子钱能不能下调等问题，可以做出权威解释。北京某杂志副总编辑张瑾，她从2011

年11月开始,每天坚持做打车笔记,并向北京市消协提交了近4000字的出租车改革建言。此次调价听证会,她不仅参与讨论,还带来了接受采访的100个出租司机和100个消费者的意见。通过对权威对象的采访,记者可以了解到较为客观的信息和普遍的情况,因为她有较为系统全面的调查,能够提供真实的情况,弥补记者在短期内调查的不足。

以上采访对象的设置与报道思路有关,但要真正了解报道对象,以上采访对象还远远不够,应该也要有政府有关部门、消费者协会和更多消费者的声音。

三、抛什么:恰当的采访问题是保障

抛什么,简单来讲就是抛出怎样的问题,恰当的问题是记者成功采访的保障。采访问题要从获取全面、深入的事实要素出发考虑,但同时也要注意问题的类型或方式是否恰当。

(一)问题要具体细致

记者在提问时一定要具体细致,笼统的大问题会导致采访对象在回答时泛泛而谈。具体的事实,真实的细节,才能便于记者全面、客观、深入地认识事物。

【同期声】曾子墨:能透露下你们的成本、利润的水平吗?

【同期声】记者:你干了多少年出租车司机?

【同期声】曾子墨:每个月工作多少天?

第一个问题通过询问企业负责人企业内部具体利润,可以让观众进一步了解出租车行业,对目前份子钱是否合理有客观的判断。第二个问题是记者在街头随机采访中提出的,以拉家常的方式,问司机干多少年了,根据工作时间长短这一细节,继续追问,这样可以判断其回答的客观性和可信度。第三个问题是主持人在演播室里询问司机代表,每个月工作的天数,通过这一细节可以真实反映目前司机的工作状态。

(二)问题要开放与闭合相结合

开放型问题和闭合型问题是问题设置的两种基本类型,每种类型的问题有优点也有缺点,记者要根据不同情况灵活把握。开放型问题指的是记者提出的问题比较宽泛、概括,采访对象拥有充分的回答空间,可以自由选择回答的范围、层次、取向。闭合型问题就是问题提得比较具体、单纯,范围限制得很严格,给对方自由发挥的余地很小,对方一般要较为直接地回答。

对于开放式提问和闭合式提问,著名记者艾丰在《新闻采访方法论》一书中,做了对比分析,见表4-1。

表4-1 开放式问题和闭合式问题的特点

问题类型	优点	不足
开放式问题	给对方更多"自由",容易谈出一些宏观性的看法,也可能流露出一些有价值的话头	问题焦点不集中,双方联系比较松散,对方不容易说出心里话,采访也不容易深入
	问题问得比较自然缓和,有利于创造融洽的谈话气氛	问题一般化,对象易泛泛而谈,比较难以深挖,或者对象感到问题太大,不知从哪儿答起
	记者提这种方式的问题比较省力	采访对象要认真负责地回答比较困难
闭合式问题	双方连接得比较紧密,对象容易说出心里话	留给对方的自由余地比较小
	问题具体、范围严格,若选择得当,极利于深入情况和获得对每个问题的明确回答	可能因记者对问题选择不当而丢掉更好的提问点
	采访对象回答时较为方便,对象说出了自己想说的话,受众得到了有价值的信息	记者提闭合式问题需要花费较多精力,难度较大

当然,选择哪种类型的问题,不光要考虑以上情况,还要考虑采访对象本身的特点,如果对不善言辞的、文化程度较低的、年龄较小的采访对象提开放式问题,他们往往会无所适从,不着边际。如果对开朗的、倾诉欲望较强的采访对象提开放式问题,他们会侃侃而谈,但又容易脱离主题。

片例中,主持人和记者在提问过程中,有开放型的问题,也有闭合型的问题。而有的问题则是在一次提问中将开放与闭合相结合,将两种问题的优势发挥得淋漓尽致。

【同期声】曾子墨:您方便透露一下您在没有提价之前的工作状态、生活状态吗?比如说挣多少钱、交多少钱、每天工作多少小时、跑多少公里。

【分析】开放型问题与闭合型问题相结合的方式,既给了采访对象一个回答方向,同时又用具体的问题加以引导,这样既能给采访对象一定的发挥空间,又不至于回答得漫无边际。可见,开放式和闭合式问题各有利弊,不能不加选择地盲目使用某一种类型的问题,一定要熟悉每种问题的特点,根据情况交叉使用,从而营造和谐而又高效的谈话氛围。

四、如何抛:灵活的提问技巧是关键

如何抛,就是在提问时运用怎样的技巧。同样的问题,经过精心的设计可以获得意想不到的采访效果。因此,记者必须对各种技巧融会贯通、灵活运用。

(一)引问法:证实、了解已获线索的法宝

【同期声】曾子墨:在很多人的印象当中,司机收入低,最主要是份子钱导致的,并不是说打出租车的价格太低了。所以消费者可能也会认为,要增收的话,为什么不让企业把利润让出来,反而要让消费者付更高的价钱。

【分析】这个问题站在群众的角度,将消费者的疑问直截了当地提出来,既能解答观众的疑问,给出租车公司一个阐明情况的机会,又能缓和采访氛围,不至于显得太生硬、太尴尬。

【同期声】曾子墨:在听证会上你也提到过,说五年的时间单班车就会出现亏损,为什么会这么说?

【分析】这个问题先引出采访对象自己的观点,然后直接询问为什么能得出这个结论,让采访对象快速领会提问者的意图,对观点进行了解释。可见,引问法实际上是正问法的一种,开门见山、直截了当。与一般正问法不同的是,引问法通过对已知情况做简单概括,引导采访对象予以证实或解释,这使得采访对象不能拐弯抹角,不能做没必要的迂回,从而更能节省采访时间,提高采访效率。

(二)激问法:激发采访对象倾诉欲望的法宝

【片段一】

曾子墨:在很多人的印象当中,司机收入低,最主要是份子钱导致的,并不是说打出租车的价格太低了。所以消费者可能也会认为,要增收的话,为什么不让企业把利润让出来,反而要让消费者付更高的价钱。

梁海晨:现在显示的,就是企业的利润并不是很高,牟取暴利的这个事以前没有,现在就更少了,没有暴利。

曾子墨:但在很多的消费者眼里,出租汽车公司就是一个暴利的企业。

【片段二】

曾子墨:如果您手上的这些数据是可信的,那么8%多的利润确实不是一个很高的水平,那为什么大家都会觉得,首先出租汽车企业是存在暴利的,而且这个份子钱是高得不得了的?我相信您也一定听到过这样的抱怨。

梁海晨:是。

【分析】上面两个片段中,主持人提出一个对于采访对象来说比较尖锐甚至容易让采访对象感觉到不快的问题,多次用到"暴利"这个敏感的词语刺激对方说出更多的心里话。最终通过一连串的提问,问到了细节,了解了出租车公司的利润水平,解释了为什么一定要收取承包金。如果直接问公司的成本、利润,采访对象可能会迂回,这种激将的提问方式能刺激对方一吐为快。

可见,激问法是指记者提出比较尖锐的问题,适当地刺激一下采访对象,促使对方的心态从"要我说"变成"我要说",从而不得不说。运用这种技巧的难点在于刺激强度的掌握。

强度过弱,采访对象会反应不大或没有反应;刺激过强可能会导致采访朝着与预定目标相反的方向变化。①

(三)追问法:探寻细节深入本质的法宝

【片段一】

曾子墨:相比我国的其他城市,北京的这个承包金属于什么水平?

梁海晨:我们用北上广深这四个城市来比较,我觉得北京的承包金水平是比较低的,不仅承包金水平,而且它的含金量,我们可能也有人在说这个净承包金,或者是叫净份,我觉得是最低的。

曾子墨:什么叫作"净承包金"?

【分析】在这个片段中,主持人对采访对象回答中的"净承包金"这个名词进行追问,因为这是一个专业名词,观众很可能因为对这个名词不了解而影响对这个段落内容的理解。

【片段二】

曾子墨:就企业的整体收入来说,承包金能占到其中的百分之多少?

梁海晨:这是我们的全部收入。

曾子墨:再没有其他的收入了?

梁海晨:承包金就是出租汽车公司的唯一,可以说是唯一的收入来源。

【分析】在这个片段中,主持人对采访对象回答的出租车公司的收入来源进行追问,进一步核实、确定承包金是否是其唯一的收入,使得调查采访的过程严谨、深入。

---

① 巨浪.电视(新闻)采访与写作[M].杭州:浙江大学出版社,2009.

【片段三】

曾子墨：每个月工作多少天？

王建生：我们没有休息日。

曾子墨：可能顶多春节休息一下。

王建生：春节我都不会休息，最多休息半天。

曾子墨：这个岗位最大的委屈是什么？

王建生：所有的司机都知道，我们的工作时间非常长，我们没有公休假，其实每个人都渴望在过年过节的时候能跟家人在一起，但是很少。

曾子墨：家人提出过这样的要求吗？

王建生：也适应，也适应了。

【分析】通过一连串的追问，让看起来不善言辞的采访对象说出了心里话，谈到了他平时的生活休息情况，反映了出租车司机超时工作的客观现实与无奈。可见，追问法就是记者围绕谈话线索或某一问题穷追不舍、刨根问底地连续提问。追问法的适用情况很广泛，可以对主要事实、关键材料、典型细节、疑问点及采访对象回答中的新线索连续提问，直至问清楚、问明白。采访中，追问法的使用频率非常高，常与其他采访技巧结合使用，在记者的一次次追问下，才能不断探寻细节，发现问题，深入本质。

当然，记者如何做好采访还有很多需要注意的问题，只有不断实践、不断思考、不断总结，才能不断提高。

第五节　体验式采访的灵活运用

一、对体验式采访的基本认识

体验式采访又叫参与式采访。有些书上把体验式采访等同于隐性采访，这种说法是不严谨的。隐性采访是不公开记者身份的采访，体验式采访则不一定不公开记者的身份。从这一层面来说，体验式采访分为显性和隐性两类。显性的体验式采访，记者体验的是采访对象的角色；而隐性的体验式采访，记者体验的是对采访对象相对的角色，如传销中的"下线"，买卖中的顾客等。为了叙述的方便，我们暂且把显性的体验式采访称为体验式采访，而把隐性的体验式采访称为隐性采访。

记者的体验式采访就是变"你做我写"为"我做我写"。具体来说,它是指记者依照采访对象的职业、身份、地位和生存状态,亲身从事与其相同的工作活动,直接观察对方的生活环境,验证对方身心感受的采访活动。体验式采访是新闻记者深入生活、体察民情的一种好方法,对于记者的思想作风和新闻写作都有好处。

二、体验式采访兴起的背景

2011年新闻战线开展"走基层、转作风、改文风"活动,这就要求记者深入基层蹲点调研、采访写作,了解基层实际,反映群众意愿。采访方法要创新,写作构思也要创新,"体验式采访"无疑是最好的方法,但体验式采访并不是一时兴起,而是由来已久。

(一)体验式采访是记者长期坚持的一项传统

体验式采访是时下媒体普遍采用的一种采访方式和手段,但它并不是今天才有的新事物,它是新闻工作者长期以来坚持的优良传统。美国记者埃德加·斯诺的《西行漫记》其实就是体验式采访的成果。在我国,很多媒体也早早推出过体验式采访的专栏。如1996年,《新民晚报》开设专栏《体验式采访札记》;1997年,《人民日报》开设专栏《体验三百六十行》;1999年,《北京晚报》开设专栏《体验新闻》。

(二)体验式采访是新闻竞争的重要手段

首先,体验式采访是产生独家新闻的有效手段。其次,体验式采访因为渗入从事某种职业的人的内心感受,可以表现得较为细腻,较容易写出"人性关怀",体现媒体的亲民风格,符合媒体的人本主义发展趋向,因而越来越受到受众的青睐。

(三)体验式采访能提供真实可信的第一手材料

体验式采访改变了记者的采访风格,它不仅要求记者深入现场,而且必须深入所体验的角色工作和生活的内部,与被体验者做同样的事,才能获得真实的体验。这样,记者采访所获得的材料才是真实可信的。

三、体验式采访的选题

体验式采访在题材的选择上,如果能扣住受众强烈关注的热点,体验式新闻就能显现出其强大的生命力和深刻的社会意义。体验式采访一个重要特点是,它首先已经知道了采访对象、采访地点、甚至采访的主题,是一种策划后的采访。因此,选题一定要符合时代精神,反映基层民意,抨击丑恶现象,这些对于采访是否成功至关重要。具体要做好以下几点:

(一)要用小角度反映大主题

许多事情主题重大,如环境保护、职业教育、行业风气、假冒伪劣产品生产销售等,这些报道复杂、庞大,如果一味笼统、全面地讲大道理,就起不到最佳的宣传效果。反映这些问题的最好办法,是采用以小见大的形式,反映这一大主题。如1998年,牡丹江市党政机关深入开展"治庸治懒"专项行动,牡丹江人民广播电台《新闻联播》栏目记者以一名普通市民的身份到审批大厅办理事务,对审批大厅各窗口办公人员进行了随机暗访,了解"治庸治懒"专项行动开展落实情况。报道播出后,引起了听众的极大反响,促进了牡丹江市党政机关工作人员"治庸治懒"专项行动的真正落实。

(二)要具有指导性和可读性

体验式采访,选题最重要的就是要紧扣时代脉搏,采访之初就要确定。选择什么样的采访对象、弘扬什么样的时代精神。同时还要涉及那些社会关注的热点,政府工作的难点,群众心中的疑点,并在舆论上有一定的突破,在广大读者中产生正面效应,避免负面效应。体验式采访的选题只有在党的宏观宣传报道要求和读者喜闻乐见的具体要求之间找到最佳结合点,才称得上选对了题、选准了题,才有望使体验式采访的目的得以实现。

四、体验式采访的技巧与注意事项

体验式采访是一种最贴近的采访方式。这种方式可以更真切地了解事物真相。采访是一个认识过程,而通过亲身体验,记者的这个认识过程就会更扎实、更自然、更合情合理。听过不如见过,见过不如做过。听过,可以说知道;见过,可以说了解;做过,才可以说明白。记者在体验式采访中可获得生动的现场资料,加深对事物的认识。

但是,体验式采访也有一定的局限。体验式采访需要事先策划,故有记者做新闻之嫌。同时,记者素质的高低限制着体验的深度。记者的体验也不一定完全准确、全面,它同样要受到记者思想、业务、心理等各方面条件的影响。这就要求记者平时要不断加强自身学习,积累素材,锻炼自己的实际工作能力,丰富社会经验,提高自身素质,以便在体验式采访中更好地把握事实。

这里为大家总结一些体验式采访的技巧及注意事项,便于在实践中更好地运用这种生动的采访方式。

(一)选好体验对象

记者选择的体验对象,必须符合两个条件:必要和可能。以体验一种职业为例,从选择的必要性来说,记者体验的职业一般是人们并不太了解或并不真正了解、却对社会发挥着重要作用的职业。从选择的可能性来说,由于记者本人素质、能力的限制,因此并不是什么职业都可以作为体验对象。也就是说,体验式采访只是众多采访方法中的一种,是一般采访方法的一种补充,我们不能盲目使用体验式采访,将体验式采访视为万能。

(二)全身心投入和参与

要获得这个角色的内心感受,就必须全身心参与到这个角色的活动中。记者有时也得有演员的那股深入的劲头。记者体验什么角色,在那段时间里,记者实际就是那个角色,以那个角色的身份讲话、做事,举手投足间都有明显的角色特征。

体验式采访需要记者融入体验的环境中,亲自做一做,淡化自己的记者、外来人等特点,让人家把你当个无关紧要的亲戚,喜欢和你唠唠叨叨。《南方人物周刊》的记者刘天时,在《四个乡村教师的现实》的采访手记中写道:"因为是要体验嘛,所以基本是这样,人家干什么,我就干什么;人家走到哪,我就跟到哪;人家谈到哪,我就听到哪。孟老师上课,我就和小学生坐成一排听课;周老师引柴火,我就拉风箱……总而言之,就是居心叵测地表现得自然、没心没肺,淡化自己的记者、外来人、青年城市女性等特点,让人家把你当个无关紧要的亲戚什么的,喜欢和你唠唠叨叨。"

(三)细致观察

记者除了扮演某个角色、全身心地从事这个角色的活动,必须有意识地观察体验对象工作和生活的环境、周围的人群、这些人与体验角色之间的关系状况、体验对象在工作和生活中的表现等。观察的对象还包括有意识地倾听对象之间的交流、他们与周围人群的对话等。

(四)与体验对象交流

除了观察要顺其自然,也得提问,要找出能够解释你观察到的现象的原因。记者应在体验的过程中多与体验对象交流,获得曾经发生在他们身上的故事、他们对职业和生存环境的评价等,从而丰富体验对象的信息,增进记者在体验中对角色的理解。但提问不能一个个抛出来,很多时候要引导出一种适当的情境,一个让对方放松的自我剖白的时机。记者采取亲身体验的方式,可以更多地看到事物的本来面目。记者应该同作家一样,深入生活,体验生活,既要从外看,还要想法钻到里面看,增加报道的可信度和说服力。

(五)体验时不能忘了记者的角色

第一,体验中要进得去还要出得来。记者不是完全被动地跟着体验对象一样做,有时可能会主动增加一些环节,以获得更多的外界信息。第二,体验中既要忘情地投入,又要牢记体验过程中获得的所有信息。

五、体验式采访经典案例解读

【案例简介】

《走基层·塔县皮里村蹲点日记》共七集,于2011年9月在新闻频道《朝闻天下》栏目中首播。拍摄过程中用记者亲身体验、伴随式采访方式,反映了新疆喀什塔什库尔干塔吉克自治县皮里村孩子的艰辛求学路。记者跟塔吉克族老乡同吃同住同翻悬崖,用心去体会、去观察、去记录孩子们的坚强乐观、乡干部的尽职尽责。报道过程中,记者不扣帽子、不贴标签,真实记录、真诚面对。可以说,该作品是对新闻战线"走转改"的现实注解。

节目播出后,感动了无数观众,赢得了业界专家好评,更受到了时任中宣部部长刘云山等领导的高度赞扬。该作品还获得"2011年首都女记协好新闻特等奖";获国家教育部颁发的"2010—2011年优秀教育新闻特等奖";在第二十二届中国新闻奖评选活动中获得一等奖。

【案例分析】

《走基层·塔县皮里村蹲点日记》就是一组典型的体验式采访代表作,其可借鉴的成功之处有以下几点:

(一)展现原生态的生活过程

生活是新闻报道的基础和源泉,要做好新闻报道,就必须贯彻落实深入生活、深入实际、深入群众的工作作风。体验式采访是新闻记者深入生活、体察民情的一种好方法。记者深入采访对象的生活中,才能真正体验角色的酸甜苦辣,从而向观众呈现生活的原生态。

开学是生活中再平常不过的事情了,通常人们习惯于城市孩子衣装齐整,由家长接送上学的情景。但在《走基层·塔县皮里村蹲点日记》中,人们这种常规的思维方式被打破。对于新疆喀什塔什库尔干塔吉克自治县皮里村的孩子来说,上学就没有那么容易了。皮里村孩子的上学路有多险、多难,这是常人难以想象的。片中,记者用亲身体验的采访方式,反映了皮里村孩子的艰辛求学路,并将这个过程用七集报道向观众讲述,分别是:《双脚走出的上学路》《上学路上闯悬崖》《跋山涉水,进村只为劝学》《踏上艰辛上学路》《大手牵小手,共闯上学路》《老师,你好》《再访塔县为皮里村孩子带去温暖》。七集连续报道,一步一步清晰地把这个触动人心的真实故事向观众娓娓道来。

采访过程中,记者何盈带领5人采访小组跟随接孩子上学的乡干部们一路翻悬崖、蹚冰河,徒步整整两天,走进村子,跟村民们同吃同住同行,结下深情厚谊;又跟随乡干部在村子里挨家挨户劝学,了解村子的生活、生产现状;之后又跟着乡干部和家长一起带着 42 个皮里村的孩子徒步两天时间走出大山、回到县城小学明亮的课堂。这一路,何盈及团队历经艰辛,感受并记录下乡干部们的责任与勇敢,村民们的质朴与热情,孩子们的乐观与阳光。

(二)富有感染力的采访现场

选择体验式采访,要求记者必须深入采访现场,真实的采访现场富有极强的感染力,这与电视声画传播的优势不谋而合。在电视新闻报道中采用体验式采访的方式,可以用镜头再现真实的采访现场,不需要刻意设计、安排采访现场,从而大大提升电视新闻的感染力。

2008 年起塔县实行集中办学,全县 3 到 6 年级的孩子都集中到县城寄宿制小学读书。可是塔县大部分是牧区,乡村距离县城大多路途遥远,马尔洋乡的四个行政村全部都不通路,其中最让人担心的就是皮里村的 80 多个孩子,因为皮里村距离县城 200 多公里,其中 130 公里的碎石路只通到乡政府,剩下的 80 公里没有路只能靠走。因为路最远也最险,皮里村的孩子一般是乡政府的主要领导带队去接。

悬崖峭壁间,记者既要冒险攀爬赶路,又要采访拍摄。5 名记者历时 9 天时间,在马尔洋乡党委书记郭玉琨的带领下,往返行程 400 多公里,徒步 200 多公里,从皮里村接出 42 名学生,最大的 17 岁,最小的 6 岁。七集的采访除了部分是在学校、乡政府、村民家中进行的,大多数是在艰险的进村路、上学路上完成的。记者亲身体验、用心体会,每天行走攀爬十二三个小时,中间要蹚冰河、利用绳索攀悬崖,一路没有饮用水,渴极了只能喝叶尔羌河里翻腾的洪水。在村子里,记者跟随乡干部一路劝学,了解皮里村的各方面实际情况。三天后,42 个孩子跟着乡干部出山去上学。在这一过程中,上学路的现场与采访的现场自然地融为一体,给观众极强的感染力。

(三)自然和谐的提问方式

在采访活动中能取得采访对象的信任,与采访对象打成一片,产生情感上的共鸣,从而给观众呈现一种自然和谐的交流状态,是采访的较高境界。一般的新闻采访有时难以达到这种境界,而体验式采访中,由于记者能与采访对象有更深入地相处,便于同采访对象打成一片,增进理解,能更细致地了解人物的内心世界,所以提问往往会更加自然。

片例中的体验过程,记者的融入感非常强,不光与大家一起走路、攀岩、翻悬崖,还与塔吉克族老乡同吃同住同劳动,每天吃硬得掰不动的馕,睡大通铺,跟当地老乡一起唱歌、跳舞,产生了深厚的感情,与被采访对象难分你我。其间,记者的采访方式贴近性强,提问自然、语气恰当,因此将孩子们和乡干部们的内心世界挖掘得很充分。片中的许多人物都给观众留下了深刻印象,尤其是孩子们的乐观、热情、善良,让人倍受感动。

记者何盈在谈到这次走基层的采访感想时,谈到了这样一次谈话过程。第五集里当大家跟孩子们渡过了一道道难关,走了整整两天快要到终点时,记者问了好多孩子一个问题,这个问题她曾经问过她的侄子,而她侄子的反应和这些孩子的反应有着天壤之别。她跟孩子们说道:"跟阿姨说,如果可以实现你的一个愿望,你最想要什么?"孩子们都愣住了,笑或者望向别处,你看看我,我看看你,总之就是不回答。一开始记者以为他们不善表达,就接着找了几个更熟悉的孩子,结果还是一样。记者突然意识到,不是他们不愿意开口,是这个问题对他们来说确实有点难度。最让人心疼的是木布拉克夏的回答,他想了很久后,说了一句想要"一条好走的路",又停了一下说:"这个路太难走了。"因为刚刚一起经历了艰难的上学路,体验者与观众都能感同身受,这个回答让人觉得真实且心酸。

可以想象,在这样一次采访过程中,语言的障碍是一道难关,因为大多数采访对象的汉语说得并不太好。但是有了记者一路上与采访对象们的深入相处,有了记者的用心体会,最终克服了重重障碍,顺利完成采访,不仅反映了外在过程,也挖掘了内心世界。

(四)丰富的典型细节

细节的力量是巨大的,通过对典型细节的挖掘、描写、剖析,可以使原本复杂的问题简单化,原本抽象的问题具象化,原本平淡的问题生发出新意。

皮里村的老乡对"路"的理解跟其他地方不一样,搁下一只脚就算一条路,在这条步步惊心的上学路上,两名女记者、三名摄像记者用绳子攀悬崖、蹚过多条冰冷的河,用镜头记录下皮里村孩子们的艰难上学路,记录下基层干部的劝学过程。在皮里村蹲点体验的过程中,记者总共拍摄了30多个小时的画面素材,记录了很多生动震撼的细节。

例如,在《大手牵小手,共闯上学路》一集中,骑骆驼过河、滑索道过河、涉险滩、过悬崖、大石头下乘凉、喝混浊河水等细节的描写,构成了一次艰险的上学历程。片中在只能容纳半只脚的悬崖边上,一个小女孩滑了一下,被村干部一把抓住,这个细节的特写真实而不煽情,却让受众为之感动,大人的手成了孩子的路,激发了人们内心的同情和感动,增强了报道的张力和感染力。

此外,片中处处都凸显着细节的力量,小姑娘光着脚丫,悬崖边小女孩的哭声、12个小时的攀爬跋涉,孩子有的中暑、有的因为喝洪水出现肠胃不适,有的指甲盖被掀开等,一系列对于细节的描述,使人们有了一个更深刻、更形象的认知和体会,那就是"艰难"。孩子们能一个都不少地走到县城,坐进教室是多么不易。

(五)生动的表达方式

体验式采访可以为新闻写作积累丰富的素材,激发真实的情感,打下扎实的基础。记者可以通过体验中观察到的点滴细节,层层深入地为观众讲述故事,通过悬念设置以及讲述感极强的第一人称式的表达,从而增强报道的感染力。

片例采用的是蹲点日记的形式,每一集的片头、片尾配合日记的形式,流露出记者的真情实感,欣慰、感动、心酸各种情绪交错在一起,让人动容。片中也都采用的是第一人称的表达方式,如"看着小女孩平安了,我们总算松了一口气。"语言虽然简单,却真实生动,全身心地投入,全身心地感受,才能全身心地写作。

电视新闻中标题栏中的提示语也是写作的一部分,片例中的提示语与整体生动自然的表达风格也非常吻合。如在《大手牵小手,共闯上学路》中,"500米大悬崖步步惊心""悬崖挡不住的上学路""孩子们的愿望:一双鞋,一条路""徒步两天,走出大山""孩子上学是我们的责任"等,每个表达都通俗易懂且自然生动。

"涉浅水者得鱼虾,涉深水者得蛟龙"是对体验式采访优势最好的概括。在实施体验式采访的过程中,记者一定要发挥体验式采访的优势,真正深入生活,努力获取生动的材料,捕捉典型的细节,为最终的报道做好充分的准备。

第六节 谨慎选择隐性采访

一、对隐性采访的基本认识

隐性采访一般指记者不公开身份、不暴露采访目的的采访方式,也有人称之为暗访。也就是说,隐性采访是记者以特定的身份去观察和了解事物,以获取公开采访不易得到甚至不可能得到的新闻材料。隐性采访中,记者的身份是个关键问题。记者不可能是普通外人,而必须具有与采访对象有"合作"关系的特定身份。

俗话说,要知道梨子的滋味,就要亲口尝尝。体验式采访就是解决尝尝的问题。尝有尝的技巧,多数情况下,记者采取公开方式进行采访,特别是正面报道,都能得到对方的积极配合。但在某种利益驱使下,事物的本来面目不能真实地反映出来,而隐性的体验式采访就能克服这一缺点,辨别真假虚实。例如,报道某一美容院是否有欺诈消费者行为,是进门就亮明身份直接找服务人员听他们介绍好呢,还是先当一名消费者,不亮出身份,在美容院里亲身体验一下好呢?毋庸置疑,肯定是后者,因为使用这样的采访方法,就比较容易发现问题;如果是名不虚传,那这样的方法本身就在了解中带有检验的成分,原原本本写出来,读者就会了解事件的本来面目。

隐性采访的社会关注度非常高,但同时争议也非常大。2015年6月7日高考第一天,第一场考试开始没多久,10点49分,《南方都市报》在其新闻客户端、官方微信公号同时发布一篇文章《重磅!南都记者卧底替考组织此刻正在南昌参加高考》。这篇文章在朋友圈被网友刷屏传播,阅读量很快就突破了10万,《人民日报》、央视网、人民网等多家主流媒体微博介入此事的传播报道。"高考替考"事件随之升温,演化成一大舆论热点。

对于这一事件中,记者的做法是否合适,媒体几乎持一边倒的支持态度。《人民日报》刊发评论文章《斩断"替考"的利益链》:且不论记者"卧底"调查是否于法有据,其所披露的事实情节,客观上的确反映出当地在高考组织、监管等方面存在一定的漏洞,以至于让有组织的替考行为有了生存土壤。《新京报》发表时事评论《"记者卧底替考"不构成犯罪》:记者卧底参与高考舞弊,的确危害了"高考管理秩序"。但这种"危害"相当有限,还因为及时曝光,避免了舞弊者被录取,也保障了公众知情权,这是比所谓现场秩序更高的法益。凤凰网的评论《记者卧底替考,入戏太深有错吗》如是说:往小了说,记者卧底、报案,哪怕只为帮助几个清白的考生上大学,也是有意义的;往大了讲,记者捅破一层窗户纸,"教育公平"的全部底色都有待重新审视。

然而,媒体虽然没有批判,但也并没有表明这种隐性采访方式是完全没问题的。更需要引起媒体和记者关注的是,一项对于记者卧底考场行为的态度的调查显示,仅有40%的人发出力挺声音,这也就说明虽然隐性采访有着自身独特的优势,但是记者应当在不违反法律的原则下谨慎行事。隐性采访是隐藏记者的身份与采访目的的采访方式,只适用于某种特殊场合、特殊题材或特殊采访对象。运用这种方式,目的在于减少采访障碍和干扰,获取有价值的新闻事实,务必十分慎重,一般应控制在法律和新闻道德允许的范围之内,或已经得到有关部门的授权,切勿滥用。因此,也有人把隐性采访说成是采访中最后的手段。

二、隐性采访的意义和弊端

（一）意义

隐性采访的难度大，争议大，为什么有的媒体和记者在面对一些选题时还是会选择这种特殊的采访方式呢？这体现了隐性采访的社会价值：即社会影响的真实再现、实施舆论监督、参与新闻竞争。具体来说，其一，隐性采访获得的新闻大多是公开采访难以得到的鲜为人知的内幕，"揭密"式报道满足人们的好奇心理，有的采访对象的举动是在很自然的条件下发生的，如果有了记者的参与，会影响当事人行为的"保真"效果；其二，隐性采访大多是监督类的批评报道，这类对非正常现象的监督报道易引起人们的共鸣，任何社会都是一个矛盾的集合体，有许多不公平、不公正甚至是丑恶的现象存在，这些现象、这些做法不敢公开见阳光，自然也不愿或不敢接受记者的采访；其三，隐性采访获得的材料不仅真实，而且很少与其他媒体的报道发生"撞车"，避免雷同现象，易于产生独家新闻。

新闻媒体通过记者进行的隐性采访，可以获取其他采访手段难以获取的新闻事实，可以更好地进行新闻舆论监督，是"公开采访"的重要补充。隐性采访有利于挖掘更多的客观新闻素材，它有利于最大限度地实现新闻的舆论监督功能，它有利于提高媒体的关注度。通过隐性采访，获得的新闻真实，不仅可以避开采访中的障碍，获得戏剧化叙述的材料，还可以掌握批评报道中的证据，既为应对批评对象的诉讼做准备，也为执法部门处理问题提供帮助，隐性采访在对方不知情的情况下，获得第一手材料后，迅速推出报道，也可以回避说情对新闻舆论监督的干扰。

（二）弊端

由于我国未制定专门的新闻法，也易出现侵权法律问题，隐性采访也存在着一定的弊端。在新闻采访中，新闻的重点一般是涉及普遍的社会价值或重大的社会公共利益的事件、人物、社会公众性人物。如果记者的法律知识欠缺，法律意识淡薄，公民的隐私权、肖像权、名誉权这三项基本的人身权利是极易受到侵犯的。对于普通公民的采访报道，除非涉及普遍的社会价值或重大的社会公共利益，否则，一般不提倡使用隐性采访的手段。

新闻媒体对暗访行为应该予以严格的控制，非重大新闻事件，非与公众利益密切相关的，非经领导批准、非公开场合发生的、非监督公务行为，一律不允许用暗访的手段。即使符合上述条件，在编辑时，也应该尊重被采访对象正当合理的要求，要注意对被采访对象的形象和声音做适当的处理，例如打马赛克，使用侧影、背影和剪影等。由于隐性采访涉及众多法律上的问题，尤其是对公民、法人的权利的保护问题,应当受到严格的限制。采用隐性采访方式,必须经过新闻机构的特别批准,不得由记者自行实施。应当遵守法律、法规的具体规定,明确规定不得录音、录像的,进行偷拍、偷录,就是违法。

三、隐性采访的特点

一是新闻事实周详。对于准备做正面报道的新闻,我们也可以采取隐性采访的手段,但这种选择并不是唯一的,因为通过公开采访进行正面报道,一般会取得比隐性采访更好的效果。但对社会不良行为的采访却正好相反,通过隐性采访抨击社会不良,进行舆论监督,效果远比公开采访要好,这已经被无数新闻采访的事实反复证明。通过隐性采访获得的新闻事实比较周详,舆论监督的力度也比较大。同时,周详的新闻事实也可以比较有效地防止新闻侵权行为的发生。

二是隐瞒身份。从社会分工的大系统来考察,记者身份只是一种十分普通的社会工种,记者是社会大系统中的普通一员,不具备特殊性。但是记者身份就其从事的具体工作而言,具有自身特殊性。采访新闻事实,当然是这种特殊性中最关键的一条。面对新闻记者的采访,有人愿意侃侃而谈,有人却表示"无可奉告",而新闻工作的职业要求,使记者们不仅要从"侃侃而谈者"那里采获新闻,还要从"无可奉告者"那里采获新闻。隐去记者身份去面对"无可奉告者",无疑是最有利于新闻采获的。所以,在隐性采访活动中,记者必须隐瞒身份,只有隐瞒身份,才可能更方便地采获到有价值的新闻。

三是隐藏目的。记者以某种社会角色(不是记者角色)面对不愿接受采访的对象,他们必须隐藏自己报道新闻的目的,否则,既达不到隐瞒身份的目的,也无法实现自己报道新闻的目的。在具体的采访实践中,记者会针对不同的人物和事件,以不同的身份去进行实际的采访。但不管身份如何千差万别,隐藏目的的做法始终如一,不会改变。

四是隐蔽手段。隐性采访的顺利完成需要借助精良的技术设备来保证,同时还包括记者了解新闻事实的方法与显性采访有显著不同,提问的语气、方法等,都要有意识地隐蔽自己的真实意图。

四、隐性采访的类型

(一)侦察型

主要指记者在不公开身份的情况下,对某些违法犯罪行为或社会阴暗面的探访或侦察。这种隐性采访常常是记者事先得到某个举报,或通过观察对某个事件存在疑问,为了弄清究竟,化装成另一种身份,前往暗访,探明虚实。

(二)体验型

体验型隐性采访则是记者以一个被服务者的身份,感受和体验整个服务过程,而不亮明记者身份。体验型采访大多以揭露性采访为主。有时候,记者体验的目的只是为了摸底,弄清事实真实状态,有的体验型隐性采访,目的只是在于探明究竟,揭开报道对象的秘密。

(三)验证型

有的隐形采访,是对正面形象的验证。为了探明虚实,记者以不公开身份的隐性采访方式,予以验证。当然,更多的验证性隐性采访是对影响公众利益的事实的验证。

五、隐性采访应注意的问题

(一)选好隐性采访的题材

一般来说,凡是以公开采访的方式能获得新闻事实的活动,尽量不采用隐性采访的方式。隐性采访多用于公开采访无法实施或不可能达到采访目的的情况。也就是说,隐性采访只适用于某些特殊题材或特殊场合、特殊采访对象。运用这种方式,目的在于减少采访障碍和干扰,获取有价值的新闻事实,务必十分慎重,一般应控制在法律和新闻道德允许的范围之内,或取得有关部门的特别授权,切忌滥用。

(二)选好隐性采访中的身份

隐性采访中记者必须事先准备好以什么身份进行隐性采访,如以什么身份与暗访对象接触,不同的身份与暗访对象接触可能导致的结果会很不一样,采访过程中可能会采取哪些方式实施采访,怎样采访才能取得最好的效果等,都必须事先有充分的准备。隐性采访可以用普通老百姓的角色隐瞒记者的真实身份,但不得假冒军人、警察、检察官、法官等任何国家机关的工作人员,不能以国际组织的身份出现。

在对违法犯罪与违背社会道德的行为进行隐性采访时,不应当主动扮演新闻事件中的角色,只能以旁观者、记者的身份参与新闻事件之中,要坚持三条原则:一是隐性采访时必须守法,不能以不正当的手段获得新闻素材,尊重被采访者的人格;二是要把公共利益作为进行隐性采访的依据。凡是有利于公共利益的就进行报道,否则就不予报道;三是记者不能从中立的观察者变为当事人,不应成为新闻事件的决定性力量并干涉事件的发展和进程,更不能故意引诱采访对象上当受骗,违法犯罪。

(三)暗访须与明察结合

明察有时得不到真相,采访往往受阻;暗访虽然能排除干扰探明事实真相,但往往很局限,而且对关键性事实进行解释往往单靠暗访难以获得。因此,应该将二者结合起来,发挥各自优势,使采访更全面、更透彻。对于隐性采访,媒体要制定严格的操作规程,采访和报道需经过媒体最高负责人的同意,应当与有关职能部门密切配合。

(四)隐性采访必须在法律规定的范围内

在采访实践中,由于隐性采访是在被访者不知道意图的前提下进行的,"隐性采访"这一采访方式稍有不慎就会引起法律上的纠纷。隐性采访最常见的侵权行为主要表现在:侵害公民的人身权利,如名誉权、隐私权、肖像权等;侵犯商业秘密;侵害未成年人的合法权益;泄露国家机密;使用不法手段获取信息如有争议的录音、录像、照相器材等。

目前,对于隐性采访,各国的法律都没有明确赋予新闻记者隐性采访的权利,也没有明确规定要禁止使用隐性采访这一方式,这就使得隐性采访常常徘徊于"越权"与"侵权"的边缘。在实践中,由于一些记者和媒体对隐性采访认识得不全面而引发广泛社会争议,也经常有触犯法律的危险。因此,一方面记者一定要注意学习业务知识和技巧,学习有关法律规定;另一方面媒体要加强对记者的引导和管理,国家要尽快出台有关保护隐私权的法律规定,要有明确、具体的法律规定,使新闻工作者在保护隐私权方面有法可依,有规可循。

(五)要恪守记者的职业道德

隐性采访作为采访方式的一种,由于这一采访方式"隐"的性质,在采访中也极易侵犯他人合法的人身权利。在工作中应将采访与人文关怀很好地结合起来。隐性采访的地点必须严格限制在公共场所,不能到公民私人住宅秘密录音、摄像。记者在隐性采访的过程中,由于没有事先向交谈对象亮明身份,对象说的话是在不知道与之谈话者身份的情况下所为,或者说记者是在假身份的掩护下进行采访,是以"欺骗"手段获得别人的信任,新闻公开报道后就承担着有违诚信的道德指责。更有甚者,不是为了揭露社会的阴暗面,而是为了满足自己的窥私欲等阴暗心理而进行的暗访,这样更是违背了新闻的职业道德。

在隐性采访过程中,记者一定要尊重事实、实事求是,要坚持真理、坚持正义,严格遵守国家的法律、法规和各项政策,在道德的范畴内和法律允许的范围内从事隐性采访报道工作,要受法律和道德的约束。

（六）在隐性采访时记者要注意对自身的保护

虽然我们说记者有一定的勇气和胆量，但是，记者也必须学会保护自己，善于在完成采访任务的同时，使自己不受伤害，不然，记者的采访目的就很难达到。当然，对于自身的保护，不只是人身安全的保护，也是记者采访权利的保障。记者的采访权利源于宪法规定的公民言论自由权和其所从事的新闻传播职业。记者并不是以个人身份进行采访活动，采访权利产生于记者从事职务的行为。各新闻机构和主管部门有责任和义务为所属记者从事新闻采访活动提供必要保障，保护他们的合法权益。

在隐性采访中，新闻记者的权利主要有：1. 新闻自由权。公民作为新闻自由的权利主体，新闻机构和新闻工作者是新闻自由权利的具体实施者，新闻媒体就成了公民行使言论出版自由的重要途径。新闻工作者的采访权作为新闻自由的重要组成部分，是受法律保护的，这就保障了记者对新闻事件有采访、报道、批评的权利，有最可能挖掘到新闻事件真相的权利，这种权利实际上是公民言论自由权的延伸，隐性采访的出发点和落脚点都在于实现公民的言论、出版权利，隐性采访作为一种权利和采访方式，在法律允许的范围内理应受到保护。2. 公民知情权。公民知情权是指公民对于国家重要决策、政府重要事务以及与公民权利和利益密切相关的重大事件，有了解和知悉的自由和权利。公民可以通过各种途径了解和获悉有关的信息，新闻媒体是现代社会公民了解和获取信息最便利的途径。3. 舆论监督权。舆论监督权指通过新闻媒介，帮助公众了解政府事务、公众事务和一切涉及公共利益的活动，用舆论的力量对偏离和违背社会正常运行规则的行为依法实施的新闻批评，促使他们沿着法制和社会生活共同准则的轨道运作的一种社会行为。舆论监督作为新闻媒体的社会职能之一，其实质是人民的监督，是人民群众通过新闻媒介对社会所进行的监督。

第五章　文字是记者不变的核心竞争力

上一章我们谈了新闻采访,新闻采访和新闻写作的共同目标是认识和反映事实,不同使命在于新闻采访旨在认识和把握新闻事实,主要是了解情况、搞清真相、收集素材,为新闻的传播创造必要的条件;而新闻写作旨在反映并表现客观事实,主要是根据采访得来的事实材料,经过分析、取舍和组织,接着采取恰当的体裁样式和表现方法,使客观存在的事实成为供社会传播的新闻。

第一节　文字功底是写好新闻报道的基础

新闻写作是新闻传播过程中一个重要环节,决定新闻能否传播出去。每一个新闻传播产品都要经过发现—开发—制作—传播这样一个生产流程,无论是在纸质媒介还是电子媒介的生产流程中,新闻写作都处在制作这个环节。从这个意义上说,新闻报道就是新闻信息的载体,没有了载体,新闻信息就没有运输工具,要传播根本就无从谈起。新闻写作也直接影响新闻信息的传播效果。"运输工具"的功能决定了传播效果的好坏,这就包括新闻报道的写作规律和技巧、题材、形式、结构、语言等,正所谓"言之无文,行而不远"。因此,新闻写作是衡量记者素质的一个重要条件,无论技术怎么进步,这一点都不会变。即使机器写作已经开始"抢饭碗",但其适用空间毕竟有限,人的主观能动性还是要充分发挥。

综观我们的记者队伍,尽管不乏写作高手成为支撑各家新闻媒体门户的顶梁柱,但是毋庸讳言,相当一部分记者也存在着基本功欠佳的问题。据 2008 年度省级党报文字编辑质量检查通报,全国 31 家省级党报中,文字差错率万分比最低的是 7.5,最高的是 26.1,平均为 15.3,远远超出了国家规定的报纸出版差错率万分之三的要求。文字差错率万分比为 15.3 是什么概念? 现在省级党报每期都是十几个版,少的也有八个版,六七万字。这意味着一期报纸的文字差错按八个版计算也有上百处之多,这不仅损害了读者的利益,还给报纸声誉带来了不良影响。这就要求记者作为第一责任人必须打好语文基础,如司空见惯的成语滥用现象,或多或少地反映出记者语文基础的不扎实。

有一则报道这样写道:"自助烧烤一推出便受到了当地居民的热捧,许多人带着家人朋友前来试吃,不大的参观场所一下子变得人满为患。"似乎凡是"人满"必定"为患","患"究竟为何意,不甚了了。难道餐馆生意好,对商家来说是坏事?至于其他词语,尤其是成语乱用之例,更是不胜枚举。如"炙手可热",常被一些记者拿来形容一切"吃香"的事物,全然不知其本意是贬义:比喻气焰很盛,权势很大。意谓"大体上使人满意"的"差强人意",则多被用来表述"不能使人满意"。原本为贬义的"弹冠相庆",常被作为"互相庆贺"来使用。"空穴来风"原意为有了洞穴才有风进来(语出宋玉《风赋》),比喻消息和传说不是完全没有原因,现在却多被用来比喻消息和传说毫无根据,甚至经常出现在央视主持记者的嘴边。一些记者对词语不求甚解却自以为是,以其昏昏使人昭昭,这是可悲的,对于记者来说,加强基本功训练,刻不容缓。

除了以上这些情况,新闻写作中存在的问题还有很多。有的记者习惯向单位和个人索要总结和先进事迹材料,带回去压缩和摘抄,心安理得地当起"文抄工";有的记者写会议新闻如同做八股文章:导语介绍会议名称、时间、地点、参加人员、讲话人,接着交代会议议程如"分析了什么""学习了什么""讨论了什么",再就是"会议认为""会议指出""会议强调",千篇一律的公式化的会议新闻,被人们戏称为"新闻八股";还有的记者,一天之内扛着摄像机东奔西跑几个单位,回来后匆匆忙忙写了几篇稿件,求量不求质,至于把握主体、选择角度、深入挖掘,更是无从谈起;有的记者只会写"豆腐块""火柴盒"的短消息,对于通讯、言论、特写、报告文学等体裁就束手无策了。

进入21世纪,网络作为媒体的后起之秀,以快捷方便、图文并茂、信息量大、可以浏览下载等优点,成为媒体领域中杀出的一匹黑马。它打破了媒体之间固有的平衡,使各种媒体之间的竞争日趋白热化。媒体之间存在着竞争,要在竞争中立于不败之地,很大程度上取决于记者写作基本功的高低。如果没有一支强大的记者队伍,如果没有一群"铁笔杆子"支撑门户,这个媒体就会失去竞争能力。记者如果再像南郭先生一样滥竽充数,恐怕就难以混下去了。因为读者、观众、听众看的是你的产品质量,谁的质量高、趣味性强、可读性强就买谁的。

一个优秀的记者应该能得心应手地驾驭各种新闻体裁。中外著名记者如穆青、郭超人、范长江、斯诺等都是写作高手。我们不可能要求每个记者都成为名记者,但最起码要当一个善于写作的好记者。要做到这一点并不是高不可攀的难事。首先我们的记者要有敬业精神。没有敬业精神一切事情都难以办好,这是内因。其次,要多练习。只有多写才能发现问题,才能提高写作水平。再次,记者要有不断学习的意识。当前,网络课程的学习非常方便,为记者提供了许多优质的资源,如微课、公众号、慕课等,这些方式都可以使记者在忙碌的工作中通过碎片化的时间去学习。

记者是一项神圣而光荣的职业,每个记者若要获得读者、观众、听众的尊重,就必须自重。而自重的主要手段就是千方百计提高自身素质,提高写作水平,练好基本功,生产出高质量的文字产品。你的受众也许永远没有和你见面的机会,但他们是通过你的产品来认识你的。你在受众心目中的地位如何,主要取决于你的新闻作品。记者是要靠写作来吃饭的,在竞争激烈的形势下,不要因为写作能力差而被淘汰出局,丢了饭碗,这样于国于民于己都不利。

第二节　新闻写作的基本原则

新闻写作是一项专业性的工作,有着自己独特的规律。用一句话总结就是:用事实说话。具体来讲,在新闻写作中要坚持真实性、客观性、时效性、准确性、简洁性等原则,而这些原则在消息写作中体现得尤为突出。下面将结合一组消息案例为大家解读新闻写作的基本原则。

消息是各种新闻媒介中最常见的一种新闻体裁,它具备快速及时、简明扼要、信息量大等特点,是观众了解信息的主要渠道。因此,学习新闻写作的首要任务就是要写好消息,这是一名记者必备的技能。以电视消息为例,中央电视台的《新闻联播》便是学习电视消息写作的范本。

《新闻联播》是中央电视台的王牌栏目,自 1978 年开播以来,每天不间断地向观众"宣传党和政府的声音,传播天下大事",是我国观众最熟知、收视率最高、影响力最大的消息类电视新闻栏目。其内容涵盖政治、经济、科技、社会、军事、外交、文化、体育等方方面面。比如,对于每年一次的高考,《新闻联播》充分发挥消息类电视新闻节目的优势,在高考期间从多个角度予以持续关注,提供丰富的信息,解读最新的政策,进行及时的报道,成为广大观众获取高考资讯的重要窗口。

2015 年高考期间,《新闻联播》于 6 月 6 日至 6 月 9 日连续 4 天报道与高考有关的消息,分别为《高考在即:人性化服务方便考生》《2015 年全国高考今天开考》《高考特写:特殊安排,平等机会》《全国统一高考今天结束》。4 条消息的时长均为 1 分 30 秒左右,都属于短消息。虽然篇幅短小,但信息量却不小,4 条消息从不同的角度快速及时地报道了与 2015 年高考有关的内容,内容涉及高考基本信息、高考政策、考试服务、考生情况、高考违规等方面,让人们看到了 2015 年高考的新变化,发现了 2015 年高考的新现象。

高考制度自 1977 年恢复以来,每年都会成为全社会关注的焦点。对于高考,媒体不能过分渲染,但也绝不能缺席。提供信息、解读政策、正确引导,这些都是媒体的责任。电视消息因其快速及时、简洁短小且一般播出周期短能持续关注等特点,在报道高考方面扮演着非常重要的角色。

《新闻联播》2015 年高考期间的 4 条有关消息,体现了最常用的动态消息的写作要求。动态消息是对当前发生的或正处于运动状态的新闻事实的快速简洁的报道。它是新闻报道中体现新闻定义——新近发生的事实的报道,最直接、最鲜明的新闻式样,是新闻中数量最多、题材面最广、时效性最强的一种消息类型。为了体现其时效性强的特点,写作动态消息一般采用倒金字塔结构的样式。它的特点是头重脚轻、短小精悍、断裂行文,用简洁的导语引出主体,按重要性的递减顺序安排新闻内容,结尾自然、不加评论。

那么,这个案例是如何贯彻新闻写作原则的呢?

一、开门见山,关注动态

动态消息以事件报道为主要内容,同时还包括政治、经济、社会生活中的新情况、新变化、新成就、新动向等。动态消息要体现"动态",就必须着眼于"新",如何没有"新",没有"动态",那动态消息也就名不副实了。因此,在写动态消息时,必须把最新鲜、最重要的内容,开门见山地写在导语之中,让观众一眼就能看到有价值的信息。

案例中 4 条消息的导语由主持人口头播报,用简洁的语言把新闻中最重要、最新鲜的部分进行了概括、提炼,符合动态消息的写作要求。

【导语一】

明天又是一年一度的高考,各地不断推出人性化服务措施,打造以人为本的高考大环境,同时教育考试部门也希望考生以诚实守信的良好风貌迎接人生大考。

——2015 年 6 月 6 日《新闻联播》
《高考在即:人性化服务方便考生》

【导语二】

今天是 2015 年高考第一天,全国有 942 万考生走进考场,这也是去年国家出台考试招生改革整体方案后的首次高考,在全社会关注下,高考力求更加公平、更加规范。

——2015 年 6 月 7 日《新闻联播》
《2015 年全国高考今天开考》

【导语三】

今天是全国高考第二天,在 900 多万考生中,有一些同学需要经过特殊安排才能完成考试,不管是长期残疾还是突发重病,社会各界共同努力为他们提供平等考试的机会。

——2015 年 6 月 8 日《新闻联播》
《高考特写:特殊安排,平等机会》

【导语四】

今天,全国统一高考结束了全部科目的考试,绝大多数考生可以放松一下心情了,不过由于今年高校自主招生首次改在高考后进行,还有许多考生还要接着征战考场。

——2015 年 6 月 9 日《新闻联播》
《全国统一高考今天结束》

以上 4 条导语采用的都是最常用的直接式导语的写法,即记者在纷杂的材料中提炼出精华,以平实自然的语言加以概括,开宗明义,直接陈述。直接式导语直截了当,在开头部分就把最主要的事实写出来,通过事物本身的新闻价值吸引观众,符合动态消息及时、快捷地反映新闻事实的写作要求。

这种导语简洁清晰,便于观众理解接受,但也容易显得平淡死板。要想写好这种导语,关键就在是否能够准确抓住最主要的新闻事实,并精练地加以表达。由于导语还起着引出主体的作用,因此,导语中提炼的事实,实际上也反映了消息报道的角度。

二、一事一报,内容简练

动态消息篇幅短小,不必追求大而全,要在有限的篇幅里说清事实,要求内容要十分精练,抓住一件事、一个侧面来写,以最简明的语言,描述最主要的新闻事实,不去反映新闻全过程和所有方面。动态消息中选择的这个点,其实也就反映了事实的"动态"。案例中《新闻联播》在高考期间的 4 条消息,从考前、考中和考后的情况做了多角度的报道,每条消息各有侧重。

6月6日《新闻联播》播出题为《高考在即：人性化服务方便考生》的消息,主要内容是各地为了给考生打造人性化的环境,在考场、交通保障等方面推出的一些措施。

6月7日《新闻联播》播出题为《2015年全国高考今天开考》的消息,主要讲了在2014年国家出台招生改革整体方案后,2015年的高考有哪些具体的变化,如何体现更加公平、更加规范。同时还谈到了教育部对江西替考事件的态度。

6月8日《新闻联播》播出题为《高考特写：特殊安排,平等机会》的消息,用两个考生的经历为观众讲述了不管考生是长期残疾还是突发重病,社会各界都在共同努力为他们提供平等的考试机会的故事。

6月9日《新闻联播》播出题为《全国统一高考今天结束》的消息,既对高考最后一天的情况做了介绍,同时向观众介绍了2015年高考在报名、录取、自主招生等方面的情况。

高考新闻属于教育新闻范畴,与一般的教育新闻不同,它具有常规性、重要性和复杂性。高考报道要以为考生及家长服务、维护教育公平、支持国家的教育改革为出发点,对高考政策和服务信息进行传达和解读,对高考过程中的不正常现象进行监督,对高考制度改革过程中出现的问题进行反思。除了要为普通民众提供有关的高考信息,高考新闻还要将聚光灯照在一些弱势群体和贫困地区的教育问题上,真正了解群众,为了群众。《新闻联播》在2015年高考期间的4条消息对以上内容均有涉及,但不是糅合在一条消息中,而是各有侧重。每条消息围绕不同的侧重点,精选材料,从一人一事拓展到整个城市、整个国家,简洁但不片面。

三、客观叙事,观点含蓄

动态消息以客观叙事为基本写作方法,以客观地叙述新闻事实、传播信息为主,观点表达是建立在叙事基础上的,很少直接发表议论、评价。这也是对新闻写作要做到用事实说话最直接的体现。当然,不仅是动态消息,其他类型消息的写作都要做到用事实说话,这是因为事实是新闻的本源,没有事实就没有新闻。事实胜于雄辩,事实本身就具有强大的说服力。那么,消息写作如何做到用事实说话呢?以《新闻联播》在2015年高考期间的其中一条消息《高考特写：特殊安排,平等机会》为例,消息在反映社会各界为特殊考生提供平等考试机会的时候用到了这样几种办法：

第一,用典型事实说话。消息《高考特写：特殊安排,平等机会》中选择了两个典型事例,一个是合肥女孩王香君,她是今年高考中唯一一位完全丧失视力、也是唯一一位用盲文答题的考生,有关部门为她专门安排了单独的考场,出了特制的试卷,使得这位爱音乐的盲人姑娘有了和别人一样的高考机会;还有一个患有脑瘫的考生马辽哲,在北京101中学有为他单设的考场,按照规定还给他延长30%的考试时间,考务流程也做了专门安排,为他实现冲刺重点大学的目标提供了机会。

第二,用再现场景说话。消息《高考特写:特殊安排,平等机会》充分发挥电视画面直观形象的优势,用特殊考场的现场画面、监控画面以及护送特殊考生进考场等画面,结合解说词对画面内容进行解释、补充,让观众看到了对特殊考生的特殊安排,感受到了社会对特殊考生的关怀。

第三,用背景材料说话。消息《高考特写:特殊安排,平等机会》中有这样一句解说词,"经过考试部门批准,今年在黑龙江、四川、江西等地,为残疾或重病考生特设了数十个这样的单独考场,还有一些可以坚持在普通考场参加考试的伤病考生,也都得到了专程接送等爱心服务。"通过对这一背景材料的呈现,可以反映出对特殊考生的特殊安排并非是一个学校、一个城市之举,而是在全国各地均有出现。

第四,借用同期声说话。消息中使用了三段同期声,分别是:

【同期声】盲人考生　王香君

我最喜欢的专业是钢琴,我最大的梦想就是能够考上理想的学校。

【同期声】北京101中学教学副主任　周瑞芳

包括我们的保密员,包括我们巡查系统的工作人员,包括我们送卷子的司机,都是为这一个孩子,都在等着。

【同期声】安徽省教育厅副厅长　李和平

我觉得这不仅仅是一个学生参加教育、参加考试的权利,实际上是一个社会文明进步的标志,是教育公正公平的一个具体的举措。

三段同期声既讲了考场如何做的特殊安排,也通过考生本人及政府官员的讲述,反映了这种特殊安排的价值和意义。

以上四种方法在《新闻联播》2015年高考期间的其他三条消息中均有体现,以叙事为主,用事实说话,以新闻事实所蕴含的意义潜移默化地感染人心,一般不发议论,是消息写作的普遍原则。用事实说话,可以使消息在完成信息传播这一主要任务的同时,更有感染力,更能打动观众。

四、自然结尾、断裂行文

结尾是电视消息的最后一部分。对于一般的文章来讲,精彩的结尾能起到深化主题、升华思想、抒发情感、引人思考等作用。然而，在新闻实践中，很多消息类电视新闻没有刻意设计结尾。这是因为在"倒金塔结构"中，新闻的主要信息已经在正文内交代清楚，这样结尾就没有必要再赘述。但是这并不等同于消息没有结尾，怎样结尾必须和整篇消息的结构及表达内容联系起来考虑。

案例中4条消息的结尾分别是：

【结尾一】

明天就要高考了，在全社会关怀的同时，教育部重申，严明考纪，违者必罚，希望考生恪守诚信，在人生考场上同样获得好成绩。

——2015年6月6日《新闻联播》
《高考在即：人性化服务方便考生》

【结尾二】

今天是开考第一天，各地采取严格措施保证考场秩序，教育部今天责成江西教育考试部门迅速调查被举报的替考行为，一经查实，不管是相关考生还是考务人员、高校学生都将依据法规从严处理。

——2015年6月7日《新闻联播》
《2015年全国高考今天开考》

【结尾三】

今天下午，多数省份的高考科目已经结束，明天，部分省区还将进行选考科目和少数民族语言的考试。

——2015年6月8日《新闻联播》
《高考特写：特殊安排，平等机会》

【结尾四】

随着高考整体结束，各地阅卷工作明天起陆续启动，根据教育部发布的数据，今年高考报名人数为942万人，比去年增加3万人，高校录取计划为700万人，比去年增加2万人，整体录取率保持稳定。按照国家高考改革方案，今年也是高校自主招生全部改为高考后的第一年，在高考结束后的两周之内，各高校将采取笔试、面试、夏令营考察、综合素质评价等多种模式完成自主招生选拔，数万考生还要继续为心仪的大学而努力。

——2015年6月9日《新闻联播》
《全国统一高考今天结束》

这四个结尾看起来与主体内容并不完全相关，但是这种断裂行文的方法是消息写作常用的一种方法，这样的结尾方式扩充了短消息的容量，增添了丰富的内容,为观众提供了权威、快捷、有用的资讯,满足了广大考生和家长对高考信息的需求。尤其是两则消息都重点突出考风考纪,对高考第一天曝出的江西替考事件,在结尾中也有所涉及,突出了时效性,传达了教育部的态度,表达了媒体的关注,无形中可以让考生、家长及社会放心。

五、连续报道,及时丰富

动态消息大致分为三类:一类是对新近发生的单独事件所进行的全过程的报道,也称"完成式报道",西方新闻界称之为"纯新闻";另一类是对处于变动中的具有一定连续性的事件的报道,也称"进行式报道"或"连续报道";再一类是对即将发生的事实的报道,即"预告性新闻"。

可见,为了更加迅速及时,动态消息不一定要在一个事件结束之后才报道,可以在事件发生过程中对其做多篇连续报道。多年来,相比较报刊上常见的深度报道,"短、浅、薄"一直是电视新闻的软肋,而连续报道正好可以弥补这一弱点。连续报道既能提高电视新闻报道的时效性,又从深度和广度挖掘展示某一新闻事件发生、发展直到结束的全过程。

《新闻联播》在2015年高考期间连续推出4条消息,《高考在即:人性化服务方便考生》《2015年全国高考今天开考》《高考特写:特殊安排,平等机会》《全国统一高考今天结束》,以最快的速度在第一时间将有关高考的信息传播出去,表现了国家级媒体对这一关注度极高的热点事件的重视。

由此看来,连续报道即对正在发生并持续发展的新闻事件在一段时间内进行多次、连续的报道。报道以时间为顺序,随着事件的发生、发展进程而展开。连续报道与总结式的新闻报道相比,有着它独特的效果,其时效性、动态性、客观性,使新闻报道更新鲜、更生动,就像人们亲身参与事件一样;其连续性和深入性,使得报道内容丰富全面,能够紧紧抓住人们的视线。然而,并不是所有题材都适合采用连续报道,连续报道中的选题必须有延续性,报道内容有悬念或追踪价值,且社会关注度极高。

2013年,《青年记者》杂志做过一个有关高考报道的调查,调查显示,有86.96%的受众关注高考报道,但受众对高考报道的评价并不高,选择"很好"的仅占3.04%,选择"一般"的占82.61%。可见,如何做好与高考有关的报道,媒体人还得下功夫。当然《新闻联播》的报道并不是完美无缺的,但是其内容的权威性、表达的准确性、写作的规范性是毋庸置疑的,电视消息写作的学习过程中应该将其列为重要的分析对象之一。

第三节　新闻写作的基本方法

一、新闻写作的语言表达

媒体担负着正确引导社会舆论的作用,而新闻语言则肩负着向受众表述新闻事实、传递新闻信息的特殊使命,是新闻写作最基本的元素。语言真实是新闻的生命,是新闻产生的基础。所谓语言真实,具体说来,就是必须准确、客观、公正、规范,必须能反映事实本质,不可虚构、不可夸大、不可"移花接木"、不可"张冠李戴"及"合理想象"。这是对新闻真实的最低要求。

(一)用词要具体准确

新闻语言必须具体准确,忌用词不准,忌含糊抽象。大家都知道具体和空洞的区别,简单来说,具体就是原原本本地说出或写出事物的具体情况,"who,when,where,what,why",这五个w是新闻写作的五要素,谁、什么时候、哪里、什么事情、为什么,都要精确地、具体地表述出来,这样才能实事求是地反映客观事实。

对于新闻来讲,写得具体,新闻的可信程度就高。有人认为,要把事实写得具体就得用形容词,动辄"高度重视、充分肯定""积极行动、认真部署",这一类词句其实并不能使人对客观事实有一个切实具体的感受。还有的记者喜欢用含混不清的语句来代替清楚明确的语句。比如用"最近""这段时间""近年来"等比较含混的字眼来代替可以表明的具体时间;有的用"许多""无数""广大"等比较笼统的语句来代替可以表明的具体数量,这些词语直接影响了新闻的真实、具体性。

模糊性语言表示概念的内涵、外延都难以明确界定,相对于精确语言来说,它的主要特点就是表达的概念模糊不清,具有不确定性。新闻写作要求准确具体,应尽量避免这些模糊性语言。

(二)语言要简练通俗

新闻要求快,要求迅速及时,这就决定了新闻语言要简明扼要、开门见山、直截了当。一条新闻只报道一件事实或只写出一个人物。这样,内容和结构都比较简单,容易做到条理分明、头绪清楚。用语选择时要用最接近口语形式的书面语写报道,尤其是广播、电视新闻所用的语言,更应该接近口语。媒体是面向大众传播的,一定要考虑传播效果,在可能的情况下,要尽少用或避免使用只有少数人或部分人才看懂、听懂的一些字眼或话语。

(三)新闻写作要删繁就简

"删繁就简三秋树"——这句话应该是新闻写作的秘诀。作家鲁迅和老舍都说过类似的原则,写文章尽量把那些可有可无的字句去掉,而且尽量不用形容词。读者读报是"站着读"的,所以,记者出身的美国作家海明威说,记者写新闻也应该是"站着写"。站着写不是太累了吗?累了就不会说长话了。

在网络传播的背景下,这种写作方法就体现得更加突出了。2017年6月21日,新华社官方微信推送了一条新闻《刚刚,沙特王储被废了》,全文很简洁:标题仅仅9个字,内文30余字。然而这篇推送却产生了很高的关注度。随后,"刚刚"一词成为一个网络热词,这种报道方式也被广泛使用。后来,新华社又陆续采用了同类的报道方式,如2018年6月推送的《刚刚,美国宣布退出联合国人权理事会》《刚刚,金正恩和特朗普见面!》,两条推送的内容分别为88字和30字。

当然,删繁就简不是一味求短。近年来,"一句话新闻"在各路媒体上遍地开花,它的最大特点是短,这对于加大新闻信息量起到了积极作用,但是不是越短越好?显然不是。衡量一篇新闻作品的长与短,不能单单看它的文字多少,而首先要看它是不是把要讲的事实都说清楚了,把受众关心的问题都交代明白了,有没有可有可无的废话。例如毛泽东同志写的《中原我军占领南阳》这篇新闻,全文就有二十六句话,一千一百多个字。而且大多数篇幅写的还是南阳是兵家必争之地的历史,不但写了曹操、刘秀、还写了二十八宿。如果把这些背景文字删去,压缩成"在人民解放军的攻势下,南阳守敌王凌云于四日下午弃城南逃,我军当即占领南阳"这样的一句话新闻乍听起来也是可以的,但是不得不承认,这样一删就不像原文那样有可读性、可听性了。

那么什么样的新闻适宜写成"一句话新闻"呢?应把握两点:一是只用一句话就能把该告诉受众的事情说明白,不需要再写第二句话的新闻。二是为了抢时间,先用一句话迅速把受众急需了解的重要事实报道出去的新闻。

(四)恰当运用文学语言

新闻写作并不是完全排斥文学语言,恰当地使用文学语言有助于新闻作品的生动鲜活。

比如,可以用"镜头语言"突出主题。在文学和新闻作品中,我们时常可以发现一些生动的描写,或丹青渲染的风景,或一连串传神的动作,让读者身临其境,这就是镜头语言,用这种手法写作的新闻也就是所谓的"视觉新闻"。视觉新闻中,"特写镜头"更能突出细节,传达人物的思想感情变化,交代与情节发展密切相关的动作,突显作品主题。当然,要写好"镜头语言",不仅要求记者有一定的文学功底,更要求深入采访一线,用心观察,捕捉最生动、最有说服力的第一手材料,截取人物传神的语言、动作等细节。

再如,要善于运用口语和歇后语。要想把新闻写得生动活泼,深入浅出,运用丰富多彩的群众口语和歇后语是一个不错的选择。歇后语集诙谐幽默于一体,集中反映了劳动人民的聪明才智,有很强的生命力和表现力。

另外,修辞能提高表达的准确性,增强说服力。一个新鲜、精彩的比喻,可以使抽象的概念形象化,复杂的事物简单化;一个幽默的反语,能使语言活泼有趣,还可以让受众通过联想、对比,深刻地理解新闻工作者对事物的评价和态度。同样,反问、感叹、对偶和排比等,都可以增强文字的表现力。

(五)不要排斥网络语言

网络流行词的出现一直是比较有争议的,一方面它能调动受众的兴趣,有亲近感;另一方面,也对规范的语言是一种挑战和冲击。因此,媒体一直以来对网络语言的使用是比较谨慎的。但这并不意味着新闻报道不能使用网络语言。只要用得恰当,就能够提升报道的可读性。比如在大型主题报道《还看今朝》中,就用到了很多网络流行语:"发烧友""洪荒之力""宅男腐女""棒棒哒""厉害了我的四川""前方高能预警",这些网络流行词汇,具有生动的表现力。解说词还引用了网友的调侃"上午在西安看兵马俑,下午在成都看大熊猫,晚上再吃一顿火锅",在幽默中说明了西成铁路的重要性,让受众在熟悉的词汇中,理解新闻节目表达的信息。

二、写作内容的故事化安排

记者可以采用讲故事的方式,提升新闻内容的可读性方面。新闻故事化,故事人物化,人物细节化,这是需要记者不断去思考和实践的方法。

讲故事是新闻的一个巨大魅力,提升新闻内容故事性能够更好吸引受众,促使新闻报道更加具有生动性。很多记者并没有认识到新闻报道故事性的重要作用,在新闻写作过程中,更加关注新闻写作宣传性,这就使得新闻写作故事性并不强,新闻内容吸引力不高,不具有可读性。尤其是涉及时政报道时,就更需要提升新闻报道故事性,更好吸引群众注意力,使得报道更加生动、更加新颖。

比如,获得第二十七届中国新闻奖文字通讯类一等奖的《别了,白家庄矿》,就在故事性上表现得特别突出。2016年,我国全面推动供给侧结构性改革,当然重点是推动煤炭、钢铁行业"去产能"。山西在全国率先启动供给侧结构性改革,全年关闭25座煤矿,退出煤炭产能2325万吨,居全国第一。关闭煤矿是一个痛苦的过程,"人往哪里去"是其中的核心问题。在与煤矿工人采访接触的过程中,记者有感于几代人的付出与贡献,敏锐地捕捉到一座80年老矿中两对矿工父子这样的"典型煤矿的典型代表"写作中,记者通过小切口反映大事件,小人物诠释大情感,以"煤矿的告别"和"人的告别"为新闻的主、副线,以"矿的新生"和"人的新生"为内核,将中国"去产能"的重大意义灌注于两对父子的故事中,饱含希望,寓意深远,反映现实,打动读者。可以说,这是一篇以小见大,以人见事,以情动人,有亮度、有温度、有深度的优秀稿件。

再比如,在典型人物的报道中,通过提升报道故事性,可以促使典型人物形象深入人心。以2012年郭明义的相关新闻报道为例,对于这样一个有血有肉的生动典型,必须通过大量的故事来凸显其公众模范性。因此,媒体也挖掘出了很多生动的故事。诸如,白血病的孩子花光工人家庭中所有的钱,孩子的生命危在旦夕,这时,素昧平生的普通工人郭明义走进了孩子的生活,虽然郭明义工资不高,但是他养成了帮助比自己更困难的人的习惯。故事性典型人物报道可以使得典型人物报道的吸引力更强。

这一方法,在政论专题片中也有所体现。政府专题片要达到最好的传播效果,除了要把握思想性和理论性,也要注重其观赏性。以央视推出的《将改革进行到底》为例,之所以能够在社会上产生广泛影响,一个重要的因素是其引人入胜的创作手法。一是将宏大主题落实到生动细节。全面深化改革,是促进社会公平正义、增进人民福祉的宏大布局。如何让这样一个宏大的主题贴近人民,这就需要落实到生动的细节上。片中用到了习近平总书记这样几段同期声:"新年之际,我最牵挂的还是困难群众,他们吃得怎么样、住得怎么样,能不能过好新年、过好春节。""未来五年,我们将使中国现有标准下7000多万贫困人口全部脱贫。""我们在抓扶贫的时候,切忌喊大口号,也不要定那些好高骛远的目标。扶贫攻坚就是要实事求是,因地制宜,分类指导,精准扶贫。"这样生动的话语将"增进人民福祉"表现得形象而具体。而在第十集《人民的获得感》中,大凉山"悬崖村"、湘西十八洞村、贵州惠水县等地的事例,也是对"人民对美好生活的向往,就是我们的奋斗目标!"最好的证明。二是理论讲解能够用实例支撑。全面深化改革涉及社会生活中方方面面存的问题,专题片在解读这些问题时,不仅运用了一些专业术语,同时还用叙述的方式将抽象的理论通过人民群众身边生动的改革故事体现出来,通俗易懂。以第二集《引领经济发展新常态》为例,片中提到,经济体制改革是全面深化改革的重点,其核心问题是处理好政府和市场的关系,使市场在资源配置中起决定性作用并更好地发挥政府作用。而经济领域的专业问题对于一般群众来说,有时难以理解。因此片中用了大量的实例作为支撑。比如对于供给侧改革,以佛山陶瓷业的发展为例进行了讲解;比如对于农村土地"三权分置"的思路,则举了安徽省天长市大通镇齐庙村的一个例子。

三、背景材料的合理使用

在新闻中说明事物来龙去脉的材料,称为"背景材料"。背景是为了突出所报道的事物意义,说明事情产生的原因、条件、环境等,或是对某一事物做必要的注释。它对消息中所报道的主要事实起补充、衬托的作用,有助于深化新闻主题,加深读者的印象,帮助读者进一步了解新闻内容。它是新闻的有机构成部分。在新闻写作中,对于任何一个事件、讲话、情况或数据,只有充分地交代来龙去脉,才能确切地反映客观事物。如果不交代来龙去脉,这个事件的意义就不完整。

如《还看今朝·西藏篇》中有这样一段解说词:2016 年 7 月 12 日,西藏博物馆展出了著名唐卡画师罗布斯达在布达拉宫面壁八年,绘制而出的 18 幅素描唐卡,这 18 幅唐卡根据布达拉宫伦朗殿壁画临摹而成,平均每幅要画 200 多个佛像、人物、宫殿和动植物等。其实,面壁八年的罗布斯达还做了一件让大家吃惊的事。五年前,他被评为"勉萨派国家级传承人",同年他创办了西藏唐卡画院,在唐卡画院里,罗布斯达将绘画技巧毫无保留地传授给学生。现在,画院培养了 300 多名来自全国各地的学生,除了在传习基地里学习,他们还可以参加西藏的唐卡博览会、唐卡论坛,相互切磋交流。

这段解说词对罗布斯达的人物背景介绍,表现出他在非遗传承方面所做的贡献,也让受众认识了唐卡画师罗布斯达的努力。他毫无保留地教学生绘画的技巧,培养出了一批专职唐卡画师的优秀学生,传承人人数越来越多。唐卡绚丽的色彩,精美的制作,拍摄的画面生动美妙,配合解说的讲解让我们对唐卡这个非物质文化遗产有了更深的认识。

新闻背景材料通常包括以下一些方面:一是有关新闻事实本身的历史状况,以便读者用现在同过去相比较;二是与周围事物的对比;三是与不同方法、不同形式的对比;四是事物产生、发展的多种因素的相互制约;五是不仅要反映某一事物本身,还要从宏观范围中看出它的地位、作用、影响以及与其他方面的联系;六是有关事物的专门知识,有关某一问题的各种观点、看法以及各种学派、各种艺术流派和学术见解的介绍等;七是有关某人某事、某地的轶事、传闻和历史、地理、风俗习惯的介绍;八是在人物介绍中交代有关身世、经历和在某一方面的成就等;九是报道新产品、新技术、新发明等,要简要说明它的经济价值、科学价值及其性能特点；十是在新闻中用了不为一般读者理解的名词、术语和专业用语，必要时要加以解释。

新闻背景在新闻写作中是十分重要的，但是在使用时一定要注意繁简相宜，要有所选择，尤其是不能弱化主体内容的比重。那究竟要在什么情况下选择新闻背景呢？

首先，一些新闻事件的发生具有一定渊源，但这些渊源并非为广大受众所熟知，如果欠缺了对于背景的描述，就会造成新闻空洞等现象。例如我国领导人与藏区人民一同欢度藏历年，如果在新闻一开始就提到领导人与大伙儿快乐起舞的场面，而没有简单介绍藏历年等相关信息，则容易使人难以进入一个良好的新闻阅读状态。

其次，当某个新闻事件是由之前一些先决条件引起的，则需要对之前的状况做一个大致说明。例如"云南高院再审李昌奎强奸杀人案，当庭改判死刑"这一新闻，作为一个记者，不能只是就高院再审情况进行报道，而是应该首先对李昌奎强奸杀人案的来龙去脉做一个说明，再由此引出再审判决，这样才能便于读者更好地接收信息。

另外，对于某些专业性较强的新闻，涉及专业术语和专有名词的时候，记者应该在新闻稿件中就某些术语进行解释或者标注。例如中新网 2009 年 9 月 25 日对我国地质部门在青藏高原上发现了一种名为可燃冰的环保新能源的报道中，就专门为大家介绍了可燃冰的详细情况，这样一来，读者也能更好地理解发现这一新能源的重大意义，从而对整篇新闻稿件有更为充分、全面的认识。

有时候，面对一篇枯燥无味的新闻报道，记者需要增加一些新闻趣味，这个时候也能选择运用新闻背景。

新闻背景的写作要求是：1. 根据需要添加新闻背景。每一篇新闻报道都具有鲜明的差异性，并不是所有的新闻稿件都有添加新闻背景的必要，记者要根据实际情况，根据自己的需要添加，不能一概而论。2. 添加背景要全面，尽量满足受众多方面需求。记者在收集材料的时候就要对历史背景、地理背景、人物背景、事件背景、社会背景等都有所涉及，最后在筛选运用的时候才能得心应手。3. 写作中对于背景的介绍要简明扼要。新闻背景在整篇新闻稿中应该起辅助作用，不能详略失当。4. 背景材料的说明运用要灵活得当，不能牵强附会。一篇新闻稿中，背景和文章主体要巧妙结合，融为一体。如果背景的设置使得文章整体性不强，则难以达到预期的效果。

四、善于用数字说话

客观世界的一切事物,对质和量两个方面都有规定。因此,我们写新闻报道时,既要注意使人们认识事物的质,又要使人们把握事物的量,做到"心中有数"。从新闻写作来看,数字具有简练、准确、醒目、直观等特点,它是其他文字所无法代替的。用数字说话,可以通过反映事物的量,来表现事物的发展变化,准确说明事物的质的规定性。

新闻中运用数字,要注意以下问题:一是所用数字要认真核对,看是否真实可靠,表达方法是否合理,比例的计算是否准确;二是运用数字要根据质与量的辩证统一规律,注意与事物发展的一定阶段相适应,不能离开整个事物发展过程;三是要把握事物的最佳量;四是要注意事物各方面数量之间的相互关系,选择最有代表性、典型性、综合性的数字来说明问题;五是报道各种数字一定要实事求是,不能弄虚作假;六是报道某方面的数字,应说明材料的来源和根据,以增加其可信度。

比如在《还看今朝》中就涉及了大量的数字,脱贫人数、绿化面积、建筑面积等都需要用数字去表示,让受众直观地感受。形象具体的数字,利于受众理解所要表达的信息。同时,片子在使用数字时还用到了不同的方法。1.数字的转换。数字是我们日常生活中经常接触的,理解并没有难度。如果只是罗列数字,没有相关处理,直接明确的数字,无法吸引受众。片中几处解说词的处理都运用到了对数字的转换,便于受众理解。《西藏篇》这样说道:"这五年青藏铁路运输旅客超过一亿人次,其中拉日铁路运输旅客近 300 万人次,如果按照每人消费 100 元计算,相当于拉动了三亿元的消费。"《云南篇》这样说道:"对于他们来说,每年比平时要多穿烂 5 双鞋、多走 300 万步扶贫路,这个距离相当于昆明与成都两地间,徒步往返一次。"2.用数字做对比。《贵州篇》这样说道:"贫困人口从五年前的 1149 万下降到 2016 年年底的 372 万人,也就是说,以前每 10 个贵州人就有 3.3 个贫困人口,而现在则下降到了每 10 个人中有 1 人贫困。"五年来脱贫人数的对比,可以看出贫困人口的下降,我们真真切切地感受到贵州在发展,脱贫攻坚战在进行中。《四川篇》也用到了数字的对比:"兴康特大桥的设计师设计一个普通桥需要看 4 到 5 本图纸,而这座桥看了 20 本图纸。"片子从看图纸的对比中侧面描述设计的难度,让我们记住了这座大桥和设计师,加深了理解。

随着大数据时代的到来,大数据已经对整个新闻行业产生了以下更广泛的影响,具体体现在:新闻选题的确定更加精准、新闻客观性有了更好的保障、对新闻从业者有了更高的要求。而在新闻写作方面,数字对新闻写作的影响不只是体现在个别数字的运用上,还出现了大量的数据新闻。在新媒体领域,每年都有面向业界和学生的数据新闻大赛。传统媒体也通过大数据不断创新报道形式,挖掘报道深度。《数说命运共同体》就是一个典型的代表,其在数据的使用上体现出了以下三个特点:

一是海量数据的可视化。《数说命运共同体》的系列报道建立在海量数据挖掘和可视化手段的基础上。首先,为获取一带一路的相关数据,《数说命运共同体》充分利用其专业、资金、技术和人才方面的优势,对国家发改委、商务部、国资委、统计局、海关总署、国家信息中心"一带一路"数据库、中科院地理研究所、世界银行、世界贸易组织等所有可能获得的数据进行广泛的收集,最终获得了相当于1亿部高清电影的海量数据。其次,《数说命运共同体》采用丰富多彩的数据可视化技术,例如使用三维动画动态展示"一带一路"的路线图。此外,《数说命运共同体》还使用词云、数据地图等可视化方式来介绍"一带一路"的相关知识和数据,使观众获得更好的视听体验。

二是挖掘数据背后内在的深层联系。在突破数据收集的壁垒之后,如何挖掘数据背后的内在深层联系又成为新的难题。这需要新闻工作者通过敏锐的新闻嗅觉,在过去经验的基础上发现出这些数据之间蕴含的内在联系,并通过分析方法对这些存在的关系进行一一验证。因此,央视《数说命运共同体》在节目筹备的过程中,引入很多新闻经验丰富的工作者,不同行业领域的前沿者,以及专业的分析机构共同参与到新闻报道项目中,利用多方面的知识和数据经验从海量数据中选取出一批有价值的基础数据。通过对基础数据库进行深入挖掘,最终发现这些数据的内在关联。例如,为了获得"一带一路"沿线国家的海运增长数据,央视聘请了5名数据分析师,用20天的时间对全球30万艘大型货轮的GPS信号进行了分析处理,最终得出所需的数据。

三是数据与生活的巧妙连接。单纯的数据分析会给观众带来一种枯燥和乏味感,而单纯的生活热点介绍也会使观众对新闻报道的价值不以为意。央视《数说命运共同体》将枯燥的数据和现实的生活进行巧妙连接。例如,节目中有一个关注点是方便面。它是生活中常见的一种食物,但是通过对方便面背后海量数据的挖掘,使观众发现中国每年对方便面的消费数量对"一带一路"沿线国家棕榈油的产出和清洁能源的发展做出了重大的贡献。通过将日常性和专业性相结合,激发观众的观看兴趣,强化节目的专业性,《数说命运共同体》把枯燥的数据转化成日常生活中的事物,让枯燥的数据变得鲜活起来,使新闻报道更具意义和价值。

第四节　如何写好消息

消息写作需要对标题、导语、主体、背景、结尾等结构中的每一个部分的写作要求都准确把握。其中,导语和主体的结构安排是写作的重点。而导语的写作方式又与结构的选择紧密联系。因此,本节重点讨论消息的结构,并通过案例为大家呈现消息写作的技巧。

一、消息的常用结构

虽说"文无定法",但消息写作在长期的实践中还是能够总结出一些常用的结构形式。

(一)倒金字塔式结构

这种结构起源于19世纪60年代美国南北战争期间。当时人们渴望迅速获得战争消息,但是当时的电讯事业尚不发达,电极经常中断。所以为了尽可能地把新闻中的主要信息抢先发出去,必须把最重要的内容放在消息的最前面,次重要的内容放在稍后的位置上,最次要的内容则放在尾部。这种结构有点儿像倒置的埃及金字塔:上重下轻。后来人们就将这种消息的结构称为倒金字塔式结构。

该结构在写作时根据材料的重要程度排序。导语:时间、地点、事件、人物;主体:原因、过程、背景;结尾:其他相关信息。

【例】《17岁华裔女生获美国西屋科学头奖》

美国西屋科学天才奖评委会的人士14日说,美国17岁的华裔女高中生艾琳·安·陈因在研究与淋巴癌有关的基因方面取得成就,获得了今年西屋科学天才奖的头等奖——4万美元的大学奖学金。

艾琳·安·陈来自美国西海岸圣迭戈市,她在研究中成功地将两种与淋巴癌有关的基因分离出来,并经过实验弄清了两种基因在癌细胞扩散方面的作用,从而为进一步研究淋巴癌提供了重要依据。

美国西屋科学天才奖创立于1942年,每年评选一次,今年是第54届。据介绍,在美国西屋科学天才奖的历届获奖者中,迄今已有3人获得诺贝尔奖。

(二)编年体式结构

编年体式结构又叫时间顺序式结构,就是按照事件发生发展的自然顺序来组织文章。这种结构的躯干部分是名副其实的"主体"部分,它一般按照新闻事实发生、发展的时间顺序从前到后进行写作,目的是将新闻事实及其发展中最重要的部分交代清楚。

【例】《农机下乡了》

省机械部门今天举行送农机下乡活动。

上午8点,下乡车队从省政府门前出发,令人意外的是车队并没有直接奔赴宾县白桦村,而是在省各大机关和商业闹市区转起了圈子。两个小时后,车队又转回省政府,人们情绪更加高涨,锣鼓也敲得更响了。上午11点,浩浩荡荡的车队终于出城,正常40分钟的出城路,走了3个多小时。中午12点,车队到达宾县,场面也更加热闹,在警车的开道下,车队又在宾县的大街转起圈子,最后驶进宾馆用餐。下午2点,车队终于到达此行目的地宾县白桦村,听到消息的农民们一拥而上,细细打量着这些馋人的宝贝。

【同期声】农民:事先告诉一下就好了,买大件得凑钱。在组织者的指点下,记者找到了一位正在点钱买车的农民。

【同期声】农民:我是半月前买的,这次他们特意让我来参加一下这次活动。

下午3点,浩浩荡荡的车队匆匆离开了白桦村。这次活动历时8个小时,与农民见面的时间不足1个小时,整个活动耗资18000元,工作人员260多人,除组织者特别安排的农民,没有卖出一台农机。

(三)悬念式结构

即在消息的开端之处设置一个充满悬念的导语,巧妙地点出新闻事实中最精彩或最重要的部分,吊住读者的胃口,然后在消息躯干部分对导语内容进行扩大和深化。

【例】《的哥马路飞车,原是助警擒歹徒》

cctv.com消息(新闻社区):上海的钱师傅是一个开了六年出租车的司机,前几天凌晨,一向遵守交通规则的他,竟然在马路上玩起了赛车游戏,但让人奇怪的是,钱先生不仅没有被交警扣分罚款,反而还受到了警察的表扬。究竟是怎么回事呢?

当天凌晨,钱师傅突然听到了一位女子的求救声,热心的钱师傅赶紧停车。一打听,原来这女子被两名年轻男子持刀抢劫了。二话没说,钱师傅立刻驾车追赶。钱师傅一直追到乌鲁木齐路与五原路路口,看到了两个犯罪嫌疑人,其中一个身上挂红色挎包的人,上了一辆出租车。看准了歹徒坐上的那辆出租车牌号,钱师傅一边飞车紧追不舍,一边用手机拨打110向警方实时通报歹徒的位置。十多分钟后,经过近7公里的追踪,歹徒终于被警方成功围堵。

见义勇为的钱师傅,不仅抓到了歹徒,自己也没有受到任何伤害。昨天,上海市公安局特意为钱师傅送上了见义勇为的慰问金。

(四)并列式结构

即在消息中将两种同类事实进行并列阐述,综合类消息多采用此类结构。

【例】《国庆黄金周我省各地旅游成果丰硕》

今年的国庆黄金周,我省各地假日旅游市场持续火爆,游客接待量和旅游收入实现双增长,多地创历史新高,全省未发生重大旅游事故,旅游安全和旅游质量效益均取得较好成绩。

黄金周期间,晋中市民俗游、古建游、垂钓游、乡村游和红色游相互促进,旅游经济增长强劲,旅游接待量和旅游收入居全省第一。其中,平遥古城继续推出多项表演性和游客参与性活动,吸引了大批游客。

大同市……忻州市……朔州市……吕梁市……阳泉市……长治市……晋城市……临汾各大景区……运城市……

这是山西台综合报道的。

(五)背景介绍式结构

在这种结构中,背景不只是补充材料,而且成了消息的主体。

【例】《人工林来了野生鹿》

人工林里来了野生鹿!今天早晨记者一走进拜泉县北部的这片人工林,一大群鹿就闯进了镜头。转过一道山梁,又一群野鹿出现了。远远看去,雄鹿在警觉地巡视,母鹿在悠闲地觅食。

拜泉县以前是一个水丰林茂的地方,獐狍野鹿云集。20世纪60年代开始,为了多产粮,大量林地被开垦为耕地,山区也变成了一片片连小树都看不到的荒坡地。毫无节制的开垦使拜泉县生态环境遭到严重破坏,森林草原所剩无几。

17000多条水蚀沟将拜泉大地切割得支离破碎。别说獐狍野鹿,连只野兔野鸡都很难觅踪迹。苦于生态恶化带来的连年不断的风灾、水灾和旱灾,20世纪80年代,80万拜泉人开始了恢复生态的伟大壮举,20年栽下了120万亩人工林,全县森林覆盖率由2%提高到23%,拜泉县也成了全国第一个生态建设标兵县。

生态环境好了,久违的野生鹿又回到了拜泉,还有这只扬起大尾巴飞跑的大兴安岭灰狐;几只狍子见到来人更是惊慌地扬起一片雪花一头钻进了密林深处。

二、倒金塔结构修改稿范例

在以上几种消息结构中,倒金字塔结构是最基础的,也是最重要的。或许有人会说,这种结构太古老,太死板。但是,我们必须认清掌握倒金塔结构的必要性。对于新闻写作来说,倒金塔结构是人们从一般的写作思维向新闻写作思维转变的重要桥梁。对于记者新闻素养来说,其结构安排,是对素材分门别类能力的体现,有助于提高记者对新闻素材价值高低的判断力。对于新闻选题来说,很多时效性强的动态消息都适合用倒金塔结构去呈现。大家可以通过下面两个对比稿,对倒字塔结构有更深入认识。

【原稿】河北廊坊一幼儿园教室发生坍塌

2014年12月13日15时59分,河北省廊坊市永清县刘街乡徐街村春蕾幼儿园一间教室坍塌,教室内正等待放学的部分幼儿被掩埋。

永清县委宣传部通报称,事故现已排除人为因素,具体坍塌原因正在进一步调查中。春蕾幼儿园发生坍塌的2间教室,为该园今年8月份私自扩大规模,将原村委会办公用房租赁改造用于教学的房屋。

该园坍塌教室是否系危房,目前尚未有权威消息公布。但经记者核实,坍塌的教室至少在8年前就已存在。据徐街村一位要求匿名的男性村民称,今年5月份,春蕾幼儿园曾雇工对包括此次坍塌房屋在内的原村委会办公用房进行整修,改造成学生教室和宿舍,该村民参与了当时的整修。"他们出的钱,只够把房顶漏的土补上,再换个门窗装个吊顶。"工程只持续了十几天。

经记者核实,坍塌的教室为砖瓦结构,屋顶采用木材、芦苇席、泥土、瓦片四种材料构建。至少3个独立信源证实,部分教室墙壁由红砖、泥浆砌成。

按河北省利用农村闲置校舍改建规范化幼儿园办园条件基本要求,改造后的园舍建筑应安全坚固、功能齐全、适用,造型简洁大方、活泼美观,体现儿童特点,应根据幼儿园园舍的使用要求和当地抗震、防雷电等防御各类重大意外灾害的相关规范要求来改造农村闲置校舍。

春蕾幼儿园经该县教育局审批、民办建园,占地面积1900平方米,建筑面积680平方米,均为一层瓦房。该园曾被永清县教育局授予"2011年度诚心幼儿园"称号。其法人代表兼园长郑冬梅,49岁,原籍刘街乡徐街村人。该园周一至周六为在园时间,上午8时入园,下午4时离园。因一些家长周六、周日外出打工,孩子需要幼儿园照看,因此事发时虽为周六,但仍有幼儿在园活动。

春蕾幼儿园位于徐街村村委会西侧,园区由两部分组成:老园区为一排黄色的教室、宿舍,新园区为两间白色的教室和宿舍,位于徐街村村委会院内。幼儿园与村委会之间有小门供师生出入。

该园学前班一年级教师刘素兰介绍,该园学前班一年级共有两个班,坍塌的白色教室是其中一个班的教室。

徐街村一任姓村民回忆,13日下午4点她到春蕾幼儿园接孙子,"还没看见我孙子,就听见村委会院里响了一声,旁边的人说房子塌了,里面还有孩子。"

另有两名张姓村民听到倒塌声后赶到幼儿园,"教室南面的墙倒了,房顶砸屋里了。"这两名村民和陆续赶来的村民一起徒手刨开房顶上的瓦片。从刘街乡派出所赶到现场的一位胡姓负责人回忆,现场自发参与救援的村民不下50人。

当天16时许,大班的田老师听到消息后赶到学校,"进去就看见园长(郑冬梅)坐在废墟边上快哭晕了。"田老师说,郑冬梅几近昏厥,有村民掐她的人中,"她喊别救我,救学生。120把她拉走了。"

废墟清理工作一直持续到当天深夜。事故共造成该园学前班一年级3名幼儿死亡、3名幼儿受伤。事发后,该幼儿园责任人已被警方控制。

【修改稿】河北一幼儿园教室坍塌致3名幼儿死亡

12月13日15时59分,河北省廊坊市永清县刘街乡徐街村春蕾幼儿园一间教室坍塌。事故共造成该园学前班一年级3名幼儿死亡、3名幼儿受伤。事发后,该幼儿园责任人已被警方控制。事故现已排除人为因素,具体坍塌原因正在进一步调查中。

徐街村一任姓村民回忆,13日下午4点她到春蕾幼儿园接孙子,"还没看见我孙子,就听见村委会院里响了一声,旁边的人说房子塌了,里面还有孩子。"

另有两名张姓村民听到倒塌声后赶到幼儿园,他们和陆续赶来的村民一起徒手刨开房顶上的瓦片。刘街乡派出所的一位胡姓负责人回忆,现场自发参与救援的村民不下50人。

永清县委宣传部通报称,春蕾幼儿园发生坍塌的2间教室,为该园今年8月份私自扩大规模,将原村委会办公用房租赁改造用于教学的房屋。

该园坍塌教室是否系危房,目前尚未有权威消息公布。但经记者核实,坍塌的教室至少在8年前就已存在。今年5月,春蕾幼儿园曾雇工对其整修房顶、吊顶、更换门窗。

经记者核实,坍塌的教室为砖瓦结构,屋顶采用木材、芦苇席、泥土、瓦片四种材料构建。至少3个独立信源证实,部分教室墙壁由红砖、泥浆砌成。

按河北省利用农村闲置校舍改建规范化幼儿园办园条件基本要求,改造后的园舍建筑应安全坚固,功能齐全、适用,造型简洁大方、活泼美观,体现儿童特点,应根据幼儿园园舍的使用要求和当地抗震、防雷电等防御各类重大意外灾害的相关规范要求来改造农村闲置校舍。

春蕾幼儿园经该县教育局审批、民办建园,占地面积1900平方米,建筑面积680平方米,均为一层瓦房。该园曾被永清县教育局授予"2011年度诚心幼儿园"称号。该园周一至周六为在园时间,上午8时入园,下午4时离园。因一些家长周六、周日外出打工,孩子需要幼儿园照看,因此事发时虽为周六,但仍有幼儿在园活动。

三、获奖消息案例分析

在2014年第二十四届中国新闻奖评选中,《甘肃新闻》播发的《21张火车票,敦煌全城找主人》获得消息类二等奖。该作品播出后在社会上产生广泛的影响,中央电视台、新华网等主流媒体也进行了转载。产生这一效果的原因不仅与这一选题本身的价值有关,与作品中体现的记者扎实的采写功底也密不可分。作品中导语的设计、结构的安排、解说词的语言、同期声的选择等都非常用心。

(一)悬念式导语吸引观众

一则完整的电视消息,由标题、导语、主体、背景、结尾组成。其中,作为新闻报道精髓的导语,是重中之重。导语是整篇消息的第一个单元,因此必须在一开始就起到提示新闻要点与精华、引导视听的作用。导语写作的特点是做到选材精粹、具体形象、简短精练、照应主体。为了达到最好的传播效果,记者还需要选择恰当的写作方式。

那么导语的写作有哪些类型?不同类型的导语有什么样的特点?下面我们将案例中的导语与其他报道对同一事件所设计的导语进行比较。

【导语一】

国庆长假,大家都盼着玩得开心,出行顺顺利利。可是,五名江苏游客在甘肃敦煌旅游时偏偏把21张当天下午的实名制联程火车票弄丢了。在人山人海的敦煌旅游旺季,票能够找回来吗?

——2013年10月8日《甘肃新闻》
《21张火车票,敦煌全城找主人》

【导语二】

10月3号,5名来敦煌旅游的江苏游客,由于大意而丢失21张火车票,然而幸运的是,在敦煌市出租车司机及运管、公安和各景区管理部门的共同努力下,这21张火车票最终找到了主人,也让这5名江苏游客得以顺利返程。

——2013年10月6日《甘肃新闻》
《敦煌:失而复得的21张火车票》

【分析】

导语一是案例中的导语,其中只提到了事件的部分要素,告诉观众五位游客把非常紧俏的火车票丢了,对于火车票是否能找到这样一个吸引观众的兴趣点,则用问句的形式设置了一个悬念。导语二则要素俱全,交代了时间、地点、人物、事件及事件的简要过程,概括地阐述了新闻的基本事实,让观众从一开始对新闻就有了初步地了解。

两则导语,一则开门见山,一则设置悬念,其实也就代表了两种常见的导语类型,即直接式导语和延缓式导语。直接式导语直接陈述新闻事实,开宗明义,是以概括的、直播陈述的方式写作的导语。延缓式导语,不直接陈述主要新闻事实,而是运用描写、气氛渲染、解释、设问等手法先写一些相关的东西,再引出新闻事实。不同的导语可以产生不同的传播效果,但相比较来说,导语一中延缓式的导语更具有故事性,更能吸引观众进入情境,想进一步了解事情的细节。

通过案例可以发现,设置悬念是写好延缓式导语的一种有效办法,对于一条电视消息来说,能不能一开始就激起观众的收视兴趣,主持人播报的导语至关重要。由于悬念式的导语可以激发观众的好奇心,因此在电视消息中使用越来越广泛。尤其是一些发生在老百姓身边的民生新闻,本身就有一定的故事性,再通过悬念式的处理更能引起观众的关注。案例中的事件本身就是社会中一件偶发的事件,情节紧张曲折,很适合用悬念式的导语,央视新闻频道在转播这条消息时,导语虽然做了改动,但同样也采用了悬念式的写作手法。

【导语三】

国庆长假期间,甘肃敦煌迎来了大批游客,在游玩当中如果丢了东西一定会很扫兴。10月3号,敦煌的一名出租车司机就在车上捡到了游客弄丢的21张火车票。这些火车票能回到主人的手里吗?一起来看一看。

——2013年10月6日《整点新闻》
《甘肃敦煌:司机拾到21张火车票,全城寻失主》

此外,导语写作还可以与结合描写、对比、设问等手法。那么如何写好电视消息的悬念式导语呢?有三个方面必须做到,即:要符合一般消息导语的写作要求,开门见山,简明扼要;要符合电视写作的要求,口语化,简洁化;要懂得如何设置悬念,抓住关键,留有余地。

案例中的导语一在一开始,就用简洁、生动的语言道出新闻由头,"国庆长假"交代了事件背景,"大家都盼着玩得开心,出行顺顺利利"交代了这个事件与国庆出行有关,跟观众的生活息息相关,具有贴近性。

导语的第二句是"可是,五名江苏游客在甘肃敦煌旅游时偏偏把21张当天下午的实名制联程火车票弄丢了。"这一句让观众一听就知道该事件的一些概况,展示了新闻事实的基本要素。

导语的最后一句"在人山人海的敦煌旅游旺季,票能够找回来吗?",用"人山人海"渲染气氛,设置悬念,自然而然地引出问题,"票能够找回来吗?"这种生动的表达方式,吸引观众知道,这么多的票到底能不能找到,怎么找到的,又是怎么丢的……

需要注意的是,设置悬念的手法虽然能够产生较好地传播效果,但也不能不加考虑地乱用。一则消息篇幅短小,但承载的信息量却不小。所以消息的每一个部分都要发挥最大的作用,这就要求作为开篇的导语要把开门见山的要求放在首位,让受众一看(听)导语就知道消息要传播什么样的信息。如果只是一味地吊观众胃口,却不涉及事件的一些关键要求,让受众不知所云,那这样的导语便是败笔。

美国哥伦比亚大学新闻系教授麦尔文·曼切尔曾说:写好导语等于写好了消息。美国新闻学家赫伯特·里德也说:导语是新闻的生命所在。由此可见导语对于消息的重要性,因此,学习消息写作必须首先练好导语的写作。

(二)时间顺序脉络清晰

如果说主题是稿件的"灵魂",素材是稿件的"血肉",那么,结构就是稿件的"骨骼"。恰当的结构能将采集的素材进行合理安排,把素材的作用发挥到最大,从而更好地烘托主题。电视消息《21张火车票,敦煌全城找主人》在用悬念式的导语引入后,按照事件发生的顺序进行讲述,思路顺畅,便于接收。通过其中部分解说词和同期声,就可以清晰地看出其中的结构安排。

【正文】

10月3号中午,他在车里意外发现一沓旅游黄金周里最为紧缺的火车票。他开车直奔运管所,瞬间敦煌城内所有的出租车顶灯上全部出现了寻找江苏苏州5名游客丢失火车票的信息。一小时过去,还是没有消息,离开车时间越来越近。最终辖区派出所传来了让大家期待的消息……

【同期声】

敦煌沙州派出所民警龚建军:……十分钟左右她就赶到了派出所。江苏苏州游客祝苡:我很感谢你们……

【正文】

21张票终于在火车开车前回到主人身边,主人最终顺利踏上了返程的旅途。

显而易见,案例中所采用的结构就是时间顺序结构。在导语之后,主体根据新闻事件发生、发展直至结束的先后顺序来安排层次,展示事件的过程,这种结构保持了新闻事实原貌和进展的完整性,行文自然,线索清楚,符合受众接收信息习惯。它的叙事与事件的客观进程一致,便于观众了解新闻事件的来龙去脉。

时间顺序结构也是符合电视传播特点的一种结构方式。电视消息的写作要适应电视线性传播的特点,尽量做到线索单一,结构单纯,让观众在最短的时间内掌握报道要点。人们总是习惯按照顺序接收信息,这样便于理解。而报刊中为增加情节的曲折生动,常常使用倒叙、插叙的手法,这在电视消息的写作中要慎用。

当然,时间顺序也有不足之处,在于最重要的事实在报道中间或结尾,容易被淹没。而电视线性传播的特点,要求电视消息在写作中要注意不断出现小高潮点,吸引观众。所以并不是所有的消息都适合采用这种结构,它适用于在事件发展过程中不断有兴趣点出现、现场参与感较强的新闻,也适用于一个事件结束后所做的总结回顾性报道。

"文似看山不喜平",波澜起伏,方能吸引观众。案例中的事件本身就十分曲折,消息虽然采用的是看似简单的时间顺序,但是过程中也不断涌现出兴趣点。"意外发现了一沓旅游黄金周里最为紧缺的火车票""黄金周里一票难求,更何况这些火车票都是当天下午的""在这样的环境中找人真可谓大海捞针,一小时过去,还是没有消息,离开车时间越来越近"……这些对过程细节的描写,吸引着观众不断地看下去,让并非身在现场的观众有强烈的参与感。

(三)符合电视传播特点

电视是一种声画结合的艺术,图文并茂是电视媒介最大的特点。因此,电视的写作要求也不同于报纸、广播等其他媒体,解说词的写作不是孤立存在的,既要考虑看,又要考虑听,同时还要处理解说词与同期声的配合。考虑看就是指解说词要与画面相互配合,处理好声画关系。考虑听则要符合听觉语言转瞬即逝的特点,做到口语化、生活化、简洁化。案例中消息的解说词基本做到了兼顾视听,而在解说词和同期声的关系处理上,做得比较流畅。

电视新闻的声音由解说词和同期声构成,同期声又分为同期语言声和同期音响声。在电视新闻的叙事过程中,常常会交替使用解说和同期语言声,二者共同完成叙事。可以说,同期声中的语言声和解说词一起构成一条电视消息完整的文字结构。案例中选用了事件发展过程中几个关键人物的同期声,包括出租车司机、运管所所长、派出所民警、失主,让他们讲细节,谈感受,真实、生动、现场感强,解说词则起到交代背景、补充信息、前后衔接等作用。

【同期声】敦煌出租车司机　赵向东

在这个角角,就这总共二十一张票。

……

给她们也是应该的,因为出租车就是城市的广告,也是城市的形象吧。

【同期声】敦煌市运管所所长　刘旭

还有七个小时左右,因为他们的火车是下午六点钟左右的。

……

大概在十一点半左右,全城的出租车 LED 屏上就把这个打出来了。

【同期声】敦煌沙州派出所民警　龚建军

它上面有姓名还有身份证号,我们查到她的住宿信息。有一个叫李萍,我们找到她的时候她已经退房了。但是她住八景楼是通过网上订票,有游客留的电话,我们就给她打电话,十分钟左右她就赶到了派出所。

【同期声】江苏苏州游客　祝苡

哭了一个下午,一直哭到晚上,我们这些人都是从小到大养在父母身边的,是第一次自己策划出远门。他们真的花了很大力气,帮我找了一上午,打了许多电话,我们真的很着急,而你们感受到了,你们帮我们做了我们需要的事情,我很感谢你们。

跟事件有关的同期声素材肯定远不止上面这些,如何在丰富的素材中挑选精彩关键的同期声,如何通过解说词将这些同期声进行引入衔接,这都是需要多加思考和练习的。

另外,还需要注意的是,消息类电视新闻以传递信息为主,而并不是以观点为主,写作时不需要加入过多主观的评论语句。如果选题确实值得社会广泛关注,需要引起重视,可以像案例一样,配本台评论或编后话,进一步深化主题。

【本台评论】给生活增加更多正能量

一群热心人,几个小时的奔波,二十一张火车票终于物归原主。一段凡人善举,为敦煌的形象增添了质朴暖人的风采。一位的哥深知"出租车就是城市的广告,也是城市的形象",运管、公安都竭尽所能查找失主下落,从这些敦煌人身上,能感受到急公好义的古道热肠,更看得出尽职尽责的社情民风。说到底,莫高窟、热心人都是敦煌的软实力,我们都应该和这些可爱的敦煌人一起给生活增加更多的正能量。

第五节　新闻特写的写作特色

新闻特写是以描写为主要表现手段,对能反映人和事本质、特点的某个细节或片段,做形象化的"放大"和"再现"处理的一种文体①。以各电视媒体对云南遭遇连续多年严重干旱的报道为例,很多电视台采用动态消息、综合消息、经验消息等方式进行报道,而央视新闻频道的《新闻周刊》则采用新闻特写的方式。在几条关于云南旱灾的新闻特写中,2012年2月25日播出的《当水成为礼物》最有魅力。

一、选材典型,以小见大

衡量一篇新闻特写的构架是否成功,首要的一点就是看所写的内容是不是截取了新闻事件的一个横断面并将其放大②。所以,电视新闻特写关键在选材上。新闻特写要放大和再现某个细节或片段,那就要考虑截取的横断面是否经得起放大,是否具有典型的意义。新闻特写适合的主题很广泛,但这并不意味着任何素材可以做成特写消息,只有那些富有个性的、与众不同的、有典型意义的才能让新闻特写的魅力真正散发出来。电视传播的特点之一就是转瞬即逝,电视新闻只有在一个有限的时段中,集中表现一个典型情节,将事件的细节表现透彻,才能够更好地吸引观众的注意力。而新闻特写正是这样一种表现方式。

电视新闻特写《当水成为礼物》以云南省抚仙湖旁一户人家的婚礼作为报道对象,来反映云南持续干旱的严峻现状。片子开始便交代了事件的背景:

【解说词】早上七点多,住在云南省抚仙湖旁禄充村的张勇平就开始忙碌了,这天是他妹妹家娶媳妇的日子。

画面中,张勇平一家人正在准备"大礼"——一桶一桶的水。结婚本不是新闻,结婚送礼也并不稀奇,可在婚礼上把水当成礼物就不多见了。记者通过实地采访,发现了这一富有特征的典型事例,平中见奇、以小见大地反映了云南旱情非常严重这一大主题。既然能否捕捉到新闻事件中最富意义和情趣的横断面,是拍好电视新闻特写的关键,那这就对记者的观察力、思考力和新闻敏感提出了很高的要求。只有注重培养自己的新闻敏感度,才能在宏大的社会背景中,捕捉

---

① 刘海贵.中国新闻采访与写作学[M].上海:复旦大学出版社,2012.
② 孟昊忡.把握好新闻特写的三个要素[J].军事记者,2012(2).

到最值得放大的亮点。

需要注意的是，新闻特写对于细节的"放大"，绝非渲染夸大，而是对一个横断面通过详尽、生动地表现，来反映大的主题。《当水成为礼物》与其他反映云南旱情的新闻相比，其魅力就在于，它不是简单枯燥的数字罗列，不是抗灾保民生的歌功颂德，也不是一味呼吁大家关注旱情、保护环境的说教，而是以点代面，以局部反映全貌，用具体的事例吸引人，然后让观众自然而然进入思考的情境。

二、形象生动，如临其境

消息最基本的功能就是传递信息，而新闻特写则不仅仅是传递信息，还是用它对捕捉到富有特征的情节形象生动地进行展现，使观众有一种如临其境的感觉。电视新闻特写通过"镜头"将所选片段的精彩情节"再现"给观众，画面真实可信，富有动感。所以，有人也把新闻特写形象地称为"视觉新闻"。

电视新闻特写《当水成为礼物》中，用形象生动的画面给观众展现了一幅"送水—用水—等水—缺水"的画卷。

"送水"配有张勇平一家用农用车拉水的画面，并结合生动、详细的解说让观众了解情况。

【解说词】为了让外甥的婚礼如期举行，张勇平决定把水作为礼物。这五个大水桶和一个蓄水缸就是今天要送去的第一车礼物，要赶在新郎新娘九点进门之前送到。这一车能拉七百多公斤水，张勇平打算为今天的喜酒送四次水。别小看送水当礼物，灌水麻烦不说，光运费就要花三百多块。

"用水"配有张勇平的妹妹为了在婚礼上合理使用这些来之不易的水，而进行的细致安排。正如张鲁芬的同期声所叙述的那样。

【同期声】张鲁芬：我们洗菜先挑干净的洗，白菜干净点先洗，洗了看着水清还要接着洗芹菜，接着又洗葱。（记者：最后是耗水的土豆？）嗯，水干净就又拿来洗土豆，土豆最难洗干净还要削皮。可见，张鲁芬是这婚礼上最忙碌的人了，不仅要忙着招呼亲戚客人，又要担任合理用水的"总指挥"。三十多桌的宴席，要洗很多的蔬菜，如何把菜洗干净又不浪费水，张鲁芬着实费了一番心思。

"等水"既配有群众为了基本的生活用水排队打水的场面，也有婚礼上洗菜盆周围放着的空桶，这些空桶是邻居们的，他们希望打一些洗菜的水，回家可以喂猪。

"缺水"的画面就更生动了，除了以上这些能反映云南旱情严重的场景，在片尾还用到了寸草不生、稻田龟裂的静态图片。比起枯燥的数据罗列，这些形象生动的画面更具表现力，更能让非旱区的观众感同身受。

三、情感细腻,感染力强

新闻特写不仅要有强烈的可视效果,更要震撼读者心灵。新闻特写的感人之处,往往是通过强烈的感情色彩表现出的,而不是靠所谓的客观陈述来表达的①。对于电视新闻特写来说,电视丰富的视听元素让电视新闻特写在情感的表达上更加细腻,感染力更强。能够表达细腻情感,具有极强感染力的元素主要有以下几个:

其一,同期声。新闻特写在写作时非常重视直接引语的运用。直接引语不仅是营造现场感的有力武器之一,也是表达倾向性、揭示主题的手段之一。所以,可以使用恰当的直接引语来"点题",以加深特写的内涵与"味道",实现一种"同期声"的效果②。报纸需要一定的手段达到"同期声"的效果,而电视本身则就有同期声的元素。就拿同期声中人物声来说,在这条新闻中,记者就选取了事件中的几个主要人物的关键话语。

【同期声】张勇平:妹妹的儿子结婚嘛,今天心情高兴,特别换了一身新衣服。

【同期声】张鲁芬:如果没水就办不成(喜酒)……

【同期声】新郎王雄:收到最珍贵的礼物是舅舅送的水,这个水是舅舅从抚仙湖边拉来的……

【同期声】邻居刘文辉:也没什么东西,送两只桶给你家接点水使使……

这些同期声的使用自然真实,更具可信性,再经过记者精心的安排,既传递了结婚这件事的喜悦之情和收到水这个礼物的感激之情,也反映了缺水的无奈,让人感觉到水对于这场婚礼的重要性。观众在接收同期声传递的信息时,不仅了解了采访对象真实的情感,同时也能引起共鸣。

其二,特写。电影特写镜头的出现,是电影艺术史上一个重要发展。特写是所有景别中最具有艺术效果的一种,在表现人物性格心理、反映事件特点本质时,可以起到象征、暗示、夸张、渲染等艺术表现效果。新闻客观、公正的特点使得电视新闻长期以来在运用特写镜头上比较谨慎。其实,在电视新闻特写中,记者可以合理使用充满魅力的特写镜头,形象反映新闻事实横断面中最富有本质特征的细节。就像文学中的描写,既有画面也蕴含深意。本篇新闻中,出现过多个令人印象深刻的特写镜头,如:水流非常细小的接水口,几近干涸的村外小水

---

① 孟昊忡.把握好新闻特写的三个要素[J].军事记者,2012(2).
② 李毅坚.重视直接引语在新闻写作中的运用[J].科技信息,2008(13).

洼,令人垂涎三尺的宴席饭菜,被当作礼物的水和水桶等,这些细节既有反映旱情的,也有表现生动有趣的婚礼现场的,以景吸引观众,以情打动观众,使观众深刻感受到了电视新闻特写的魅力。

其三,音乐。在电视新闻中使用背景音乐也曾是学界和业界讨论的焦点。目前的实践表明,合理地使用音乐在某种程度上可以让观众更好地接收新闻信息。《当水成为礼物》开篇用较轻快的音乐引出地点、人物、事件,渲染张勇平一家人为外甥准备结婚大礼的喜悦之情,展现婚礼热闹现场时,同样也配以欢快的音乐,营造出感染观众的细腻情感。片尾结束时,音乐舒缓,配以令人震撼的土地干枯画面,烘托了旱情严重的现实,营造了让观众思考的情境。

四、情理交融,引人深思

一篇好的新闻特写,不仅要有景有情,还要有理,情景交融、情理交融、引人深思,才能真正展现新闻特写以小见大的魅力。在进行新闻特写写作时,记者要感性描写与理性思考互动,层层深化,反映主题。电视新闻中的解说词,是说理不可替代的重要元素。在叙述新闻事实时,做理性科学的分析评论,是深化新闻主题的重要手段。同时在解说词写作时再加入一定的背景材料,可以使新闻特写变得更加厚重,对拓展新闻特写的内涵有着不可忽视的作用。

【解说词】没钱办不了喜酒可以理解,没水就办不成还没听说过。原来,干冲村虽然离抚仙湖只有几公里,但在历史上就是一个缺水的地方,再加上从2009年以来云南持续干旱,这个五百人的村子断水已经半年多了。村里人日常生活用水除了政府不定期送,就只能靠村外的这个小水洼。为了打水,村民常常半夜三更去排队。这些水连日常生活都很难满足,就别说用水量很大的请客办喜酒了。

解说词穿插在对婚礼现场的描述中,用背景资料给观众交代事件的背景,既增加了信息量,使内容有了广度,也起到了加深理解、深化主题的作用。结尾的升华对于电视新闻特写的情理交融同样重要。本片共4分46秒,在片头至4分16秒之间,生动勾勒了婚礼现场用水的场面,让观众如临其境。而在最后30秒,现场再现戛然而止,情绪表达水到渠成,用图片、字幕、音乐相结合的形式使这个典型个案理性升华。画面选用了8张新闻照片,分别反映云南旱灾严重现状和人民用水困难,字幕显示:"大旱第三年袭击云南,120多条中小河流断流,400多座小型水库和坝塘干涸,242.76万人饮水困难。干旱还在持续……"音乐选用慢拍的舒缓节奏,给人一种深思惆怅之感,再配以慢镜头的剪辑,引人深思,使主题思想自然深化。正如新闻的标题所写,当水成了礼物,我们应该做何感想,有何反思,如何行动。

电视新闻特写《当水成为礼物》以典型的选材,形象的画面,细腻的情感,再加上理性的升华,在诸多关于云南旱情的电视报道中脱颖而出,既有观赏性也有思想性,让观众从一则看似轻松诙谐的事例,体味出新闻事实的深意。这不仅是这条特写的魅力,更是所有电视新闻特写应该达到的标准,即:以小见大、如临其境、感染力强、引人深思。

第六节　各类媒介的新闻写作要点

新闻写作要遵循一般的写作规律,但同时也要考虑不同媒介的传播特点。一切改革创新都要从媒介本身的特点出发。

报纸新闻要发挥文字的魅力,突出深度报道的优势,在版面设计上图文并茂;广播新闻要发挥各种声音元素的魅力,解说做到口语化,采访体现真实性,音响烘托现场感;电视新闻要发挥声画结合的特点,处理好声画之间的关系,用画面呈现,用解说补充;网络新闻写作相对来说可操作空间还是比较大的,在一个网络媒介平台中,能够将传统媒介的各种整合在一起,因此网络新闻写作除了可以参考传统媒体写作的特点,还要在写作中充分体现网络传播的独特之处,如互动性。

值得一提的是,网络技术的不断发展,还为公民写作提供了一定的空间。博客、微博、个人公众号等新的媒介平台为新的舆论生态提供了土壤,可以说公民记者时代已经到来。在这个时代,人人都是记录者,这种传播方式是所有人对所有人的传播。记者的行业界限似乎模糊了——有些人就是比记者离现场近,发布消息比记者快,思考比记者深刻。如何应对这种巨大的挑战呢?记者可以利用网络平台,尝试多做一点公民写作。如果说记者通过自己的新闻作品来引导社会舆论,那他的公民写作同样可以达到这一目的,可谓异曲同工。

新闻写作和公民写作很好区分。简单而言,新闻写作就是具体的工作和饭碗,是一种职务写作;公民写作超越了职务写作,是把自己放到更大的空间、更长的历史里思考的写作方式。公民写作是记者社会责任感的延伸,有高度道德自觉的知识分子,包括记者在内,应该多做一些公民写作,不断为社会做些力所能及的奉献,表达自己的立场和态度。记者的知识结构和判断力跟一般百姓不同,他们表达的质量可能要高一些,影响力要大一些,通过不同平台的推广可以让信息、知识、观点等用亲近的方式对受众产生潜移默化的影响。在信息自由流动的时代，记者应该在自己的职务写作之余，在法律允许的范围内，多探讨一些社会问题，传播现代公民意识，成为一定传播范围的"意见领袖"。

其实，记者进行公民写作并不一定就和工作无关。比如，一些新闻报道由于报道模式过于陈旧等问题，可能受众不太关注，如果记者用第一人称的采访手记写一下他的采访经历或者心得，却能吸引很多人的关注和共鸣。很多人都会有这样的阅读习惯，如果一家报纸的记者撰写出一部鸿篇巨制，并在后面附上他的采访经过，读者一般都是先看他的采访手记，如果有兴趣，才会去阅读他的新闻作品。可见，一个投入的记者写出的采访手记，一定是对新闻作品有益的补充，会使新闻作品更加丰满，更加感人。

新媒体也非常重视这种写作方式。由北京电视台推出的《中国梦365个故事》，在其微信公众号中就采用了这样一种方式。在每期推送视频下，会用图文结合的形式，列出记者的采访手记。这不仅是一种推荐，更是与视频有机地融为整体。比如，在一期《我是校长，我希望我的学校早日关闭》的推送中，编导就写下了这样的文字：

到达红丝带学校的第一天，是一个雪后的下午。操场的雪已经融化了，学校门口堆起了一个雪人，雪人戴着帽子、围脖，还有一副墨镜。孩子们琅琅的读书声从教室里传来，安静的校园里再没有别的声音。

来之前，对于HIV病毒我是既熟悉又陌生。虽然无数次听到过这个词，却几乎没有在生活里接触过HIV的感染者。这一次，要面对这么多孩子，我有几个瞬间也出现过犹豫，该如何在这一周同吃同住的拍摄中与他们相处？环境相对封闭的他们，对于一个带着镜头闯入的陌生人，会是一个什么态度？

红丝带学校的老师，安排我和摄像师住在了孩子们寝室楼里其中一间空着的房间。让我很意外的是，大部分孩子见到我们会主动打招呼，很多孩子看起来应该比我小了有25到30岁的样子，但依然称呼我为"哥哥"（此处心里美滋滋）。我们举起镜头的时候，他们也大大方方地继续他们原有的样子，这种松弛的状态是在我以往拍摄时很难遇到的。

在教学楼的大厅里，我见到了正在和孩子们玩闹的郭小平校长，一群孩子围着他。平时忙着打理学校各种事务的他，没有工作时的主要任务，就是和孩子们在一起玩。由于红丝带学校的孩子基本是因母婴传播感染上HIV病毒的，所以这些孩子的母亲基本已经不在世了，很多孩子的父亲也不在了，郭小平已经成了孩子们的"影子爸爸"，是孩子们最大的倾诉对象。

拍摄期间,正好遇到今年冬天最强的一次流感。在这样一个孩子非常集中的地方,传播速度极快的流感病毒,几乎只用了半天时间就击倒了一半的孩子。这里的孩子的免疫力本身就弱很多,这样大面积的流感造成的后果很可能是灾难性的。

本来就有些血压高的郭小平,几乎一整天都没有休息——联系消毒液运送、整理抗流感药方、给孩子们反复测量体温、排查隔离孩子们扩大传染的渠道、给孩子们加做病号餐……所有的这些都是郭小平亲自操持,一直到晚饭前,才看见郭小平瘫在办公室的沙发上,用电子血压仪测着血压。

郭小平说,在红丝带学校,孩子们身体出现一点异常,都会让他和整个学校绷紧神经,因为这群孩子的身体太特殊了。在这里,学习固然很重要,但是身体健康永远是摆在第一位的。

红丝带学校从成立到现在已经走过了13年,郭小平最能体会社会对艾滋病关注度的转变和对HIV携带者态度的变化。郭小平常会带着孩子们去全国各地参加"防艾"的宣传活动,一方面希望更多的人正确认识艾滋病和艾滋病人,另一方面也希望自己学校的孩子们可以走出去,多与社会接触,这大概也是为什么孩子们的性格不像我之前设想的那样封闭的原因。

经过这么多年全社会的努力,郭小平打趣地跟我说:"以前学校里小偷都不敢进来,现在我们学校也会遇到小偷了。"这个比喻虽然带着一些玩笑,但也是社会对艾滋病认知的一种进步吧。

下面以一条电视消息为例,具体分析新闻写作如何体现媒介特点。

【案例简介】

电视消息《神舟九号返回舱成功着陆四子王旗草原,三名航天员平安归来》,由内蒙古电视台记者采编完成,并于2012年6月30日在《内蒙古新闻联播》播出。这条消息由两组记者以目击的形式,记录了"神九"返回舱落地、航天员出舱等一系列活动,节奏紧凑、现场感强、编辑流畅。消息对"神九"返回后工作的完整呈现,对现场处置工作细节的捕捉,让人们对我国的航天科技水平有了直观深入地了解,增强了国民自信,观众来电表示看得过瘾。在2013年第二十三届中国新闻奖的评选中,该消息获得电视消息类唯一的一等奖。

【案例分析】

神舟九号飞船的发射是我国航天事业的大事,更是我国综合国力的体现,因此倍受全国人民的关注。对于电视人来讲,如何通过电视荧屏及时、准确、详细地向全国人民报道"神舟飞船"升空、着陆的全过程,便成了一件非常重要的事情。面对如此重大的选题,只有对每个环节都进行精心策划,才能真正突显选题的价值。在众多与神舟九号有关的报道中,内蒙古电视台的一则消息《神舟九号返回舱成功着陆四子王旗草原,三名航天员平安归来》十分出众,获得第二十三届中国新闻奖电视消息类唯一的一等奖。该消息全部由现场录制完成,充分运用电视现场感强的优势,向观众展示了"神九"归来的关键画面。

一、整条消息的主题明确、结构清晰、节奏紧凑

主题是一个作品的核心,主题明确,记者在采访和写作的过程中,才能围绕主题选择有价值的素材。"神舟九号"返回舱能否成功降落、航天员能否平安,具有极高的新闻价值,也是观众最为关心的话题。因此整条消息中,记者始终围绕着如何表现其新闻价值这样一条主线,对返回舱的降落、航天员的状况进行了详细的报道。

围绕这一主题,消息以时间顺序的结构,在 3 分 26 秒的时长里,从上午 10 点整记者看到神舟九号飞船徐徐降落,到 13 点 10 分三位航天员乘坐直升机飞往毕克齐机场,通过五个关键的时间节点,为观众呈现了"神九"返回工作的整个进程,展示了航天员的风采,见证了我国载人航天技术领域的又一重大突破,振奋人心。

二、充分运用了电视的突出优势

电视传播的最大特点是声画同步,声画一体,这一特点决定了其突出优势为可以加强真实感和可信度,提高视觉形象的感染力。这条消息中,记者在现场及时而形象的报道,将电视的优势发挥得淋漓尽致,同时也彰显了该选题极高的新闻价值。

消息以记者目击的形式,记录了"神舟九号"返回舱落地、航天员出舱等一系列活动,通篇报道没有一句解说词,全部采用记者出镜同期声以及采访同期声完成。解说以记者目击的形式全部在现场随机录制完成,同时使用了人群欢呼、直升机起飞等大量的现场声音,增强了新闻的现场感;对现场航天科技人员的采访增加了信息量。

时效性当然也是电视相较于其他传统媒介的突出优势。为了保证消息的及时播出,当天 14 点现场采访结束后,采访小组一行四人用两个半小时的时间赶回了 260 千米以外的四子王旗宾馆,并于 17 点 55 分将新闻成品传回内蒙古电视台,18 点 30 分《内蒙古新闻联播》的头条便播出了这则消息。及时的播出,生动的现场,赢得了观众和业界的一致认可。

三、捕捉了"神九"归来的关键画面

电视新闻在策划阶段制订拍摄计划时,往往要预先安排好拍摄的具体的场景,尤其要考虑好要拍摄到哪些关键画面。在拍摄现场,更是要想尽一切合理的办法,捕捉到那些与事件有关的关键画面。这些画面往往极具新闻价值,也往往是观众所关注的。

对于神舟飞船着陆这样的新闻来说,有经验的记者都知道,能不能抓到"神舟飞船"降落的精彩瞬间,能不能进入核心区拍摄到开舱、出舱、与航天员见面的经典画面,是非常重要的。这些场景转瞬即逝,记者在现场必须非常专注,拍摄技术也必须非常专业。

这条消息由两组记者协同完成,拍摄中运用大量长镜头记录新闻事件的进展,捕捉到了许多现场工作细节。两组记者的出镜,也都选在了"神九"归来过程中大家关心的几个现场:10 点 10 分,观众可以看到"神九"返回舱的降落过程;10 点 25 分,观众可以看到工作人员正在打开舱门;11 点 02 分,观众可以看到第一位航天员景海鹏出舱;12 点 50 分,观众可以看到三位航天员完成体检,状态良好;13 点 10 分,三位航天员乘坐飞机前往毕克齐机场。一系列关键画面的展示,让观众对"神九"归来的过程有了直观的认识,让人们对我国的航天科技水平有了深入的了解。

四、记者的现场报道详细完整

现场报道是现代电视采访报道的常用武器,具有信息量大、可视性强、现场感强、丰富节目的结构元素等优势。现场报道过程中,记者必须置身于新闻现场,充分调动各种感官和采访手段,边观察、边访问、边叙述、边点评,与新闻事件保持同步。同时,参与现场报道的其他成员也应该配合默契,各司其职。

在这条消息中,两组记者的几段现场报道都非常精彩,报道内容紧扣主题,详细而完整地解答了观众的很多疑问。下面以第一段和最一段现场报道为例进行分析。

【同期声】正一(内蒙古台记者):现在是上午 10 点整,现在我们看到神舟九号飞船正在徐徐降落,在我这个位置可以看到飞船的降落伞,刚才我听到了很大的一个响声,就应该是降落伞打开的声音,在"神九"的旁边,现在我可以看到有四架直升机正在飞船旁边盘旋,应该是正在迎接"神九"的归来。我们看到飞船马上就要降落了。神舟九号飞船已经降落了,它已经顺利落在了地平线上。

6 月 29 日上午 10 点整,随着飞船降落伞打开的巨大声响,搭载着 3 名航天员的"神舟九号"返回舱在太空中遨游了 13 天后出现在四子王旗草原的上空。

当肉眼已经看得到"神舟九号"返回舱在湛蓝的天空中徐徐降落的时候,记者顶着强烈的阳光,面对没有任何参照物的天空,单靠摄像机寻像器根本捕捉不到"神舟九号"返回舱的踪影……在这紧要关头,摄像记者用手指紧跟着"神舟九号"在天空中移动的轨迹,摄像机镜头再跟着手臂一起移动,就这样"神舟九号"被锁定在摄像机寻像器中——话筒、出镜、画外音,没有犹豫,一气呵成。报道词中既有现场的描述,也有对画外信息的交代,让观众对现场有了更多了解。

【同期声】菅海霞(内蒙古台记者):现在是中午1点10分,三位航天员分别乘坐三架直升机,另外还有一架指挥机、一架通信机,共五架飞机护送航天员前往毕克齐机场。

看似简单的一段报道,背后却付出了很多。遵照搜救部队的规定要求,处置车辆只能停在距离返回舱落点3千米左右的位置。记者只能扛着近10公斤的设备向返回舱落点狂奔。为了抓住这一现场,记者站在距离直升机很近的地方,忍受着巨大的气流冲击和沙尘侵袭。大家在电视屏幕中可以看到,菅海霞瘦弱的身躯被直升机起飞时产生的巨大气流吹得站也站不稳,甚至嘴里都是直升机螺旋桨吹起的沙土。就是在这样的条件下,记者坚持报道,为观众交代了画面中五架飞机的不同作用,使观众对现场有了更深入了解。这段内容使整个着陆报道更加丰满、可视性显著增强,成为一大突破。

五、记者的现场采访深入到位

电视现场采访是电视新闻报道的常用采访方式,实施现场采访时,要选择好采访现场,找准采访对象,提炼好问题,安排好采访的过程。在这条消息中,记者完成了一段对现场工作人员的独家采访,使得整条报道更加完整。

由于是和神舟飞船返回舱的救援工程部队一同编组进入现场,这路记者把更多的精力放在了和航天科工人员的沟通交流上。在播出的消息中,记者对从"神舟一号"到"神舟十号"返回舱的开舱工程师李涛的采访非常出彩。

【同期声】

记者:今天舱门打开得顺利吗?

李涛:非常顺利。

记者:用了多长时间?

李涛:也就是不到一分钟的时间。

记者:跟前几次有什么区别吗?

李涛:这一次和"神五"差不多,他们在里面也同时在开舱,我们同时内外联动的。

记者：在航天员出舱前为什么要先进去一名工作人员？

李涛：主要是首先检查一下航天员的身体状况是否良好。

这几个问题把打开舱门这一专业的环节用最简单的方式解释得清清楚楚。而为什么要先进去一名工作人员这个问题，则说明记者观察得非常细致，同时也解释了观众的疑问，拓展了知识。

《神舟九号返回舱成功着陆四子王旗草原，三名航天员平安归来》这条消息的获奖可以说是众望所归。或许也有人会说，内蒙古的记者报道"神舟九号"着陆占有天时、地利、人和的优势。其实不然，任何一个优秀新闻作品的产生，都是重视采写过程的结果。只有不断修改、完善报道方案，抓住报道的重点，发挥电视的优势，才有可能完成既符合电视新闻传播特点，又受观众喜爱的作品。

第六章 不能忽视信息核查环节

新媒体技术的发展,使得社会舆论传播得更为广泛,同时也使得舆论的不可控性增强。近年来发生虚假新闻的频率大大增加,使得舆论反转的现象也随之增多,如2015年"成都女司机被打事件""庆安枪击案"等。一些媒体在年终会对这些事件进行归纳和盘点,这些频频发生的舆论反转事件,在一定程度上削弱了媒体的公信力,对社会造成了不小的影响。新媒体环境下这种现象有愈演愈烈之势,其原因有三:一是政府信息披露不及时,信源缺乏真实性;二是媒体把关不严,不核实事实,抢发新闻,且在报道过程中不客观,刻板印象影响媒体工作者的判断;三是公众缺乏理性,意见领袖煽动公众情绪,公众盲目听从他人的意见。要解决这一问题,媒体是重中之重,其中,加强新闻核查工作就是一个有效路径。

第一节 事实核查制度

一、事实核查的起源与发展

西方的"事实核查"(Fact Checking)制度,是指一些媒体为了确保所刊载、发布的事实准确无误,而设立专门的事实核查部门和专业的"事实核查人"(Fact-Checker),以便对媒体的内容生产进行严格的把关与管理。该制度起源于20世纪的美国,德国《明镜》周刊,美国《纽约时报》《华盛顿邮报》等国际知名媒体都有悠久的事实核查传统。网络时代使新闻核查工作面临更加复杂的局面,但也为核查程序提供了便利条件。事实核查制度在保障新闻真实性和新闻报道质量、践行新闻专业主义、维护良好的媒体声誉等方面都有积极的作用。这种严谨求实的把关制度,及其在大数据时代核查平台与方式的变革,都堪为我国新闻界借鉴。

根据《牛津新闻业词典(2014)》中的释义,Fact Checking包含两种意思。第一,在新闻作品发表或发布前,对其中信息的真实性进行评估。事实核查本应是所有记者的分内工作,但很多时候是由助理编辑完成的,美国媒体历来有雇佣年轻记者专门进行事实核查的传统。第二，由博客或媒体组织在新闻已经发表或发布之后对其真实性所进行调查核实，并将结果公之于众。

由此可见，Fact Checking起源于新闻组织对报道刊发前的事实核实。但是近年来新闻的事实核查经历了一次"结构性转变"：核查主体从专业的新闻从业者变为增加了依托数字媒体的公民新闻参与；核查的时间由新闻发布之前变为新闻发布之后；核查的内容及结果由限于编辑部内部变为公之于众。新闻事实核查逐渐从从属地位脱离出来形成独立的新闻样式，也就是说，从新闻事实核查演变为事实核查新闻。这实际上标志着美国新闻业发展过程中权力结构的变迁。

在历史上，新闻事实核查的出现既是新闻业"内部自主性"的要求，同时也是回应技术竞争与文化认同的产物。新闻事实核查肇始于现代报纸诞生之时。19世纪早期媒体中就已经出现"信息核对员"，到了20世纪二三十年代，美国全国性杂志已经有了成型的核查机构。当时美国的工业产值飞速跃升，工业化和城市化进程迅猛，一个农业国家正急速转型为工业大国。在资本快速积累的背后，法律规范缺失，政府无为、腐败且低效，资本市场呈现无序竞争，贫富差距拉大，资源环境破坏严重，丛生的社会问题催生了社会行动主义和政治改良思潮。于是从1890年至1920年，美国开启了崇尚科学、技术与专业的"进步运动时代"（The Progressive Movement Era）。彼时，新闻业提倡客观报道，在强调从政治界脱离、为公共服务的同时，越来越重视树立自身的权威和声望。越来越多的记者和编辑成立行业组织，新闻学院开始教授以公平和中立为基础的职业道德准则。著名的"扒粪运动"也在此时兴起。到了20世纪20年代末，客观报道的理念得到广泛认同并普及，强化了新闻作为政治行为体的观察者与监督者的角色。

此后这种立场中立、抛弃价值取向的报道方式经历了一次"解释性转变"（interpretive turn）：在政治新闻中越来越注重分析，口吻越来越肯定，鼓励以批判的眼光看待政治行为体。新闻报道逐渐抛弃了速记式的事实呈现，采用更为复杂的事实分析，以树立新闻的专业性与权威性。究其原因有两个方面：其一是竞争性形态与要素出现，报纸必须借用更多的解释性话语及分析内容与代表新型传播技术的电视抗衡；第二是社会文化更迭，美国本土观众受教育水平上升，他们对政府和新闻界的信任下降，对官方说法渐生怀疑。20世纪30年代兴起的"解释性新闻"、20世纪70年代的"精确新闻"、20世纪90年代的"公共性报道"等，都从一定的角度和层面回应社会问题，划定新闻专业边界，巩固合法性，为事实核查的兴起奠定了社会结构与文化认同的基础。到了20世纪80年代，美国报纸上已经零星开始出现事实核查的内容,20世纪90年代,专门用于核查政治广告准确度的"广告监看"诞生并受到欢迎,成为现今普及的事实核查操作的前身。

2003年FactCheck.org成立,这是首个不持党派立场的政治核查网站。在这期间,事实核查新闻作为新的新闻范式应运而生,蓬勃发展。随着更多的行为体参与到事实核查的过程当中,需要核查的对象也逐渐出现了分化:从之前针对新闻的事前事实核查,逐渐变为对报道内容的事后核查和对政治家公开政治言论的评估。2014年,美国新闻协会将这种新型"事实核查"定义为:"针对政治家,以及可以用话语影响他人生活与生计的人物所发表或被记录的言论,事实核查从业者和核查机构重新报道和研究言论中包含的所谓'事实',旨在增进(公众对事实的)了解。事实核查从业者致力于调查可被证实的事实,他们的工作中不存在党派立场、观点主张和辩解。"

二、媒体核查机构的核查制度

就美国新闻事实核查机构与从业者的特点来说,主要有以下几个方面。

一是只核查事实不核查观点,重点考量事实的"可核查性"(checkability)。在美国,事实核查新闻作为新闻报道的新形式,记者通常不会在报道中选择自己的立场,而会着重关注某些可被核查的定义的准确性,这也是美国事实核查新闻的基本原则。以著名核查机构PolitiFact为例,核查人员会将新闻言论按照等级列入表格,并把其来源,包括数据库、新闻机构、政治和选举网站等标注出来。此后,他们依照核查手册,用"真实度测试仪"(Truth-O-Meter)将核查内容分为正确(true)、大致正确(mostly true)、一半正确(half true)、近乎错误(mostly false)和全是谎言(pants on fire)5个等级,将每条核查言论以及说话者的统计数据、话题等信息一同归入数据库,最后交由一个三人评审组投票评定其真实度。在过去的10年间,这样的操作方式在众多新闻机构中得到应用。

二是事实核查新闻操作规则注重科学性。观察言论如何在政治—媒体环境中的传播,为新闻事实核查在评估事实价值时提供了重要的背景提示。新闻事实核查机构常用谷歌和LexisNexis等新闻数据库跟踪值得核查的言论,这正是核查者进行分析的关键所在。在实际操作中,记者经常会借用学术研究成果来对该领域进行深入了解,以此确认自己的做法。在撰写核查报告时,美国新闻从业者倾向于撰写篇幅较长的解释性文章,引用多位专家的话,单篇字数经常超过1000字,会详细列出采纳的信息来源。这也体现出事实核查者在核查过程中遇到操作困境时采用的策略:由于机构很难找到独立、没有偏见的专家信源,所以在操作层面上就会经常引用立场对立的观点以求平衡,看不同观点重合的地方在哪儿,以一己之力把事实主张从党派立场的影响下剥离出来。核查者还会在文章中列出信源,使核查拥有"科学再现性"(scientific reproducibility),以方便他人核查信息,有效证明核查成果的合理性。

三是明确区分新闻机构核查者和政治机构核查者。目前除新闻从业者,一些具有政党立场的团体也开始提供政治核查内容,推广或批评事实核查从业者的工作。但很多职业核查者将自己和这些具有党派立场的核查者区分开,不愿引用他们的成果,甚至不愿和他们参加同样的活动和会议。原因在于,美国的职业事实核查者90%与新闻机构有联系,他们通常将自己与持有党派立场的机构明确区别开,保护和强调自己同新闻机构之间的重要联系,以此推动新闻事实核查作为一种受到权威认可的新闻形式的茁壮发展。

四是事实核查机构与媒体、社会之间存在互惠关系。FactCheck. org、PolitiFact 和《华盛顿邮报》Fact Checker 这三家机构并不会直接核查记者或新闻机构的报道,但 PolitiFact 会核查评论员、专栏作家和主笔的表述,2013 年成立的PunditFact 会专门核查传媒界名人的言论,因此还受到不少攻击。但这三家机构都认为,为了公平调查起见,应该联系言论的发出者,给他们解释的机会,提早联系还能提早知道事实真相。

由此可见,最初作为抵抗政治、经济、意识形态影响,建立和维护新闻业"内部自主性"的"策略性仪式"而兴起的新闻事实核查,随着公民社会的兴起与新媒体的技术出现,作为一种新的报道形式——事实核查新闻,重建了传统新闻业对于"客观性"的执念,在技术话语、行业术语以及制度性层面延续、巩固了新闻业的专业性与权威性。

在美国,《华盛顿邮报》的事实核查网站 Fact Checker 在 2016 年的流量是 2012 年的五倍,并收到了来自 CNN、NBC 等媒体的合作需求;在欧洲,路透新闻研究院 2016 年 11 月发布的《欧洲事实核查机构的兴起》报告显示,近十年来也出现了大量事实核查机构与从业者,他们在承袭美国媒体传统的同时,以更加多元的发展模式、角色定位和操作方法,努力拓宽事实核查的内涵与边界。

除了《华盛顿邮报》,美国的《纽约客》和德国《明镜》周刊等,都设有专门的事实核查部门。

(一)《纽约客》的事实核查制度

早在 1927 年,《纽约客》就成立了事实核查部。《纽约客》设立该部门的直接原因来自一起纠纷:该刊发表的一篇关于诗人埃德娜·圣文森特·米蕾(Edna St. Vincent Millay)的特写,被诗人的母亲指出错漏连篇,并称如果不更正,她就要起诉该杂志。《纽约客》最终把其长篇更正来信刊登出来。此事发生后，《纽约客》创办人哈罗德·罗斯在给出版人的备忘录中说："鉴于我们常常拿其他刊物的错误来开玩笑，鉴于我们杂志的质量，我认为必须做出特别大的努力去避免《纽约客》的错误。"

当时，《纽约客》的事实核查并不限于对非虚构作品（如新闻作品）的核查，甚至对文学作品如诗歌等都进行核查，对于诗歌中与事实不相符的部分，都会与诗人联系。

现在，《纽约客》的事实核查员会由杂志社进行统一培训，正式入职的时候报社还会给他们发一盒红色铅笔和一盒普通铅笔，分别用来标注包含可能需要核查的事实的句子和已经得到核查的表述。

对于已经完成的稿件，事实核查员需要逐一联系文中出现的每一个消息源，与他们再次核对文中的相关信息。

（二）《明镜》周刊的事实核查制度

德国以调查性新闻报道见长的《明镜》周刊（Der Spiegel）在1946年创办之初就成立了"档案部"，负责资料的收集与归档。后来，当一位档案资料员告诉周刊主编，在一篇已经发表的文章中，有一处和他所掌握的资料不符时，主编决定在印刷之前先请这些档案员将文章核查一遍。于是，慢慢地，档案员和事实核查员就成为两种不同的分工。

60多年来，《明镜》周刊将事实核查作为一项传统和例行工序坚持了下来，目前已成为新闻生产过程中必不可少的一个环节。2010年，《明镜》周刊拥有约80位全职事实核查员和约30名兼职事实核查员，同期《纽约客》的核查员是16人。

《明镜》周刊的"档案部"中，负责进行事实核查的专业人员，大多是某一领域的专家，很多还拥有博士学位。负责社会报道板块的事实核查员安德雷·杰瑞克介绍说，因为"只有形成专长，才能在事实核查时敏锐地发现错误。研究与勘误是相辅相成的"。核查过程中，每条和事实相关的、不是主观表达的词汇他们都要核查。人名、地名、时间、数字这些是最基本的，接着才是混杂着事实的带有观点推衍的论述。"基本事实一般读者上网搜索一下就可以知道真伪，并不需要专业知识来判断。但读者一旦在这些基本事实上发现错误，就会对整篇文章产生不信任感。"在数据新闻时代，《明镜》周刊的事实核查部也进行了相应调整。在"维基解密事件"中，"维基解密"创始人阿桑奇与包括《明镜》周刊在内的三家媒体合作后，该刊也成立了专门的数据新闻报道小组，之前的部分事实核查员也利用专业优势,直接成为供稿者。在其网站上,开辟了在线事实核查专栏,主要对政客的政治言论以及政治报道进行事实核查。

有研究者指出:在随机抽取的一期《明镜》周刊里,共有1153个被纠正的错误。在这些错误中,如果忽略那些拼写错误和不符合杂志写作规范的地方,仍然有449处错误和400个不太精确的段落,其中的3/4在和编辑协商后得到纠正。所以,《明镜》前主编说过这样的话:"如果没有这种系统的核查过程,《明镜》就不可能发展成为今天的模样。"

第二节 事实核查的重要性

一、事实核查是防止新闻失实的有效手段

哈钦斯委员会在《一个自由而负责任的新闻界》报告中说道:"我们建议将自己的职能视为从事专业化水平的公共服务",强调新闻记者应该尊重事实,客观公正地从事新闻报道,承担媒体的社会责任。真实性是新闻报道的生命,新闻工作旨在"发掘有价值的信息并将其呈献给受众"。

但是,由于"抢新闻"的需要,以及事实本身的复杂性,使得记者在一定的时间内核查清楚事实并非一件易事。因此,媒体建构的事实只是一种"媒体真实"。事实核查是保证新闻报道的真实准确的较为可靠的手段。这样做还能防止新闻失实,从而使媒介机构免于介入相关纠纷。

西方新闻界将核实列为"新闻的十大基本原则"之一,他们认为:"作为约束手段的核实将新闻工作和娱乐、宣传、小说、艺术区分开来。"核实,是新闻工作者观察和处理新闻必须遵守的基本准则。导致新闻失实的因素固然很多,但核实的缺乏则是其中众多因素中的重要环节。美国哥伦比亚大学新闻学院终身教授梅尔文·门彻认为:"当撰稿人对猜测或消息来源的推断不去进行核实时,错误就会发生。"核实的重要,源于新闻真实的重要。可以说,核实,是新闻真实性的重要保障,也是新闻真实性实现的有效路径。

西方国家新闻事业发达,同时也饱受新闻失实之苦,因此,他们从新闻失实的案例中总结经验,吸取教训。很多新闻媒体在新闻失实事件发生后,往往会花大力气系统地调查个中缘由。西方大多数媒体从新闻职业道德和新闻业务层面对采编人员的信息核实工作做出了约束和规定,并制定了详细的操作程序。《纽约时报》的一位主编甚至这样强调:"核实应该成为记者的第二种天性。"正是基于这种认识,核实才能成为西方新闻传播中必须信奉和遵守的十大基本原则之一,成为新闻得以立足的根据。

设有事实核查部门的媒介机构都对其事实核查员给予了极高的评价。《纽约客》杂志将"智慧而博学"的事实核查员称为新闻作品背后的英雄。在线事实核查网站 PolitiFact 的总编辑兼负责人安吉·霍兰(Angie Drobnic Holan)也表示:真实性仍然是新闻业的基础,在信息技术不断发达的当下,这一点显得尤其重要。

二、事实核查关乎媒体公信力和诚信

事实核查员的工作体现了媒介机构对公众负责的态度,直接关乎媒介的公信力和品牌形象。曾任《纽约客》事实核查员的汉娜·戈德菲尔德在《事实核查的艺术》一文中提到,事实核查是一项"令人着迷的""复杂的"工作,它对于杂志的诚信度"至关重要"。

三、事实核查是高质量新闻产品和竞争的需要

面对互联网时代鱼龙混杂的海量信息,为受众提供准确的信息并不只是保障新闻产品的高质量和水准,同时也是媒介集团在媒介市场中的重要竞争力所在。德国《明镜》周刊以高质量的调查性报道闻名,其庞大的事实核查员团队也成为周刊的一大品牌特色。虽然它并不是德国唯一一家拥有事实核查员的媒体,但专业而数量庞大的事实核查员群体是它们发表高质量的新闻作品并保持竞争力的重要保障。同时,精英媒体在事实核查这一程序上会相互影响,从而形成媒体之间的良性竞争。

四、事实核查对于我国媒体的借鉴意义

中外所有的新闻媒体在其工作规范和流程中,大多有核实环节的相关设定,但具体到各个新闻媒介,各自重视程度和具体的做法则各有不同。《北京"的哥":习近平总书记坐上了我的车》恰恰就是缺少了核实这一环节而导致了新闻失实,这从后来新华社消息、《大公报》的道歉信中都不约而同地使用了"经核实"等字眼,也可知其端倪。

在我国,采编者天然承担了事实核查的部分工作。目前,除了 ONE 实验室(已解散)首次设立事实核查岗位,事实核查制度在中国基本还未形成。

时下,全球媒体行业都面临着来自新媒体技术以及读者群体不断变化的阅读习惯的挑战。不断发展的新媒体技术,使信息传播得以实现实时化,正悄无声息地改变着新闻"即时性"的要求。在时效性竞争的压力之下,媒体因为抢时效而出现事实性错误和不准确信息的例子屡见不鲜。2015 年 6 月 3 日,同一天出版的《京华时报》与《北京晚报》对东方之星沉船事故的头版报道中,分别称船上人数有456人和458人。这些都凸显了我国媒体事实核查之不足。

不准确信息的出现原因可能有多种,新闻生产过程中任何一个环节的疏漏都有可能导致最后公开的报道中出现事实性错误。但与之直接相关的是,在我国的媒体中,尚无专职从事事实性检查工作的部门。在报社,通常情况下仅由编辑、校对和检查(员)担任"把关人"。由于事实核查工作并非他们唯一的工作内容,他们在紧张的排版和审读大样时(日报的这些工作往往是在夜间进行),往往很难抽出专门的时间,对某一事实刨根问底地进行深度核查。对于确实不够准确的信息,通常的做法是在报道中舍弃无暇核查的信息,或者将其进行模糊化处理,在造成信息流失的情况下,也流失了部分新闻事实。欧美国家媒体成型的事实核查制度,或可为我国的新闻业带来有益启示。

(一)建立标准的新闻审核制度

在新闻采编的过程中建立出一套标准统一的审核制度,首先是规范新闻记者在获得新闻线索的源头,保证其真实可靠;其次是在获得新闻内容后进行撰稿的时候,不可因为追求点击率、吸引眼球就随便夸大、虚构新闻事实,对没有完全了解和核实的内容一定要经过详细了解和认真核实后再进行发布;最后是在记者完成新闻后,媒体审核部门要根据审核标准认真严格审核,不能出现"差不多就行了""记者也很辛苦,就不用改了""搞错了大不了就删除"等不负责任的心理。

(二)建立监督体制

新闻监督主要有媒体监督和公众监督。在新媒体环境下,由于新闻发布速度快,范围广,交互性强,新媒体的特性同样可以应用于新闻监督中,通过快速、及时的交流互动,各个媒体的互相监督,在短时间内发现虚假新闻,实现虚假新闻的净化。

(三)建立惩罚和纠错机制

对于不负责任、把关不严、审核不严导致虚假新闻发现和传播的个人和媒体,进行严厉深刻的处罚,颠覆从前"收益大于风险"的思想,使媒体和新闻工作者认识到发布、传播虚假新闻的后果,从源头打击虚假新闻。还要建立相应的纠错机制,人不可能十全十美没有一点差错,在长期的新闻工作中,不可避免地由于主观或者客观的因素会发生错误,导致虚假新闻的产生,那么在事情已经出现的情况下就要及时"亡羊补牢",在新闻工作者和媒体发现已经发布的新闻存在虚假的时候,要第一时间进行删除和更正,不能为了自身颜面就任由不了了之,在删除和更正后,及时核实原因,责任到人,发布通告,减少损失和降低不良影响。

(四)将大数据技术引入核查环节

大数据时代为"事实核查"提供了更多的便利性。我们可以充分利用网络技术的特点,采用相对低成本而高效果的方式进行事实核查。比如,组建数据挖掘团队,可以部分地承担西方"事实核查员"的角色,避免传统媒体时代依靠增加核查入手所带来的巨额成本。而成为数据分析员,从无限的数据流中建构出意义与结构,正是事实核查员们在新时代的角色。

五、陈永洲失实报道案例解读

(一)案例背景

新闻作为当今社会公众信息传播与交流的主要途径之一,它的从业者需要遵守严格的职业道德规范。近年来,我国的新闻事业呈现蓬勃发展的态势,这是社会主义精神文明建设的一项重大成就。但是,我们也不时会看到部分新闻媒体和新闻记者漠视工作原则和新闻职业道德,出现不实报道的现象。失实报道对新闻媒体的信誉以及形象造成了极大破坏,导致社会舆论风潮偏离正确方向,对我国的新闻工作产生了非常严重的影响。

2013年10月18日,广州《新快报》记者陈永洲因报道上市公司中联重科财务作假内幕被长沙警方跨省刑事拘留。据了解,从2012年9月起,《新快报》刊发10多篇文章披露中联重科,2013年10月26日,陈永洲向民警坦诚,自己受人指使,收人钱财,发表失实报道。

(二)陈永洲事件介绍

1. 事件梗概

陈永洲,男,《新快报》记者。2013年10月19日,陈永洲以涉嫌损害商业信誉罪的罪名被长沙市公安局拘留。

2012年9月26日至2013年6月1日,陈永洲曾发表10多篇有关中联重科"利润虚增""利益输送""畸形营销"及涉嫌造假等一系列批评性报道。

2013年2月份以后,中联重科A股股价从10.44元/股持续下跌,最大跌幅曾达52%,公司A股、H股在5月29日超过行业平均跌幅而减少的股价市值为13.69亿余元人民币,致使广大股民损失惨重。

2013年10月23日,就长沙警方刑拘《新快报》记者陈永洲一案,中联重科表示,中纪委中宣部已介入关注案件。

2014年10月17日,原《新快报》记者陈永洲被判刑1年10个月。

2. 各方反应

（1）报社

第一阶段：声援

2013年10月24日,《新快报》再度在头版显著位置登出《请放人》。《新快报》相关负责人表示,陈永洲的报道属于正常职务行为,报社核查过陈永洲对中联重科所发的所有报道,没发现陈永洲有违背职业道德和法律的事情。

此前中联重科董事长助理高辉在个人实名微博上曾公开指名道姓指斥《新快报》及陈永洲"诋毁中联重科"。《新快报》已向法院起诉高辉侵害了《新快报》和陈永洲的名誉权。

第二阶段：向公众和社会致歉

2013年10月27日,《新快报》在头版发表致歉声明：经警方初步查明,本报记者陈永洲受人指使收人钱财,发表大量失实报道,严重违反了《中国新闻工作者职业道德准则》和新闻真实性原则,报社对稿件的审核把关不严。事发后报社采取的不当做法,严重损害了媒体的公信力,教训深刻。我们将以此为戒,对存在问题进行认真整改,进一步加强采编人员和出版流程管理,严格要求采编人员在工作中尊重事实,遵守法律,遵循新闻工作者的职业道德和行为规范。特此向社会各界致以深深的歉意。

（2）中联重科

2013年10月23日中午,中联重科董事长助理杜峰表示,《新快报》与中联重科的纠纷,源于"对方对我们长期的严重失实报道"。他介绍说,在过去近一年里,《新快报》刊发了记者陈永洲关于中联重科的大量报道,涉及10多篇稿件,其中存在大量不实信息。"在做这些报道之前,这个记者和媒体,没有对我们进行过直接采访,没有来过我们单位,没有来过任何电话、短信或者提出采访请求。"杜峰说,在看到这些"不实报道"后,针对对方不实的采访、不求证的态度,中联重科一位高层负责人曾在2013年6月专门带队前往新快报社沟通,希望澄清事实,停止不实报道,但未果。中联重科也发过公告做出澄清,但对方依然连续进行"不实报道"。关于事件的进展,中联重科法务部门已经报案,案情的具体情况将由公安机关对外公布。

（3）长沙警方

被刑拘记者存在捏造事实情形,造成对方重大损失。

2013年10月23日上午,长沙市公安局表示,之所以刑拘《新快报》记者陈永洲,是因为经调查从2012年9月26日至2013年6月1日,该报及其记者陈永洲等人在未到中联重科进行实地调查和核实的情况下,捏造虚假事实,通过其媒体平台发表关于中联重科的负面文章共18篇,其中陈永洲署名的文章14篇。2013年6月,中联重科曾就此事专门派人前往新快报社进行沟通,要求其到中联重科进行实地调查和了解真实情况,停止捏造、污蔑和诋毁行为。但新快报社及陈永洲不顾中联重科的要求,仍然继续发表关于中联重科的负面文章。

长沙市公安局认定,陈永洲捏造的涉及中联重科的主要事实有三项:一是捏造中联重科的管理层收购旗下优质资产进行利益输送,造成国有资产流失,私有化;二是捏造中联重科一年花掉广告费5.13亿,搞"畸形营销";三是捏造和污蔑中联重科销售和财务造假。在报道过程中,陈永洲没有具体依据,也未向相关监管、审计部门和会计师事务所进行咨询,只是凭自己的主观臆断发表文章。长沙市公安局称,2013年9月17日,长沙市公安局聘请湖南苗扬司法鉴定所对中联重科因广东新快报社及其记者陈永洲发表的18篇文章所造成的损失情况进行鉴定。经市公安局执法监督支队审核,认定嫌疑人陈永洲捏造并散布虚伪事实,损害中联重科的商业信誉,给中联重科造成重大损失,其行为触犯《中华人民共和国刑法》第二百二十一条之规定,涉嫌损害商业信誉罪,于10月19日批准对犯罪嫌疑人陈永洲采取刑事拘留的强制措施。

(三)陈永洲事件分析

1. 坚持新闻真实性的必要性

真实是新闻的生命,是新闻本质的要求,报道真实才能取信于民,是媒体的立身之本。

【事件】2013年10月31日,广东省新闻出版广电局做出查处决定,给予新快报记者陈永洲吊销新闻记者证的行政处罚,责成羊城晚报报业集团对新快报社进行全面整顿,建议追究新快报社相关人员责任,立即调整新快报社领导班子。11月1日下午,羊城晚报报业集团宣布,免去《新快报》社长、总编辑李宜航和副总编辑马东瑾的职务。当晚中央电视台《新闻联播》报道了上述决定。

【分析】

记者陈永洲被吊销新闻记者证,报社的社长、总编辑、副总编辑被免去职务都是因为虚假新闻的报道。人民群众的信任,是新闻媒体得以生存和发展的重要条件,如果一旦人们发现新闻报道是不真实的,他们就会产生被欺骗、被愚弄的感觉,就会失去对这些媒体的信任,甚至对它们所有的新闻和言论都产生怀疑,而新闻媒体的一旦失去人民群众的信任和支持,也就失去了存在的价值,最终必然受到社会的淘汰和唾弃。

陈永洲称,在不到一年时间内先后发表的10余篇中联重科负面报道中,只有"1篇半"是自己在他人安排采访下完成的,其余都是由他人提供现成文稿,自己只在此基础上进行修改加工,有的甚至看都没看,就在《新快报》等媒体上刊发。真实是新闻的生命,求证是记者的天职,记者更应该靠证据说话、靠事实说话,不能有一点造假,也不能道听途说就成文,由别人提供现成文稿,自己简单修改加工就发表,同样不允许,而陈永洲居然有现成文稿,甚至连看都没看就能发表,何其可怕?陈永洲无视新闻真实性的重要性,势必会受到相应的惩罚。

2.造成新闻失实的原因与避免新闻失实的方法

造成新闻失实的原因有很多,主要分为主观失实和客观失实,而在陈永洲事件中,造成新闻失实的主要原因是记者主观造假,唯利是图,编造新闻。

【事件】据陈永洲供述,他在不到一年时间内先后发表的10余篇中联重科负面报道中,只有"1篇半"是自己在他人安排采访下完成的,其余都是由他人提供现成文稿,自己只在此基础上进行修改加工,有的甚至看都没看,就在《新快报》等媒体上刊发。"我没有审核这些文章的真实性,只是在文章上做了小的修改,并使用了较多的模糊用语,以规避中联重科对我本人及我们《新快报》的追究。"此外,陈永洲根据他人授意,撰写了3条关于中联重科的负面评论,经他人审核后,发表在为此专门新注册的一个微博账号上,被大量转发。

【分析】记者因名或利的诱惑,不惜捏造事实,编造新闻,因为是记者有意为之,性质非常恶劣,产生的不良影响不容小觑。中联重科董事长助理杜峰曾表示:"在做这些报道之前,这个记者和媒体没有对我们进行过直接采访,没有来过我们单位,没有来过任何电话、短信或者提出采访请求。"

没有调查就没有发言权,扎实细致的调查采访是保证新闻真实性最有效的手段。新闻的本源是事实,新闻是对事实的报道,事实是第一性的,新闻是第二性的,如果不按照事实的原貌报道新闻,就会受到事实的惩罚。

加强新闻核查制度,层层把关可以有效避免失实报道的出现。一般来说,记者发表在供职媒体的稿件属于职务写作,稿件能不能发,怎么发,往往并不取决于记者,记者写好稿件之后到报纸正式发出,还有诸多程序要走,必须要过编辑关、主任关,乃至值班老总关等等。《新快报》管理层居然轻易地将这些负面报道刊发出来,有两种可能,一是内部管理体制完全失灵,相关把关人失明;二是存在利益输送,一些管理人员为了达到目的,故意选择性失明,为问题稿件大开绿灯。换言之,陈永洲应该承担责任,《新快报》也难辞其咎。对此,中国记协已经表态:《新快报》在长达一年的时间中连续发表多篇该记者署名的捏造事实的报道,严重失职,也应承担相应的责任。

3.新闻工作者的自律与他律

(1)社会主义新闻职业道德的基本原则

【事件】从2012年年底起,陈永洲曾连续发表十数篇对中联重科的相关报道。2012年9月26日和9月27日,媒体报道称中联在2012年上半年运用财务手段,使半年报利润虚增7亿元;2013年3月29日,中联重科又被曝前一年32亿元收购CIFA的交易中有利益输送的嫌疑。

2013年5月27日,中联重科被曝财务造假,记者陈永洲实地暗访证实该公司在华中大区涉嫌虚假销售,称该公司在2012年前三季度向湖南当地主要客户发售数量巨大的混凝土机械销售订单,但2012年四季度出现大规模的退货订单。

消息一出,中联重科股价也是连连下挫。数据显示,2013年2月份以后,中联重科A股股价从10.44元/股持续下跌,最大跌幅曾达52%,市值蒸发约340亿元。2013年以来,中联重科H股市值最多时也蒸发了上百亿港元。

【分析】社会主义新闻职业道德的基本原则可以基本确定为以下两点:一是社会主义新闻工作全心全意为人民服务的原则,二是社会主义新闻工作坚持从实际出发、实事求是的原则。当时,身处湖南长沙第一看守所的犯罪嫌疑人、《新快报》记者陈永洲向办案民警坦承,为显示自己有能耐、获取更多名利,其受人指使,在未经核实的情况下连续发表针对中联重科的大量失实报道,致使中联重科声誉严重受损,导致广大股民损失惨重。在报道刊发之时,陈永洲想到的是自己的名和利,并未考虑广大股民的实际利益,这种无视人民利益的行为,势必会受到社会与人民的唾弃。

(2)新闻工作者的职业道德

《中国新闻工作者职业道德准则》第四条中明确规定:坚决反对和抵制各种有偿新闻和有偿不闻行为,不利用职业之便谋取不正当利益,不利用新闻报道发泄私愤,不以任何名义索取、接受采访报道对象或利害关系人的财物或其他利益,不向采访报道对象提出工作以外的要求。

【事件】证据显示,在发表针对中联重科的失实报道期间,陈永洲多次收受他人提供的数千元至数万元人民币不等的"酬劳"。特别是2013年6月和7月,在他人授意和周密安排下,陈永洲先后赴香港、北京,向香港证监会、香港联交所和中国证监会实名举报中联重科。虽然中国证监会及时向陈永洲做出书面答复,称"经核查,未发现中联重科华中销售区销售财务造假,未发现中联重科澄清公告与年报数据矛盾情况",但中间人认为负面影响已经客观形成,达到了预期目的,先后多次给陈永洲数十万元人民币和数千元港币作为"酬劳"。

【分析】陈永洲向民警坦白,为显示自己有能耐,获取更多的名利,他受人指使,连续发表针对中联重科的大量失实报道,致中联重科声誉严重受损。新闻媒体行使的是公共权力,作为从业人员必须要接受职业道德的约束,行为规范要以职业道德为准绳,绝不允许公权私用,更不允许钱字当头搞有偿新闻、有偿不闻,甚至敲诈勒索。在新闻媒体竞争激烈的当下,更要加强新闻媒体的建设。

(3)新闻工作的法律规范

法律是一种特殊的社会规范,它对新闻工作者职业行为的调整和控制,完全有别于新闻职业道德规范。它以服从为前提,以制裁为后盾,通过强制力来保证实施。法律规范对新闻工作者职业行为的调控,是通过多种形式表现出来的,如宪法、法律、条例、决议等。我们的国家是由中国共产党领导的,因此,在社会主义条件下,有关新闻工作的法律规范,还包括了党的宣传纪律和党的新闻政策。

【事件】办案民警介绍,2013年5月27日,陈永洲无视两家正规会计师事务所对外公布的审计报告,在《新快报》发表题为《中联重科再遭举报财务造假,记者暗访证实华中大区涉嫌虚假销售》的报道,称中联重科华中区涉嫌虚假销售和财务造假。该报道给中联重科造成极其恶劣的影响,中联重科A股被迫停牌两天,引起监管机构、股东、社会知名人士、广大股民对公司财务、管理、销售广泛质疑和批评,公司不得不发布公告澄清。司法鉴定结果表明,公司A股、H股在5月29日超过行业平均跌幅而减少的股价市值为13.69亿余元人民币,致使广大股民损失惨重。

【分析】新闻传播活动中的违法行为主要分为刑事违法与民事违法。"损害商业信誉罪",1979年没有涉及此项的规定。1997年修订《刑法》时,根据《反不正当竞争法》的有关规定,将扰乱市场秩序的犯罪单独规定为一节,即第三章《破坏社会主义市场经济秩序罪》下的第八节,定为"扰乱市场秩序罪",这位惩治扰乱市场秩序的犯罪行为提供了法律依据。

新《刑法》第二百二十一条规定:捏造并散布虚伪事实,损害他人的商业信誉、商品声誉,给他人造成重大损失或者有其他严重情节的,处二年以下有期徒刑或者拘役,并处或者单处罚金。对损害商业信誉法定立案标准有两条。一、给他人造成的直接经济损失数额在五十万元以上。二、虽未达到以上数额标准,但具有以下情形的:(一)严重妨害他人正常生产经营活动或者导致破产、停产的;(二)造成恶劣影响的。

2013年2月份以后,中联重科A股股价从10.44元/股持续下跌,最大跌幅曾达52%,市值蒸发约340亿元。公司A股、H股在5月29日超过行业平均跌幅而减少的股价市值为13.69亿余元人民币,致使广大股民损失惨重。陈永洲的失实报道给中联重科造成的直接和间接损失,以及给中国股民带来的经济损失,足以使他接受法律的惩治。

第三节 如何进行事实核查

一、真实性的内涵决定的核查工作的内容

新闻真实性的内涵决定了核实工作的范围和要求:(一)新闻报道中的每一个具体事实都必须是确定存在,合乎客观实际的;(二)新闻报道中的各个要素都必须准确无误;(三)新闻背景的介绍,包括事物的发展变化以及与其他事物的联系必须真实;(四)新闻中的具体情节描写、人物语言、心理活动、思想变化的介绍必须真实,不能夸张渲染,更不能以想象代替事实;(五)不能以偏概全,以点带面,不仅要做到所报道的单个事情的准确,还要从本质上和发展趋势上去把握局部真实与整体真实的统一;(六)对新闻的解释要合乎客观事实本身的发展逻辑。可见,新闻核实的任务是多么繁重。

二、事实核查的一般流程

从德国《明镜》周刊和美国《纽约客》的做法,我们可以窥见西方媒体事实核查的一般操作流程:在记者的新闻稿件公开发表之前,由若干事实核查人员对其在专业知识、消息源引语、相关背景等方面,结合核查员自身的专业所长,通过查阅档案资料、与采访对象或记者进行再次沟通和确认等多种方式,事无巨细地进行核查工作,以避免公开发表的新闻报道中出现事实性错误。

核实是一个实践过程。不同的人对核实的具体操作可能各异,但仍然具有很多行之有效的共通性的核实技巧可供人们使用或借鉴。有一些媒体则使用"准确性清单"的方法,以提醒员工意识到核实的重要性,比如:报道的导语是否得到了充分支持?能帮助受众理解新闻的背景材料是否完整?新闻中的所有利害相关者是否都得到确认,是否联系过各方代表并且给予其发言机会?新闻是否偏向某一方或做了难以觉察的价值判断?有些人是否会格外喜欢这篇报道?是否在新闻中对每条新闻的出处进行了标注和查询,以保证其正确无误?这些事实是否足以支持新闻的前提假设?有争议的事实是否得到了多个信源的支

持？是否对引语进行过复核，以确保其准确并且不会断章取义？清单方法或许机械，但确实能帮助将报道变得更准确。

三、事实核查的方法(途径)

记者对公众负有信息责任，无论是采访对象提供的信息，还是记者观察、引用的材料，都必须保证事实准确无误。无论所在媒体是否设置事实核查员，记者自身都要掌握事实核查的方法。

(一)找当事人核实

这是指采访时没有听清楚的关键点和重要事实，要边采访边与当事人核实。虽然核实有时会打断采访谈话的流畅性，但是为了采访的准确性，有时不得不停下来与当事人核实。在采访现场给当事人看一看你记的笔记，看看数字和专用词汇是否正确。

(二)新闻源查证

记者报道的事实主要来自信源，而通过信源，记者将事实的真实情况还原于受众。"多源求证"是核实新闻素材的一个重要原则，即要通过两个或两个以上与事件无关的独立消息来对新闻进行核实。新闻源的查证还可以是在网上查找相关主体的官方网站或者寻找相关目击证人，多方核实。尤其是对于重要的事实，不能听当事人的"一面之词"，要找到了解这一事实的对方或是第三方进行核实。在条件允许的情况下，尽可能多地选择一些采访对象。

(三)内容分析

对于从各方所获得的新闻素材，要考虑其在前后逻辑上是否存在矛盾，或者内容有违常识性，或者跟查询到的背景资料有不同之处。如果努力核实仍无法解决，不能自作主张地选择自己偏向的"事实"，应该向专家请教或直接向读者指出可疑之处。

(四)深入调查

记者亲自奔赴事发现场，是核实某些事实信息的最重要的方法之一。当然，这样做的成本比较高，但这种方法避免了不少假新闻的出现，是保证新闻真实性的重要的核实方法。当无法亲临现场时，就可以采用前面提到的方法，比如紧密联系背景资料。真实性的背景资料有各种法律、法规和有关部门的正式文件，政府、企业的官方网站，以及相关人员的博客或者一些专业性的知识网站等。同时，采访有关人员引用的背景资料最好有备份留档。

(五)技术判断

全媒体环境下，新闻素材不只是文字的，还有图片、录音、视频等形式，记者要从技术上判断这些素材的真实行为。现如今 PS 技术应用泛滥,但是,只要采编人员仔细查看图片的焦点、色差、图片上物体的远近距离等细节,就可以判断出图片的真假。对于录音、视频上采取的剪辑手段,技术人员凭借经验同样也可以判断其真假。

（六）经验性总结

采集到的新闻素材能否直接用,还应该符合记者的经验总结。例如,愚人节采集到的素材,经常被曝出是来自虚假新闻网站的文章,因此,记者一定要增强对信息的分析处理能力。在信息海量化、碎片化的今天,一些媒体工作者为了追求新闻的时效性,对新闻事件的调查不够深入,容易造成事实的片面传播甚至错误传播。有时在热议事件的扩散阶段,部分媒体工作者一味地迎合受众需求,在分析处理信息的过程中把关不严,疏于调查、核实,使得媒体舆论缺乏客观性。在新媒体环境下,媒体工作者应主动肩负起事实核查的责任,给受众呈现事件最真实的一面。

第七章 懂得如何用图片说话

新闻摄影是以图片的形式对新近或正在发生、发现的事实进行报道,新闻摄影图片是向大众传播新闻信息的主要手段。如今,在多种新闻传播形式并存的时代下,新闻摄影图片能够以自己特有的表现形式生动有趣、客观真实地报道新闻现场的情况,这是新闻摄影有别于其他传播形式且不可取代的一个重要优势,尤其与现在人们快节奏的生活相吻合。新闻记者将新闻图片配以简单的文字说明现场的情况,这样的新闻信息更能满足受众对碎片化时间处理的需求。在融媒体时代下,随着新媒体的冲击,新闻摄影的传播途径和影响范围也得到了进一步扩大,它从原先纸媒新闻的主要元素,发展到电视、微信、微博等多种载体上。随着媒体技术越来越先进,其表现形式也越来越多,从单一静态的形式向声音、图片、文字相结合的动态形式转变,这有利于满足人们对新闻摄影图片方面的种种需求。面对这样一个读图时代,记者要具备用图片讲故事的能力。

第一节 新闻图片的魅力

新闻图片,是通过视觉手段来传达信息的新闻报道载体,是构成新闻不可或缺的一部分,无论是在传统媒体——报纸,还是新兴媒体——网络,我们都可以看见新闻图片的身影。在如今的这个信息大爆炸时代,图片的作用越来越凸显,西方学者把图片比作报纸版面的"心脏",认为新闻图片不再是点缀版面的工具,而是把消息直接、及时传送到读者面前的重要手段。由此可见,新闻图片在新闻传播中的作用越来越显著。

广义的新闻图片主要包括:新闻照片——利用摄影技术制作完成的用于报道新近发生的事实的图片;新闻漫画——一种在特定新闻报道载体上,运用夸张、幽默的绘画形象和构图语言,专门报道或评议国内外新闻发生的时事、社会问题的绘画形式;新闻图表,分为统计图、示意图和地图,是指综合运用文字、图形符号、照片、线条、数据、色彩等有机成分,可以传达、解释新闻信息的图表。而狭义的新闻图片则仅仅是指新闻照片,本书所讨论的新闻图片仅限于新闻照片。

新闻图片具有纪实的作用。作为独立报道体裁的新闻图片要具有再现新闻现场、记载真实瞬间的作用,这样的照片是新闻媒体使用时不可或缺的重要组成部分。所谓"一图胜千言",指的就是新闻图片能够以文字新闻所不具备的语言符号,形象地再现新闻发生现场的每一处细节,使读者得以最直观、最全面、最真实地看到事物的全貌。如果没有这些拍自第一现场的新闻图片,新闻传播的效果就会大大减弱。今天的新闻是明天的历史,而新闻图片无疑是一种最生动、最真实的历史记录。

新闻图片具有证实的作用。非独立使用的新闻图片具有证实文字报道的作用。这类照片是对新闻资源的充分发掘,对提高新闻报道的可信度具有重要意义。对于一份报纸的读者来说,文字报道固然能够描绘新闻人物或事件的发展变化,能够阐述其意义,但中国有句古话,"耳听为虚,眼见为实",读者更喜欢通过直观而具象的画面来获取新闻内容。如果在阅读文字报道的同时能够使受众通过照片的形象性画面看到当时的真实场景,就能进一步提高报道内容的真实性。

新闻图片能起到视觉冲击的作用。图片的形象性和直观性能够产生强烈的视觉冲击效果,产生特别的吸引力与震撼力,这是文字报道难以达到的。在当今的报纸版面设计中,新闻图片已经被当作吸引读者的第一位要素得到编辑的充分重视。许多报纸的新闻版编排,首先考虑的就是选择具有视觉冲击力的"主打照片",以较大的篇幅突出表现。一张优秀的图片足以让版面抓住读者的眼球。我们都很熟悉的毛泽东在天安门的图片,希望工程"大眼睛"女童图片,抗震救灾、抗洪救灾图片,周总理在万隆会议上的图片,邓小平视察南方谈话的图片等,都有很强的视觉冲击力,令人过目不忘。

新闻图片能起到达意的作用。新闻图片除了传递信息,也起着表情达意的作用。新闻报道讲求客观公正不能掺杂个人感情,新闻记者要时刻摆正自己的位置,将自己置身于新闻事实之外。但是图片是对历史瞬间的记录,是有"感情"的。透过新闻图片,我们可以窥视人物的喜怒哀乐,可以看到他们复杂的内心活动。例如 2011 年 6 月 3 日的《南方都市报》中关于李娜在法网女单首场半决赛中,以 2 比 0 击败三届大满贯得主、赛会 7 号种子莎拉波娃,继年初澳网之后再进大满贯决赛的一则报道,李娜举起球拍和双臂挥舞的样子,我们可以体会到她心中那种溢出的开心,那种为国争光的自豪和骄傲不言而喻,这时候任何文字都是多余,图片的张力和冲击力可以诠释所有的感情。再如 2011 年 4 月 30

日《新晚报》关于英国威廉王子和凯特王妃大婚的一张照片格外抢眼,白金汉宫阳台之吻的经典再现,让我们想起了当年的查尔斯王储和戴安娜王妃。唯美的照片,感人的爱情故事起着极好的艺术渲染作用,吸引了观众的眼球。

新闻图片能起到引导的作用。中国的新闻媒体作为党和国家的喉舌,担负着发布政治信息、宣传政治主张、塑造政府和政治人物形象、引领舆论导向的重任。图片纪实性和现场感使其在舆论引导方面也起着不可替代的作用。汶川地震发生后,胡锦涛总书记、温家宝总理先后奔赴地震灾区,领导指挥抗震救灾,胡总书记在现场讲话时,余震不断。这个画面对全国人民来说,都会记忆犹新,因为它具有极强的震撼力和鼓舞作用。还有一个画面是温总理的哭泣,他在都江堰视察抢救情况,看到抢险人员正在解救两名被困在废墟下的孩子时,他流泪了。他说:"我是温家宝爷爷,孩子们一定要挺住,一定会得救。"温总理流泪的画面让我们看到了他的忍耐,看到了他的悲悯,看到了他的情义。云南大旱时,温家宝总理赶赴云南省曲靖市,深入旱灾最严重的地区,看望慰问受灾群众,指导抗旱救灾工作。湖北2011年遇到50年以来罕见的大旱,为了鼓舞老百姓,振奋士气,胡锦涛总书记从鄂西北山城十堰到省会江城武汉视察工作,深入旱区了解旱情,并拿着锄头和农民一起种植玉米,总书记在田间考察的一组图片充分体现了党对人民群众的关心,展现了国家领导人紧密联系群众,关注民生疾苦。这些图片的舆论引导价值不言而喻。

第二节 新闻图片的拍摄

一、新闻图片拍摄的基本要素

新闻摄影是新闻媒体日常工作中的必备环节。新闻摄影集新闻性、思想性、真实性、时效性和形象性于一身,能将新闻主题的情感浓缩于画面中,"一图胜千言",给人以简洁震撼的效果。新闻摄影要求在图片内容和形式上实现真善美的统一,要运用艺术的手法把握典型瞬间,让图片"说话",这样才会有较强的思想性和感染力,才会有震撼人心的效果。因此,在实际拍摄过程中,切实把握好新闻图片的拍摄技巧就显得十分重要。

(一)拍摄角度

在新闻图片的拍摄中,拍摄角度直接影响着主体,即新闻事件中的主要人物及主要事件。无论在任何环境条件下,摄影者必须始终注意新闻事件主体的变化,在其频繁的变化中掌握运用拍摄角度,抓住拍摄时机,充分利用有效果的画面构图和现场有限的光源准确曝光,为一幅完美的新闻图片打下坚实的基础。

(二)拍摄高度

在新闻摄影中,新闻事件主体与环境、条件的变化,往往因拍摄高度的不同影响形象。无论是会议新闻,还是人物报道,或是反映抗洪救灾的大场景新闻照片,拍摄者如果不是在同一条件和同一高度拍摄,那么,形成的效果肯定也不一样。

(三)构图

虽然抓拍是新闻摄影中最基本的手法,但并不意味摄影记者就能随意拍摄。摄影记者在抓拍时要注意跟进主体,判断主体与陪体、环境的关系,以此来保证构图的合理性。有些摄影者在新闻事件中从头到尾不注意主体变化,见什么拍什么,主体成了陪体,甚至把要反映的主体排斥在了画面之外,或者说不应该突出的反而突出了,其图片效果肯定会大打折扣。

(四)光线

通常情况下,一些会议和大型活动都是在弱光氛围下进行的,这就给摄影工作者提出了更高的要求,需要遵循现场的光线进行工作(新闻现场一般不允许使用闪光灯)。在这种情况下,需要调高相机的感光度,以增加快门速度,保证拍摄质量。利用现场光线拍摄时,我们尽量选用大口径镜头,配合感光度可以确保一定的快门速度。

二、增强新闻图片冲击力的拍摄方法

(一)情感是增强新闻图片冲击力的关键

新闻冲击力归根结底在于引起受众的心理情感共鸣。新闻图片涉及政治、经济、文化、军事、体育等方方面面,虽然有的新闻事件主角不是人物,但是新闻的受众就是人,并且是以人为中心,要吸引受众、冲击受众的心灵,新闻图片中必须包含有人的性情,以此为共鸣点,取得与受众情感上的沟通交流。

心理共鸣的产生是以新闻照片的时效性和真实性为前提。首先是新闻照片的时效性,众所周知新闻是指"新近发生的事实的报道",时效性是新闻之所以称之为新闻的最根本特质。新闻照片必须在第一时间报道新闻事件,不是有关最新发生事件的照片,也就不构成新闻图片。因此,时效性是构成新闻图片情感冲击力的基础,只有反映新闻事件的图片能够引起读者更大的心理共鸣,产生更强的心理冲击力。其次是新闻照片的真实性。真实性是新闻的生命线,新闻照片帮助受众从不同角度去发现和认识社会真实,新闻照片已经成为日常生活和行为规范的参照物。拍摄新闻图片要遵循新闻真实性原则也成为新闻从业者的基本职业道德,要直接面对真实社会生活中的人和事。

新闻照片是摄影者通过自身的主观判断,借助摄影器材,以图片的形式描述事件的摄影作品。在拍摄过程中,真实性容易受到拍摄者主观思想的影响,特别是在对照片背后的新闻事件背景等因素的分析判断。摄影记者只有敏锐地捕捉到事件真实瞬间,冷静把握和准确理解拍摄对象的背景故事和情感,才能做到新闻图片的"求新、求真、求活、求情、求意",对读者产生强大的情感冲击力。因此,增强新闻照片情感冲击力要站在受众的角度,从生活和社会中寻找题材,将受众想知道、想看到和感兴趣的内容拍摄下来。我国新闻工作者就拍摄出了许多具有强烈感情冲击力的新闻照片。比如《王光美亲迎少奇同志骨灰》《热泪抒怀》等,有评论指出:"只有记者动了感情,才能拍出以情动人的新闻照片。"

(二)技术的合理运用是增强新闻图片冲击力的手段

新闻照片情感和视觉"冲击力"的形成是以其蕴含的可视信息含量为基础的,其中就包括新闻图片的内容、新闻含量和画面表现力完美结合程度等,这些都可以通过摄影技术的合理运用和实践经验的不断积累来实现。

首先是构图。构图是任何摄影作品最基础的环节。好的构图可以使作品的画面更加简洁,主题更加突出。合理的构图要坚持简洁的原则。美国纽约摄影学院的摄影教材在第一节就强调:"好的照片必须画面简洁,也就是说只摄入必要的内容,而排除或压缩分散注意力的内容。"在简洁的前提下,通过选择特定的前景来突出主体。比如反映两个僧侣面向雪山祈祷的照片,以高大明亮的雪山占据四分之三的画面,僧侣仅以剪影的形式表现,使整个画面充满了圣洁的气氛。

其次是用光。光是摄影中最基本的也是最重要的元素,影像就是通过光和影的完美结合,形成视觉效果。很多摄影作品通过巧妙用光,将照片的视觉冲击和情感冲击有效地结合在一起。比如罗顺裕的《戍边战士迎国庆》以960块石头砌成的国旗墙为背影,主体前景是日出时分,全体指战员在国旗墙下举起右手向国旗敬礼、宣誓。这张照片拍摄于中华人民共和国50周年国庆日,摄影师通过对日出时光线的运用,突出了军人刚毅、坚定和奉献的品质。

再次是色彩。利用色彩之间的对比和烘托可以增加照片的感染力。色彩的对比要选用"黑与白""红与青""黄与蓝""绿与品红"等互补色,可以使视觉效果更加醒目强烈,从而产生最大的冲击力。比如埃克·雷夫纳的作品,运用黑白对比反映一个在白色的裹尸布中的1岁阿富汗儿童。画面中只有他微小的头部,其他部分是他亲人的三双干瘪瘦弱的手在整理盖在孩子身上的布,将战争、贫困的残酷性淋漓尽致地反映出来。

三、新闻图片的瞬间抓拍

新闻摄影是新闻事件中适合用摄影表现的手法记录和传播的可视形象,它不同于照相馆里的人像摄影,"以静对静""一切听从指挥",而是"以动对动",顺其自然。把握瞬间是照片成败的关键。

但是抓拍具有极高的难度,郑州大学新闻与传播学院的延婧将新闻图片抓拍的难度总结为以下几点。

难度一:司空见惯的瞬间居多。许多热闹刺激的事物不易拍出新意,例如暑期双休日的海滩,沙滩和大海里的消夏者居多,当举起相机取景构图时你会发现进入镜头的画面总是似曾相识,没有按快门的冲动;有些具有民间特色的艺术节声势浩大,各类表演目不暇接,置身现场令人热血沸腾,但当用镜头冷静取舍时你会感到许多构成是多次见到的画面情景;有些事情有新闻性,进入镜头里的视觉感受却没有新意;有时一个决定性瞬间闪现出来,拍成画面在构成形式上还是老一套。

难度二:新颖动人的瞬间是个未知数。新闻照片必须具有新鲜感,这种新鲜应在视觉和意境两个环节体现出来。然而,有些美的事物未必新鲜,用超广角镜头囊括一个阵容强大的场面未必动人。新颖的画面情景通常需要当事人之间的行为方式和画面形式结构同时出新,而这对摄影人来说概率极低。有时当事人做事的表现方式独特,可拍成画面依然老套;有时画面视角新,但画面的形象内容没有突破。

难度三:主次合璧具有偶然性。有时一个视觉崭新的情景闪现出来,主体人物的神情颇佳,而其姿态不在写意状态上,无法形成生动的画面格局;有时主体人物神态与姿态都在写意状态上,旁边的陪体不在需要的状态上;有时主次关系都很协调,背景不给力。事物凑到一块儿配合不得当是常有的事,一幅成熟的新闻照片应是珠联璧合的产物。

难度四:时空制约。新闻每天都在发生,问题的关键是新事物出现时摄影人必须在现场。在现场这句话说起来轻松,做起来不容易,因为摄影人面临着时间与空间制约。从新闻事物发生的不确定性上讲,摄影人与新闻事物相遇就是一种机遇。摄影记者拥有新闻现场不等于拥有新闻照片,因为新闻照片也是特定时间和特定空间的结合物,摄影人要获得这样一个视觉空间必须感悟到它的存在,并通过技术操作成功捕获。

难度五:观念制约。观念是先导,没有独特的文化观念对事物就没有独特的解读方式,也就没有别开生面的新闻摄影作品。观念决定摄影作者的视野大小,决定其洞察能力。如果摄影观念老化,无力认识新生事物,当陌生而充满精神蕴含的情景出现时,就会视而不见。①

要想获得一幅好的新闻照片,在抓拍就必须要特别注意以下几点。(一)抓动作。没有动作的题材照出来经常是死板的,没有生命力的。拍摄对象动得越厉害,照片就越生动、越真实。(二)抓神态。有的拍摄对象没有动作,那么可以关注他的神态和表情。神态往往是人物内心世界的表现,有些神态往往无法用语言表达。(三)抓细节。为使作品更加真实可信,就必须得抓细节,细节可以增加照片的可感性和趣味性,没有细节往往导致照片平淡乏味。(四)抓特写。一个人物、一个地点,都具有各自的独特性,抓特写能使照片的表现力增强。由于繁杂而快节奏的生活,人们很难停下脚步仔细观察一件事物,因此把取景的范围推向极端,近到无法再近、少到无法再少、画面精练到极致,就会得到强烈的视觉冲击力。(五)抓矛盾。有矛盾、有问题就能引人注目,耐人寻味。矛盾也是一种对比,对比可以引起人们的思考,从而拓展作品的深度和广度,且对比的因数越丰富,照片的味道就越浓厚。我们进行拍摄的时候应该记住,摄影并不仅仅是看见,还要有所发现。

第三节 新闻图片的取舍

新闻图片中,图片是载体,新闻是内核,其选择需要综合多方面的因素,力争使图片与新闻完美结合。随着图像数字化的普及,新闻摄影与网络、手机的联姻,新闻图片的生产与传播都变得极为便利,当今摄影记者和大众传媒已不是新闻图片的唯一生产者和传播者,业余爱好者同样可以参与其中。摄影记者面对的竞争压力不仅来自业余爱好者队伍,由于媒介技术的快速变革和多种媒介的融合,如何以静态的瞬间形象应对动态影像和多种媒介融合传达新闻信息的冲击成为今天摄影记者要应对的新问题。因而在这个技术飞速发展的时代,摄影记者要拍摄出有视觉深度,震撼读者心灵的精良作品并非易事。摄影记者要在多重竞争中求得生存,让自己的新闻图片具有旺盛的生命力,就必须对新闻图片

---

① 延婧.论新闻摄影的瞬间把控[J].新闻爱好者,2013(1).

的质量进行严格把控。而编辑在对新闻图片的选择时也需要严格按照标准进行。

一般来讲,新闻图片的选择标准有以下几个方面：

一、图片的内容真实

真实性是新闻图片取舍的首要因素。现在的图片处理软件堪称神奇,因此对图片的真实性要严格把关。新闻照片的拍摄有一定的技术要求,照片的拍摄有抓拍、摆拍等多种形式,对事物瞬间的抓拍展示的才是事物发展最真实、最具感染力的画面。因此对新闻图片进行挑选时,我们要选择最能表现新闻本质的那一幅。

二、图片的新闻价值

图片,尤其是新闻图片所反映的事实的新闻价值,是图片传播价值的核心内容。"艺术性再强的图片,如果反映的事实是空洞无味的,也无法成为优秀的新闻摄影作品"。判断图片的新闻价值,应该看它所反映的事实是不是具有重要性、新鲜性、显著性、趣味性、贴近性等要素。图片具备的新闻价值要素越多,采用的可能性就越大。

三、图片的信息含量

一则图片新闻和一条电视新闻相比,在画面上有极大的数量悬殊。在这种情况下,电视新闻的信息量也就占了上风。新闻图片是把一个事件的全过程浓缩为一个瞬间,把立体事物转化为一种平面影像,把全方位的新闻场景转化为一个有限空间,其信息的含量先天受到一定限制,在这种情况下,能动地把握画面的信息量,尽力把新闻照片拍出分量,拍得耐人寻味也就成了摄影记者的业务主攻点。

拓展画面形象的数量不是确保新闻摄影作品信息量的唯一途径,简洁的影像结构也可传达出丰富的画面信息,例如反映汶川地震灾情的一只逝者儿童的小手紧握着一支圆珠笔的那个特写画面,其画面形象是单一的,但这一视点却蕴含着一个巨大的精神空间,让读者去想象和品味,这个画面形象典型,视觉强烈,信息抽象于纵横交织之中,可谓"一图胜千言"。从简洁的视觉符号中透射出丰富的画面信息,这是一种摄影表达的艺术,它要求摄影者发现与思考,从普遍现象中寻求个别现象,在个别现象中选择典型形象。从画面构成看,主体是画面中的一个点,而这个点必须有一定的新闻背景、象征性和外延性,而要突出主体,充分表达主题和新闻内涵需用精准的画面形式进行视觉传达。

四、图片的视觉冲击

在选择图片时,图片编辑应该着重把握的是视觉冲击力。编辑在选择图片时,要考虑其画面是否抓住了报道对象最典型、最精彩的一瞬间。这一瞬间应该展示人物最有特点的面貌与性格,展示事件发展到高潮时的场面和气氛。所以,这类新闻图片应该具有动感,能在"第一时间"抓住读者眼球,将人们的注意力引向画面的境界之中。

画面视觉冲击力的形成来自客观存在与主观努力。客观条件为摄影师营造画面的视觉冲击力提供了先决条件,然而并非每个摄影师在面对形象丰富的场景时都能拍出具有新鲜视觉感受和强烈的视觉感染力的作品,要让自己的新闻图片在视觉表达上新颖而有活力,对于摄影师而言最重要的是要运用新的视觉思维来支配画面,用新的视角去观察事物,用独特的视觉解读方式去呈现自身对新闻事件的独到理解。例如,在多个新闻赛事中获奖的体育特写类作品《血染赛场》,照片反映的是2008年北京奥运会女子柔道的一场比赛,摄影师没有按常规思路聚焦比赛选手搏击的动作和场景,而是拍摄了其中一名女选手受伤时滴落在地面的一滴血,画面不仅清晰地映现了一滴血,虚化的背景还描绘了运动员跪地的腿和缠着绷带的手,这种独特的视角给人耳目一新的感觉,简约的构图形式把体育照片的内涵升华到对人性层面的探究中,让观众看到的不只是体育竞技本身,更重要的是看到金牌夺取的艰辛和运动员拼搏奋斗的精神。

五、图片的文化内涵

将新闻画面注入文化内涵需要在真实制约中创造,操作起来有一定的难度,然而在照相机普及、人们的视觉素养不断提升的时代,倘若新闻照片仅停留在事物表面记录层面而缺失内在含量的话,也就谈不上形象感染力和精神感召力。新闻摄影不能满足于一般的技术操作简单地传达一则新闻信息,而应在信息传递、心灵感召和文化传播方面发挥其传播功能。摄影者更应提高自己的人文素质,将摄影上升到文化层面,从本质上提升新闻照片的质量。

让图片讲述人生故事,不可忽视对人性的揭示,无论是正面题材还是负面报道。负面新闻事件揭示人性的丑恶,图片显得深刻;正面新闻事件揭示人性的光辉,影像撼人心魄,能引发社会共鸣。摄影是一种选择的艺术,面对纷繁复杂的拍摄现场,摄影人拍什么,不拍什么,都需要进行理性思考。如果站在人性的角度去发掘人性的亮点和弱点,作者也就融入了人文思考,就会给影像赋予人文精神。

六、图片的风格特点

图片是一篇稿件或一个版面的构成部分,图片体现的风格特点应该与整个新闻版面的风格协调。编辑和记者在选择图片的时候,既要考虑是否有利于突出新闻主题,也要尽可能考虑是否有利于整个版面美观和谐,为受众呈现最佳的阅读观赏效果。

第四节 全媒体环境下的新闻图片

2010年元旦,腾讯网新闻中心图片频道推出了一个纪实原创图片故事栏目——《中国人的一天》,它旨在记录并展现普通中国人的真实生活,关注那些用心生活的人。栏目自上线以来,每日推出一期人物故事,一年365天从未间断,从名人富贾至贩夫走卒,几乎涵盖了社会的各行各业,向受众全面展示了中国人的平凡生活。栏目上线至今已推出超2000期,微信官方公众号粉丝超过30万人,PC端每日点击量高达200万人次,单期最高评论数过万[1]。紧接着,腾讯网新闻中心图片频道推出《活着》《图话》等栏目,吸引了广大受众的持续关注。这充分说明,全媒体背景下,新闻图片有了更新的表达方式,也产生了更广泛的影响。

以《中国人的一天》为例,当前全媒体的环境下,新闻图片呈现出如下特点。

一、美学元素增强新闻图片的观赏性

新闻摄影作为一种独特的新闻传播形式,最大的魅力就在于它的形象性,这也是广大受众喜爱新闻摄影的重要原因之一,它比繁杂冗长的文字更具体、更形象,对于新闻现场的记录与表现更加完整具体,这是文字无法超越的。形象性这一重要特征也使得新闻不再那么严肃,不再那么高高在上,它将受众与新闻的距离拉得更近。新闻摄影图片的表现力与形象性也胜过文字描述的抽象性,这使受众大大提高了对新闻信息真实性的信赖。眼见为实借助摄影在新闻中得以更好地运用。

对于新闻摄影,大多数人存在着一定的误区,认为新闻摄影本应就是板正的,严肃的,只要客观真实,将新闻信息囊入摄影图片即可。一直以来,艺术界的

---

[1] 田野,苗锦锦.中国人的一天:变与不变的中国人[M].中信出版社,2015.

大门都未能向摄影完全敞开,很多人认为新闻摄影只能"纪实",不可"艺术",实则不然。

"一幅优秀的新闻摄影作品,它既要让受众知道新闻现场发生了什么,还应该通过摄影作品向受众传递一种感情"①,从而让受众在情感上对该作品产生共鸣,甚至产生联想,这种情感上的交流是拍摄者与受众间只可意会不可言传的一种东西,这就要求新闻摄影作品必须在纪实性和艺术性方面能够有机融合。这样的融合使作品更具趣味性,使新闻传播效果与影响更深远,使受众与新闻的距离更加贴近。《中国人的一天》中所选择的新闻图片,不仅具有纪实性,更具有艺术性,可以说,纪实与艺术的结合是它吸引受众的最大亮点。

二、新闻图片的内容更加贴近生活

《中国人的一天》在征集图片时的宣传语中写道:"一天,24小时,1440分钟,86400秒。当中国960万平方千米土地上的微小个人,以天为单位,努力求生存的时候,他们也许从未想过,自己所经历的,也是一段平凡而真挚的故事。讲述出来,会感动他人。"作为纪实图片故事栏目,《中国人的一天》旨在通过展示一个个普通中国人一天的平凡生活,来记录这个变革的时代,纪念造就这个伟大时代的普通大众。这样的定位非常符合受众心理,受众从图片中可以看到中国人对技艺的传承,对新兴领域的开拓,对生活的坚守,对幸福的追求……就是这样的中国人,平凡却充满新奇,质朴却真实感人。

三、新闻图片传播的互动性更强

随着社会经济的发展,传媒行业的载体变得多种多样,社交平台、网站移动终端、自媒体平台等都可成为发布新闻信息的平台,这样的平台使受传双方的距离更近,评论更加随意,互动性更强,比以往的单向传播更容易被大众接受。比如在腾讯网《中国人的一天》中,除了内容区,还专门设置了评论区,供受众与作者、受众与受众之间互动。

四、新闻图片的来源更加多元化

向《中国人的一天》栏目投稿的个人或组织十分多元化,有腾讯的其他频道,如腾讯体育、腾讯公益;有个人摄影师,如易超、宁坚;有网站的记者,如大楚网的马路遥、大浙网的时鹏;有纸媒的记者,如《海南日报》的张杰、《华商报》的陈团结;有主流媒体的记者,如新华社的刘潺、中新社的杨华峰;有腾讯与知乎合

---

① 蔡荣章.新闻摄影的纪实性与艺术性辨析[J].传媒评论,2016(11).

办的"知乎职人介绍所"……栏目的稿件来源由开始的以网友供稿为主到现在的以职业摄影师和资深摄影爱好者供稿为主,图片的质量越来越高。①

五、新闻图片的推广渠道更加丰富

《中国人的一天》栏目的传播推广同样也离不开各式各样的渠道。

首先是腾讯网平台的运用。依托于腾讯网新闻中心的图片频道,《中国人的一天》栏目可谓是开网络视觉原创之先河。栏目每期的图片在腾讯网新闻中心首页右侧的"影响力"专栏上滚动出现,并与腾讯网其他频道(如公益频道、体育频道)强强联手、紧密合作,不定期地联合推出一期图片故事。腾讯网频道之间的相互联合,有利于发挥原创栏目优势,优化整合资源,形成良好的规模效应。

其次是微信官方公众号的运营。《中国人的一天》栏目推出了自己的官方公众号,从而降低了栏目的推广成本,广泛地传播了栏目的生产内容。公众号的头像采用栏目首页的题头 logo,辨识度高,方便网友准确地搜索和关注。栏目公众号每天同步更新当日的图片新闻作为头条,并且有时还会附加推送"我的年度照片""征集"等专栏,提高了栏目与用户之间的互动参与度。另外,受众利用微信在手机上就可以随时随地浏览栏目图片,而不受时间和空间的限制再去登录电脑网页浏览,这样不仅为受众提供了便利,也增加了栏目图片新闻的点击量。

第三是同名系列图书的营销。腾讯网图片频道在线下的营销方式之一就是推出栏目的系列同名图书,如腾讯图片推出了《活着》《中国人的一天》系列图书。就《中国人的一天》而言,其同名系列图书至今已推出了3本,且在当当网的评论等级都是五颗星。《中国人的一天》图书登上了中国图书评论学会的"大众好书榜",《中国青年报》等媒体先后对这一新闻进行了报道,栏目的关注度日益增加。

总的来说,媒介融合是新闻行业发展的必然趋势。摄影记者要与时俱进,主动适应新环境下的新形势,主动向全媒体记者全面转型,顺应时代的潮流,了解受众的心理,把握行业的需求,主动学习掌握更全面的技能。

---

① 王俊杰,网络图片新闻探析——以腾讯《中国人的一天》栏目为例[J].新闻研究导刊,2016(4).

第八章　把握视频类新闻的发展趋势

新媒体的发展逐渐趋于成熟,传统媒体也迎头赶上,从省级到县级都纷纷设立全媒体中心,这说明培养熟悉新媒体市场运作流程,适应全媒体时代数字化采编要求,能在报道中综合运用文字、图片、音频、视频等多种传播手段和表达方式的复合型传媒人才迫在眉睫。根据教育部行指委新闻采编与制作专业教学标准研制组对42家不同层次、不同区域、不同类别媒体的调研,有68.42%的人认为目前媒体最紧缺的人才是"全媒体时代的全能型记者",远远高于其他单一专业技术类。

而在各项技术中,视频技术的要求又相对较高,因为互联网正在迎来视频时代。2012年5月,网络视频用户规模超过搜索服务,跃居第一,成为覆盖最多网民的网络服务类型。与此同时,随着视频网站快速崛起,网络视频已经大有赶超电视等传统媒体之势。首先,多达80%到90%的用户通过互联网观看视频,视频的渗透率在各个领域是最高的,用户数高达4.9亿;其次,90%到95%的带宽被互联网视频用户占用,目前占用用户时间最长的就是视频,其次才是音乐、社区和游戏等。如此多的用户通过平台观看内容,媒体一定要尽力提供更优质的内容,以此来保证传播效果的最大化。

第一节　新闻短视频

SocialBeta(社会化商业网)网站对短视频的定义是:"短视频是一种视频长度以秒计数,主要依托于移动智能终端实现快速拍摄与美化编辑,可在社交媒体平台上实时分享和无缝对接的一种新型视频形式。"

一、短视频的产生

网络科技的高速发展,推动着媒介主体不断更新换代。从报纸到广播电视再到互联网,媒介延伸了人的感官机能。短视频适应了互联网科技发展的大环境,又得以搭载互联网作为其发生发展的平台,因此成为新媒体时代媒介文化的新载体。

短视频兴起主要有两方面的原因。一是媒介环境的营造。科技的发展为短视频的产生和发展提供了新的媒介环境。人们对互联网的依赖更是不容小觑。不同于传统的广播电视媒体,新媒体的用户多,发布快,拍摄成本低。人们只需要一部智能手机就能随时随地拍摄短视频。二是社会环境与受众需求。快节奏的生活使人们的时间碎片化,且受众需求也体现出分众化的特点。在人们等公交、茶余饭后等碎片化的时间里,短视频为他们提供了一种新的娱乐方式。以梨视频为例,梨视频的分类首先是热门,即受众推送最受大众欢迎的视频内容;其次是推荐,在这个类别下,受众可以根据自身兴趣添加感兴趣的内容,如美食、萌宠、搞笑、瘦身等关键词,运用算法精准推送符合每个受众"口味"的视频内容,达到高效的传播效果。

近几年来,从国外 YouTube,到国内秒拍、梨视频的兴起,短视频在各社交平台上风生水起,壹读视频 CEO 林楚方对发展短视频的思考是:"视频是信息传播的一种形式或者工具,并列的工具包括图片、文字、语音等。在上述工具里,视频的传播效率最高。单位时间内,视频所承载的总信息量最大,既包括影像信息,也包括声音信息、文字信息,还包括为传播者提供二次加工的可能。"

短视频的崛起,已然改变了视频生态的格局。几年来经过市场的自由筛选,以秒为单位的超短视频由于承载信息量过少而发展走低,过长的视频也并不讨喜。而几分钟长度的短视频不仅时间短,内容又能表达得比较完整,因而成为最受欢迎的视频模式。

二、短视频的特征

(一) 制作准入门槛低

短视频的制作一开始是 UGC 模式,现在逐渐转向 PGC + UGC 的生产模式。以微博平台为例,微博热门视频的平均时长在三分钟左右,最初靠微博短视频走红的博主"papi 酱"和"回忆专用小马甲",就经常发布短视频。不用专业的摄制团队,没有电影、电视剧拍摄过程的烦琐,只要用手机抓拍精彩瞬间,或者是制作出观众喜爱的短视频,就可以让很多人观看到你的作品。

如今的微博平台,视频制作者更多是以团队运作为主,具备专业的策划剪辑包装团队,短视频表现得更出众。"与传统的电视节目不同的是,小屏短视频结构无须完整系统,可能是仅仅呈现一个场景,或表达一种情绪,或记录一次观察,甚至只是一段并无主题预设的视频自拍,突破传统视频要素过全、四平八稳的叙事逻辑和框架。这样的方式自由随性,开门见山,节奏明快,既降低了传播者的传播成本,也减轻了受众的心理负担。"

(二)题材丰富

同质化的内容是短视频创作的大忌,差异化竞争才能脱颖而出。比如博主"日食记",他的短视频就以制作家常美食为主;博主"拜托啦学妹"的短视频就以采访在校大学生为主;而像人民网、中国新闻网等官方微博,就以发布实时新闻动态为主。例如2017年8月8日九寨沟发生地震,人民网官微更新了消防官兵救灾的短视频,专业性极强。要在这么短的时间内吸引住观众的注意力,内容必须优质。而梨视频这样专门的短视频媒体,则将纪实类、资讯类、文化类、娱乐类等各种内容融为一体。

(三)受众年轻化

根据2013年的尼尔森报告,18~24岁的青年平均每周观看移动视频时长为33分钟。可见年轻群体在短视频观看方面有一定的娱乐需求、社交需求与观赏需求。年轻群体这种注意力跨度不断缩短的快餐式新闻阅读习惯和对移动视频的依赖,为新闻短视频的发展提供了可能。

此外,越来越多的人选择用手机观看视频,使得受众随时随地观看视频。受众利用碎片化的时间观看视频,碎片化的时间给短视频极大的发展空间,如今很多主流媒体都意识到短视频的传播威力,纷纷制作短视频进行传播,传播手段更加贴近受众心理,取得了良好的传播效果。对于短视频创作者而言,未来短视频领域竞争会更加激烈,但是制作短视频所需要应用的视听语言,是一门重要的语言科学,需要认真思索、学习和提高。

三、短视频节目形态

艾瑞咨询在《中国短视频行业研究报告(2017)》中将短视频定义为:播放时长在五分钟以下的网络视频,具有社交属性强、创作门槛低、观看时长和场景便捷等特征,更加符合移动互联网时代碎片化的内容消费习惯。由此可见,短视频在形态上呈现了"短、快、精"的特点,片长较短,制作周期快,内容也足够精彩,再加上新媒体时代视频传播的参与性、随意性等新媒体特点,适合所有的移动终端浏览和展示,尤其是智能手机的发展和普及,在传播媒介方面极大地推动了微视频领域的发展。

短视频的节目形态包含的种类比较多,大体可以分为以下几类。(一)微电影:故事情节类,准确地说就是剧情类短片;(二)微纪录片:以记录日常生活、有趣的人物故事为主要内容的纪实性短片;(三)资讯类短视频:能够为受众提供新闻信息、服务信息等资讯的短片,其所涵盖的内容非常广泛;(四)其他短片:

如搞笑视频、奇闻逸事等。其中,新闻类短视频属于资讯类的范畴。

四、新闻短视频的未来发展

从 2015 年年初开始,短视频应用在国内网络上火爆的趋势愈演愈烈,新浪微博的"秒拍"、美图秀秀的"美拍",腾讯的"微视"等用户数量都呈现井喷式增长。2016 年全国"两会"期间,短视频成为许多媒体报道新闻的"新神器"、记者的"新标配"。这些短视频虽然时间有限,却因其及时、有动态画面的特点,受到了广泛欢迎。一些媒体开始在自己的网站、客户端和微博中推出短视频模块,成为"两会"新闻报道的一大亮点。从新闻行业发展角度看,短视频和新闻的结合是一种新的新闻传播方式。如果将短视频新闻作为一种新闻传播方式来解析,可以为媒体提供融合发展的思路。深圳报业集团的张露锋在《短视频作为新闻传播方式的发展前景》一文中,对该问题进行了深入阐述。

(一)国内外短视频新闻发展历程

事实上,将短视频作为新闻报道新方式,国外早有先例。2012 年,美国《赫芬顿邮报》联合创始人肯尼斯·勒利尔(Kenneth Lerer)就创立了名为 Now This News 的移动新闻服务。而在 2013 年年初就已经有土耳其记者利用另一款短视频应用 Vine 记录了美国驻土耳其大使馆外的一次自杀爆炸袭击,这段 6 秒的视频记录了所有的重要细节。

BBC 在 2014 年推出了一项名为 Instafax 的短视频新闻服务。CNN 也与 Twitter 合作推出了"Your 15 Seconds Morning"的 15 秒短视频新闻资讯服务。现如今,Now This News 已经成为专业化的短视频新闻生产与传播平台,上面云集了各路媒体机构和媒体从业人员,而 Vine 也从新闻专业化角度推出了名为"Vine Journalist Awards"的视频新闻奖,力图支配这种新的新闻传播工具。

国外这一市场的比拼早已如火如荼,各路传媒巨头们也不甘落后,迅速跟进并且投入巨大人力资金,力求占得先机。回到国内,短视频这一领域虽然发展相对稍晚,但增长速度和规模可观。

从前两年开始,新浪微博、腾讯、陌陌、美图秀秀等纷纷抢滩短视频,短视频已然成为这些平台的标准配置,成为各平台越来越重要的份额。目前,无论是"秒拍""微视",还是"美拍"等似乎都将重心放在社交上,也是这些短视频应用迅速火爆的主要原因之一。每个网友都能用手中的智能手机进行拍摄,利用滤镜、快速剪辑等简单功能分享工作生活的点滴。

被称为"2016 年中国第一网红"的"papi 酱"凭借一系列时长数分钟的原创短视频,在短短几个月内迅速蹿红网络世界,吸引了超过 1000 万粉丝,在微博等多个平台累计播放量过亿次。2016年3月,"papi酱"获1200万融资,估值1个亿,4月22日首单广告拍出了2200万的高价,实现了短视频的价值变现。

由于短视频应用在国内爆发稍迟,国内新闻媒体从业者在这个领域的反应和探索显得有些迟缓。传统媒体单位对短视频这一重要的新闻传播方式认识不够;媒体界众多大咖不是忙于跳槽转型,就是忙于向自媒体进军;更多的传统媒体还在犹豫是否上线自己的新闻客户端,却不够关注短视频这个重要的新闻传播方式和载体。

(二)短视频应用于新闻传播的优势

随着网络带宽的逐渐提升及移动终端设备快速发展,人们可以明显感觉到个体对移动端产品的使用已经不仅仅局限于坐车、吃饭、睡前、如厕等零碎时间,而是将越来越多工作和生活需求向移动端转移,移动新媒体的发展势头已经不可阻挡。

目前,微博和国内各大社交应用已经全部转战移动客户端,一些移动端产品的用户量都以亿计算,逐渐成为用户获取新闻资讯不可替代的新型社交媒体。而短视频作为一种新的社交媒介和新型传播载体,实现了从文字、图片到视频的全面升级,内容丰富多样,一定程度上打破了当前的社交产品形态,也逐渐开始成为新媒体方阵中一个重要的参与者。

1. 即时拍摄、及时分享,符合社交新趋势。

微博等社交应用以往都是通过文字或"文字+图片"的形式进行分享传播。随着移动互联网技术的快速发展,"声音""画面"作为主要社交网络交流形式的条件愈加成熟。短视频完全具备这些特性,也基本符合社交网络的属性功能,可转发、评论、分享、点赞,较之传统的社交方式,短视频承载了更多的信息量及画面感。移动短视频可以被嵌进视频自媒体生产和消费的新平台,又可以连接微博等,极大丰富了社交表达形式。

2. 利于突发事件报道,丰富了媒体报道形式,延伸了话语空间。

短视频新闻可成为新闻记者进行融媒体报道的重要尝试,相比较单纯的文字图片,视频所包含的声音画面可以将无法直接描述或者描述有歧义的地方直接表现出来,对文字图片新闻是一种很好的补充和完善,同时连续不间断的画面内容也比静态图片和剪辑后的视频画面更加生动、丰富,可靠性强,信息量更丰富,更具冲击力,突破了传统采编播新闻的方式。

在"人人都有麦克风"的今天,每个人的信息传送,会在一定程度上造成网络谣言的出现。尤其是在突发公共事件面前,消息来源太多,很难第一时间辨别消息真伪,容易对社会秩序造成伤害,而一条简洁直观的短视频能够全景式反映事件现场,不仅可以使新闻报道变得更真实、更严谨,民众也能在较短时间内大致了解事件真相,从而遏止网络谣言的蔓延。

这样看来,短视频在新闻报道上的使用,一定程度上能丰富传统媒体尤其是纸媒的表现形式和手段,同时可以第一时间连接微博等,既提高了媒体新闻传播的时效性和信息到达率,又延伸了媒体新闻报道的话语空间。

3.时长短,自由拼接,满足了用户碎片化浏览需求。

据统计,在如今注意力稀缺的时代,网络媒介几乎覆盖了人们所有醒着的时间,人们平均每个小时切换应用程序约 36 次,每天会登录约 40 个网站,近三分之二的人在做一件事的时候,手中还会忙着别的事情,时间被分割得越来越短,越来越零碎,造成越来越多的人选择用移动终端看新闻、看视频、打发时间,这其中又有大部分人是"走着看"。人们对碎片化时间的利用已经成为不可逆转的趋势。

著名的"麦肯锡 30 秒电梯理论"认为,好的东西一定要在 30 秒内吸引他人,赢得他人有限的注意力。目前已出现的短视频应用的时长一般限定在 6 秒至 30 秒,并支持快速编辑美化,这与 140 字的微博字数限定相仿,都是为了信息更便捷、快速地传播。由于短视频时长极短,内容上往往开门见山、直奔主题,较之冗长的视频、文字,更容易吸引人们的注意力,让人们产生情感共鸣,因此能形成持久有效的传播力和影响力。

(三)短视频应用于新闻报道的发展前景

现如今,信息传播方式发展越来越快,媒介融合速度越来越快,这本身也是社交应用发展的趋势。从互联网的发展历程来看,网民对于社交应用的选择使用,也是从纯文本图片发布过渡到以多媒体形式去表达。从 Twitter 到 Instagram 再到 Vine,这本身就是一个从纯文字到"文字+图片"再到短视频的发展过程。

对于传统媒体而言,短视频的出现也使得新闻报道方式有了更多可能,并给媒体融合发展带来益处。国外的一些短视频社交应用也有应用于新闻报道比较成熟的先例,不过整体而言利用 Vine 等短视频社交应用进行新闻报道,对于国外多家传媒巨头来讲仍处在摸索阶段。在国内,像"秒拍"这样一个短视频社交应用用于新闻报道还停留在简单尝试阶段,仍需进行深度的生产创新。

1.作为低成本、方便快捷的新闻传播方式,优势凸显。

类似"秒拍"这样的短视频社交应用在产生之初就自带社交属性。由于本身具备影像表达优势,它已经潜移默化地影响了许多喜爱视频社交的青年人,进而为媒体及时采纳这一应用进行新闻报道提供了受众基础,极大地提升了媒体在社交媒体平台进行信息发布的传播力。

以往视频拍摄,尤其是电视台拍片需要专业的摄影器材和长期的拍摄构思及脚本。而随着网络带宽的提升及移动终端设备快速发展,短视频的拍摄只需要一部手机或者一个平板电脑就能完成,短视频介入新闻报道变得水到渠成。一方面,短视频可使视频制作摆脱专业壁垒,新闻记者乃至普通用户可以及时摄取新闻第一手视频素材并快速同步分享至社交平台,新闻媒体的社交平台可以拥有海量的短视频素材来源,一定程度降低了新闻机构本身的视频发布成本,也极大增加着用户体验的乐趣和自豪感,个体创造力也随之得到更大激发;另一方面,短视频应用自带的视频编辑功能可以使多个短视频按不同的构思组接完成长期的系列报道,特别适用于体现长期而又有着细微变化的新闻报道。

2. 和传统媒体相依相存,互为补充。

尽管目前国内各大短视频社交应用的用户增长可观,每日活跃用户达百万,总播放量过亿,但与传统媒体对社会舆论的影响力相比还是有限。由于短视频受时长所限,内容较传统长视频及报纸版面来说有着先天的不足,短视频社交应用的发展带给像电视、报纸这样的传统媒体很有可能不是颠覆,而是一种有益的补充,可以实现联动,增强现场感。短视频内容可作为传统媒体的新闻素材,并且已经有电视节目尝试去做。例如,在 2015 年"8·12 天津滨海新区爆炸事故"中,微博用户的秒拍视频第一时间在微博上传发出,中央电视台新闻频道 8 月 13 日《新闻直播间》2 点档,将微博秒拍的视频作为现场第一手素材进行播报。未来更多的网友会因此成为活跃在最前线的"编外记者",短视频也会越来越多地出现在电视节目中。短视频社交应用可以突破新闻机构以往在社交媒体平台上主要以文字和图片作为信息载体的方式,成为一种更具动态感、更能捕捉冲突瞬间、更利于呈现事实真相的载体。

传统媒体本身还拥有专业优势、人才优势,在内容生产上也更为专业化,在受众认可度上有着长年累月的积累,话语权优势明显。传统媒体能否在新一轮移动互联网大潮中找准切入点,则是能否融合转型成功的关键因素。面对来势汹汹的新媒体,传统媒体更应该借助移动互联网发展的大潮,以更加积极的姿态拥抱短视频新闻等新的新闻传播方式和载体,在与新媒体融合之中发展更多用户。

第二节 移动直播

随着技术的发展,网络直播变得越来越便捷。在网络信号畅通的环境下,一部手机、一副耳机、一个自拍杆,就可以保证一个主播、记者或者一个普通人实现一次直播。以此为背景,2016年网络直播平台竞争激烈,全民参与直播的热情空前高涨,这一年也被称为网络直播元年。从技术层面来说,视频直播摆脱了专业设备限制和收播物理限制,给传统的电视直播带来了挑战;但是从内容层面来说,目前各大网络平台大多以化妆、做饭、逛街、唱歌、游戏等社交性质的直播为主,这又给权威的电视媒体提供了机会。移动直播因其时效性、真实性、伴随性等特点,是非常适合应用于新闻领域的。而在全民直播时代,专业媒体的专业记者为受众提供专业内容就显得更加重要。

2016年,两会、奥运会、G20峰会等新闻大事件上,央视新闻新媒体都充分发挥了移动直播的优势,大大丰富了报道的内容和形式。截至目前,央视新闻已经进行了近400场移动直播,达成了专注移动端发展的战略共识,未来,还准备搭建起基于全球新闻报道资源的移动端传播布局。

移动直播与传统的电视直播除了技术上不同,在传播特点、工作方式等方面也有着诸多不同。技术的便捷并不意味着对出镜记者的要求就降低,反而需要出镜记者重新定位自己的角色。

一、移动直播中记者应具备的五个意识

2017年春运以来,央视新闻客户端推出了一系列移动直播,其中《原来动车是这样"洗澡"的》被广为传播,受到了很多受众的关注。下面将以这条报道为例,深入分析移动直播时代,出镜记者在现场应具备的多种意识及对应的素质要求。

(一)观察提问的记者意识

无论技术怎么变革,作为新闻现场直播的主体,最核心的角色当然是记者,这也是对出镜记者新闻素养要求的体现。扎实的新闻素养体现在新闻业务的很多方面,在新闻现场体现为观察能力和提问能力。

观察能力要求记者能在现场捕捉到有效信息。在直播中,出镜记者要有独到的新闻发现力,这也是记者在新闻现场敏锐发现新闻价值、精准把握新闻事实的能力。新闻现场既是记者出镜的场景,更是一个信息源,记者要在现场及时捕

捉到观众最关注的有效信息。

直播时,记者要善于利用新闻现场一切与报道主题有关或能够提升报道效果的有效信息来达到报道目的,取得理想的传播效果。

提问能力要求记者能有效地进行现场采访。直播报道离不开记者的现场采访,出镜记者手拿话筒,在事发现场提问当事人、目击者、知情者,与采访对象进行面对面交流,可以丰富报道内容。

《原来动车是这样"洗澡"的》中,记者一方面通过观察,带着大家探寻动车"洗澡"的细节;另一方面,记者通过对工作人员的采访解释了大家的许多疑问。

(二)选择把关的编辑意识

在新闻报道中,新闻选取的"把关人"往往是编辑,他会对新闻内容的选择、新闻价值的展现,以及对其他方面进行具体把关。而在直播报道中,这个权利和责任更大程度地移交于出镜记者,怎样体现媒体利益、选择哪些事件、选择哪些画面、新闻的真实性和客观性如何把握、用哪些语言和结构方式报道等问题的把关,都交给了出镜记者,这时出镜记者不仅仅是报道者更是把关者,如何在把关中更加贴近新闻事实,如何使新闻在把关中更具真实感,这是对记者职业素养的一项艰巨的挑战。

一个好的出镜记者,既要顾及镜头又要对新闻事实做出迅速准确的判断,尽管心理压力一定很大。记者要有超强的洞察力,要敏锐地从纷繁复杂的事件中选取最有新闻价值的和典型意义的事实,而且还要善于选取最佳角度进行报道,把观众最感兴趣的信息及时地传递给他们。

《原来动车是这样"洗澡"的》中,记者通过动车"洗澡"这一客观事件,引出工作人员安全意识高、工作辛苦等话题,升华了主题。这就是记者对主题把关和引导能力的体现。

(三)空间调度的导播意识

作为新闻"眼"的出镜记者,可以说是新闻现场直播的调度者,在现场直播中是关键人物。当现场只有出镜记者和摄像师时,出镜记者在体现出以我为主的主体意识的同时,还应该处理好与摄像师的关系。直播是在新闻事件发生、发现的现场不经过录像而直接播出的一种形式。直播报道中,记者在现场的播报替代了写稿和配音,摄像师与出镜记者的配合代替了录播时的编辑。因此,在对新闻事件的直播过程中,出镜记者要强化与摄像师的配合协同意识。

《原来动车是这样"洗澡"的》中,从动车进入工作区进行室外清洁,再到场地内的室内清洁,地点的转换非常连贯,这就得益于记者与摄像师的完美配合。

片中也能不时听到记者给摄像师发出的语言上的指令,这其实也就是导播意识的一种体现。

(四)把控全场的主持意识

在传统的电视直播中,因为不能录制剪辑,所以记者现场的把控能力显得更为重要。移动直播的难度更大,移动直播不仅具有同步性的特点,而且有直播时间长、单机位等问题的挑战,这就需要现场记者的语言表达力和现场把控力更强。也就是说,记者不仅要在现场传播信息,更要具备驾驭整个节目进程的意识。《原来动车是这样"洗澡"的》整个直播将近一个小时,这个过程完全要靠记者把握进程,因此,观众会看到记者在这个过程中难免会出现卡壳等状况,这也就说明,要完成移动直播,需要有非常多的实践来提高这种现场能力。

(五)互动交流的受众意识

网络技术实现了移动直播时的实际评论和提问,这不仅是网友的交流互动,内心情绪的表达,也是对直播的建议和引导,即时说出来想要了解什么,记者可以"投其所好"采访报道。观众能参与其中,发表自己的观点,这种亲历感,也是观众持续关注移动直播的重要原因。与受众的互动交流,还表现在语态上面。真正意义上的移动直播,给人的感觉是现场的面对面交流,能感觉到对方的气场、身体语言,这才是直播的真正魅力所在。《原来动车是这样"洗澡"的》中,记者在面对观众实时提出的问题时,能够及时做出回应,这一点还是值得肯定的。但是在交流的语态上,还是不够放松和自然,在一定程度上影响了互动的效果。

二、出镜记者现场能力的培养

出镜记者是指在新闻现场,在镜头中从事信息传达、人物采访、事件评论的电视记者和新闻节目主持人(新闻主播)的总称。移动直播时代,技术的革新在带给受众更快捷、更直观信息的同时,也对出镜记者的素质提出了更高的要求。但是,置身于新闻现场,捕捉现场信息,展示现场情况,始终都是出镜记者工作的核心内容。一名合格的出镜记者,必须具备熟练把控现场的能力,这样才能充分发挥现场的魅力,带给受众身临其境的感觉。下面,笔者把教学工作中如何培养出镜记者的现场意识进行梳理总结,希望能给大家以启示。

总结现场教学的经验,探索现场教学的规律,不难得出现场教学方法不是孤立存在的,而是贯穿于教学过程的每个环节,只有按照现场还原、现场模拟、现场演练、现场拓展的步骤逐步递进、系统实施,才能确保现场教学效果的实施。

(一)现场还原

现场还原是现场教学的第一个步骤,也是基础环节。现场还原是现场教学与案例法、讲授法、讨论法等多种教学方法的结合,通过课堂上对案例的深入剖析,使学生熟悉工作流程,尤其要注重对现场情况的还原,让学生明白出镜记者针对现场情况如何做出正确的判断。

在具体实施中,教师首先要向学生交代所选案例新闻背景,并引导学生进行思考。假设自己是出镜记者,面对该情景需要做哪些准备,现场报道的思路如何设计,现场可能会遇到怎样的情况,又应该怎样处理。其次教师要向学生展示案例,一方面让学生对比自己的思考与案例中记者的表现有何差距,另一方面让学生体会出镜记者现场报道技巧等理论知识点在实践中的运用,通过总结记者的优点,为学生下一步实践起到榜样示范的作用。

教师在总结时,还要注意引导学生关注事先没有想到的情况,思考出镜记者面对一些特殊的现场细节如何做出恰当的处理。这对教师的要求也比较高,需要他们有丰富的实践经验,同时也要与业界保持联系,通过与一线记者沟通等方式,了解现场背后的故事。

(二)现场模拟

现场模拟是现场教学的第二个步骤,是指通过模拟新闻现场,让学生仿佛置身新闻现场,并在课堂上完成现场报道。

现场模拟的实施可以参考第五届 CCTV 电视节目主持人大赛初赛"我在现场"环节,为学生设计特定的采访情境,结合情境,学生可以自拟身份,自选出镜地点,设计报道内容。练习中,教师可以扮演演播室主持人的角色,适时提出问题,以此考察锻炼学生在新闻现场的报道能力、反应能力。同时,现场模拟也可以将现场报道必备的复述、描述等能力训练融入其中。比如可以选择学生非常熟悉的清明、五一、端午、十一等小长假为报道背景,学生在练习中通过对新闻背景复述以及相关新闻图片或视频的描述进行梳理,从而形成一次完整的现场报道。

在这一过程中,老师不仅是课堂的组织者,更是学生的引导者,在练习中要特别注重学生的报道思路、语言表达以及动作仪态,并及时做出点评,为下一步的现场实战演练打好基础。

(三)现场演练

现场演练是现场教学的第三个步骤,也是现场教学的关键环节。现场演练一般是指狭义的现场教学,即真正把课堂从教室转移到现场。新闻现场教学是把学生带到新闻现场即新闻事件正在发生或已经发生的现场动态和环境中去进行教学的方法。由于各种条件的限制,现场演练环节的现场难以保证是正在发生的新闻现场,往往是已经发生的新闻现场。而对于正在发生的新闻现场的练习,在现场拓展环节可以得到补充。

现场演练要求教师必须做好充分的课前准备,提前熟悉现场,安排好出行方案,考虑好路线、时间、安全等问题,根据现场情况确定教学重点、难点,与有关的管理人员进行沟通,以确保现场教学的顺利实施。

通过现场演练,学生进一步熟悉了现场报道的工作流程,更重要的是通过现场指导,教师和学生能够及时发现一些潜在的问题。同时,现场演练也可以让学生总结自己是如何克服这一问题的,比如注意课堂上讲过的方向性指示语的使用等,既巩固了理论知识,也提升了实践技能。

(四)现场拓展

现场拓展是现场教学的第四个步骤,也是对前期教学效果的检验。在这一环节中,学生的主动性更强,在符合教师提出的一些基本要求的基础上,学生自主选择新闻选题,围绕选题进行准备,提前与摄像记者进行沟通,选择恰当的报道时间、出镜地点,进行现场采访,最终独立完成作品剪辑。

要保证现场拓展教学能够有效实施,需要教师对整个过程进行严格监督。在选题环节,教师要起到把关作用,要考虑选题的新闻价值、现场表现力等,还要根据学生的性格差异、能力水平等因素,考虑学生是否能够很好地完成该选题;在准备环节,教师要起到引导作用,与学生一起对策划方案进行细致讨论,做到有备无患;在拍摄环节,教师要起到实时监控作用,由于选题的多样性,学生外出的时间、地点比较分散,教师难以保证对每位同学进行现场指导,可以鼓励学生利用网络直播和发送短视频的方式,将现场情况第一时间反馈给教师;在剪辑环节,教师还要进一步指导,及时发现问题并提出修正意见。

现场拓展的训练流程与实际工作基本一致,真实的现场对出镜记者是真正的考验,根据现场情况,学生不仅要选择恰当的出镜方式,还要应对现场不可控因素,这是课堂内无法预料的。另外,针对不同选题,还要选择与之匹配的穿着,比如学生在这一环节中报道的选题涉及道路竣工、体育比赛、展览活动等,不同的场景选择不同的造型才能给受众留下很好的第一印象,如果不分场合均以学生休闲装出镜,就会影响报道效果。

第三节　媒介融合式的现场新闻

新闻的定义是新近或正在发生的事实的报道，如何及时有效地将新闻现场展现给受众成为新闻传播的一大难题，但是随着科学技术的发展，这一难题已经不复存在，现场新闻报道应运而生。现场新闻指的是新闻记者深入新闻现场，展现新闻事件发生现场中人、事、物和场景环境细节的新闻，是事件跨时间、跨空间的过程再现。这一概念并不是近来才提出的新概念，早在纸媒时代，客观描写新闻发生现场、展现新闻事件细节的稿件也可以叫作现场新闻。而媒介融合时代，新华社的"现场新闻"则赋予了它新的内涵。

2015年6月8日，新华社客户端正式上线，新版客户端与旧版相比，共有118项改进和创新，它把新闻和资讯的丰富性有机结合起来，形式丰富多彩，风格简洁明快。作为一款新闻客户端，它不仅是中央媒体平台，而且成为全国各地党政机关在移动互联网上发布政务、服务信息的统一平台，是网民的"贴身朋友"。

2016年2月29日，新华社客户端3.0上线。自此，新华社客户端提出"现场新闻"的概念，通过先进的网络技术，将新闻现场最重要的新闻要素通过文字、图片、视频等各种报道方式，将新闻现场实时地呈献给受众。随着新媒体的发展，传统媒体受到了很大的挑战，新华社客户端审时度势，开启了"新闻现场"直播栏目，将新闻现场全方位、多角度地呈现给受众，形成了一种新的新闻生产模式，带给了业界很多启示。

一、新闻理念的创新

首先，"现场新闻"的理念具有前瞻性。2016年游戏直播市场开始火爆，新闻直播却还只停留在电视直播层面，网络上没有出现明显的新闻直播现象，新华社看准这一缺口，充分利用自己国家通讯社的优势，将这一直播中的遗憾补足。

其次，"现场新闻"是一个崭新的新闻样式。它基于互联网技术，适用于互联网，也将传统新闻制作复杂的流程集中化、一体化，大大缩短了从新闻出现到传播之间的时间，保证了新闻的同步传播。

"现场新闻"也极大地增强了新闻的生产力，涉及多个领域，产品众多，包括文字、图片、视频、动漫等。通过多年的努力，"现场新闻"将国内外新华分社的采编人员集合在一起，提升了他们的新闻创作激情，形成了自己的品牌。

二、新闻制作的进步

"现场新闻"的出现使得传统的新闻采编方式得到重组,以往的新闻采编都是线下分开进行的,不仅浪费时间,而且容易出现信息错误,"现场新闻"的出现使得新闻采编播的过程一体化,从新闻出现的那一刻开始全程在线生产,颠覆了传统的模式。

同时,以往的新闻在传播时需要很多部门的协同配合,包括编辑、审核等程序,"现场新闻"将这些部门集中在一起,统一调度,互相配合,互相融合,不仅加快了新闻的传播速度,更让新闻从业者们紧紧联系在一起。

"现场新闻"也让受众参与到了新闻制作中来。受众在传统的新闻中只扮演一个被动接受的角色,"现场新闻"特有的互动性让受众也能变成新闻制作中的一部分,不仅是发送弹幕、留言跟帖这些简单的互动,更多的是将自己手机里的资源变成新闻进行传播。新华社客户端通过一些活动让受众参与到新闻报道中去,受众把自己身边的图片、视频资源上传到客户端中,编辑们再把这些信息转换成新闻信息发出去,真正实现用户与客户端之间、用户与用户之间的互动。

"云导播台"的引进打破了时间和空间的限制,实现了视音频的多路转换、画中画、字幕、特效等效果,能和记者手中的手机形成联动,也能和处在演播室的主持人进行互动,这就使得新闻可以进行24小时的播送,实现零时差。

4月13日,新华社全媒体直播团队走进"中国第一蓝军旅",从当天上午9点开始,通过视频、文字、图片配合的形式对朱日和训练基地的一次演习进行了直播,对朱日和基地的历史、军事武器的介绍、现场的环境、红蓝军对抗的现场等细节进行了详细的记录。直播过程中,用户可以在线对记者提问,了解相关情况。在直播中,记者成为至关重要的一个组成部分,作为专业的新闻工作人员,记者的水平决定了一次直播的成功与否。

从"现场新闻"的内容方面来看,直播报道的选题主要集中在一些社会性和趣味性较强的内容上。博鳌亚洲论坛2018年年会的开幕式直播的播放量超过152万,乡村与涂鸦艺术结合直播的播放量超过126万。经过观察,一些趣味性、独家性的报道更容易吸引人们的目光。

从呈现体裁来看,"现场新闻"更像是快讯和简讯,以此提供基本事实,在提供基本事实之后,再通过追踪报道的方式进行深度解析,将新闻事件全方位深层次地展现给观众。"现场新闻"把静态的新闻产品变动态的,兼顾了互联网的速度和报道的深度。

三、对媒介融合发展产生的影响

"现场新闻"的出现有利于媒体加快新闻产品结构调整,"现场新闻"的标准体系有助于媒体整合信息资源,也有利于提高新闻产品的质量,同时还对新闻的审核、编辑做出了具体明确的规定,对提升新闻竞争力有很大的影响。

通过一定的标准,"现场新闻"可以促进移动互联网、云计算、智能终端等技术转化为真正的新闻生产力。新媒体的本质特征是互动,而移动媒体最大的优势就是它的及时性。"现场新闻"抓住了一个很好的起点,通过"新闻"移动直播,实现了内容的不同发展。

在媒介融合的过程中,技术的适应并不困难,最困难的是记者思维观念的转变,以及整个媒体能力的提高。"现场新闻"制定了新的新闻标准体系,给记者提供了新的新闻制作模式,加快了主流媒体和新闻媒体编辑的培训,为提高媒体的水平提供了有力的支持。

当然,新华社客户端的"现场新闻"还有很多不足之处。例如,由于多名记者参与现场直播,内容顺序很容易错位,经常有一名记者已经发布了下一个内容,而另一位记者才上传了之前的内容。或者只有现场直播的视频才能置顶,而普通上传视频的只能靠受众自己寻找才能播放等。这些问题需要通过更多的技术支持和新的功能进行改善。不过总的来说,这是一项有益的尝试,对融媒体时代的新闻传播改革有着一定的示范作用。

第九章　深度报道不过时

从上一章的短视频到这一章的深度报道,或许有些跳跃性,甚至有些矛盾,因为二者从理念到形式都有着很大的差别。但是,在全媒体背景下,两者并不冲突。快速化、碎片化的传播环境中,仍然需要优质的深度报道。浙江日报社副社长蒋国兴认为,在新媒体时代,传统媒体融合之路并非一定要抛弃深度报道,相反,从国内信息需求来看,深度报道仍有很大的市场。深度报道并没有因为新媒体的层出不穷而陷入困境,反而有很多媒体已经将深度报道作为竞争的拳头产品,作为当下媒体竞争环境中不可或缺的部分。

尽管来自新兴媒体的冲击越来越大,不少媒体深度报道显示出明显的疲态,但从国内信息需求来看,深度报道仍有很大的市场,依然有《南方周末》《南方都市报》《华商报》《新京报》和财新网、财经网、澎湃新闻等一些深度部表现强劲。New Media 曾为《南方周末》和澎湃新闻做了一番阅读量统计,结果显示在时下热门的微信公众号中,《南方周末》每天的公众号头条,均非网络最热门题材,却基本上每两期中会有一期可以获得 10 万以上的阅读量。澎湃新闻做的关于"温州模式三十年"的系列长篇深度报道获得了大量转发,单是一篇稿件就在朋友圈拥有 30 多万的点击阅读量,这足以说明新媒体时代,深度报道依然有存在的价值,在新媒体与传统媒体融合过程中再一次用优质的内容让人们感受到媒体"社会公器"的作用。

第一节　对深度报道的基本认识

一、什么是深度报道

深度报道的概念诞生于 20 世纪 40 年代,是报纸为应对电子传媒竞争发展而来的。在西方有解释性报道、调查性报道等体裁,这些都属于深度报道范畴。美国哥伦比亚大学新闻研究生院在教程中谈到新闻报道的层次时,提出了三层报道的概念：第一层报道是事实性的直截了当的报道；第二层报道是发掘表象背后实质的调查性报道；第三层报道是在事实性和调查性报道的基础上所做的解释性和分析性报道。所谓深度报道正是在上面提到的第二和第三层报道的基础上发展形成的，具有新闻性、解释性、调查性和分析性的特点。《宣传舆论学大词典》对深度报道的定义是："通过系统的科学材料和客观的解释、分析，全面深入地展开新闻内涵的报道形式。"《哈钦斯报告》中关于深度报道的定义为："所谓深度报道就是围绕社会发展的现实问题，把新闻事件呈现在一种可以表现真正意义的脉络中。"《新闻学大词典》给深度报道的定义是："运用解释、分析、预测等方法，从历史渊源、因果关系、矛盾演变、影响作用、发展趋势等方面报道新闻的形式。"

虽然不同文献中的表述不同，但经过提炼总结，深度报道就是一种系统反映重大新闻事件和社会问题，深入挖掘和阐明事件的因果关系以揭示其实质和意义，追踪和探索其发展趋向的报道方式。深度报道突破了一人一地一事的报道模式，一面剖析事实内部，一面展示事实宏观背景，尤其着重揭示原因（Why）和怎么样（How）两个新闻要素。

同时，要正确认识深度报道还必须明确三个观点。第一，深度报道不是一种新闻文体，而是一种追求深刻性的报道理念和报道方式；第二，一篇深度报道包含：新闻背景、新闻前景、新闻过程、新闻分析、主观感性、新闻预测、对策建议等；第三，深度报道从调查走向研究，从知性走向理性，记者通过调查研究社会问题，从调查型记者走向研究型记者。

二、深度报道的特点

刘勇在《深度报道的采访与写作》一书中，将深度报道的特点归纳为以下几个方面：

（一）内容深刻性

充分延伸和拓展6W的要素，注重6W中Why、How的要素。When：立足此时，追溯既往，推测未来；Where：立足现场，左右延伸，纵横兼顾；Who：立足事实，追踪采访，涉及相关；What：立足此事，搜集情况，报道细节；Why：立足直接，分析横向，追究纵深；How：分析意义，注重结果，预测未来。

（二）思考科学性

多维思考，不孤立报道单个事件，围绕一个中心（事件或观点）立体地组织新闻要素。

(三)目标主流化

主要考虑的是:准备报道的事实读者是否关心,事实在多大程度上关系到多少读者的利益;新闻性强,事实包含多项新闻价值,新闻性较弱的一般不宜做深度报道;事实内部是否包含复杂的关系,内容比较单一的事实也不适合做深度报道。

三、不同媒介中的深度报道

深度报道的发展从纸媒开始,纸媒的深度报道从篇幅上就与消息、资讯类新闻有所区别,且从写作方法上也显现出截然不同的样貌。例如《新京报》的一篇题为《华山跳崖者的陡坠人生》的深度报道中,不仅交代了华山跳崖这一事件,更是长篇幅地为受众解读该事件的前因后果,揭示死者身份、生前事迹、跳崖原因、跳崖经过、遗书内容等,记者未对此事件做任何价值判断,仅从事实层面交代多方信息,内容详尽。由于该报道对事件的还原和描述,在写作上多以故事化叙事为主,因此就这一点而言,我们认为纸媒的深度报道不可避免地要以讲故事的方式讲述事件的经过,但作为新闻本身,客观性标准一直未曾因报道形式的差异而改变过。

进入电视媒体的深度报道阶段,深度报道的话语从文字语言转向画面语言。电视媒体本身对受众的要求比纸媒低,因而纳入了比纸媒更广阔的受众,对于新闻事实的探讨也在电视屏幕上形成新的社会舆论场,电视受众同时也是社会公民,他们通过电视深度报道参与社会问题的探讨,故而深度报道在电视媒介下产生了全新的含义。深度报道的任务就是要揭开水面之下巨大的冰山真面目,呈现鲜为人知的事件背景和原因。这种多方观点和角度更为客观地向观众呈现,肃清谣言和假设;此外,从选题上来看,深度报道以社会热点问题、关乎民生的问题、事实真相不明晰的问题为主,以解惑或揭示为目的,以舆论监督为特色,显现出媒体承担社会责任的姿态。在电视媒介中,解释性报道、述评性报道、调查性报道等多种形式都被划归到深度报道的范畴中,尽管形式各异,但根本都是为解决人所面对的问题和真相,因此对深度报道的含义的理解离不开"人",人是牵引不同事件的核心力量,深度报道的内容离不开人,深度报道的对象也离不开人。[1]

---

[1] 王亚红,武瑾.全媒体时代深度报道含义探析[J].今传媒,2015(5).

第二节 事件类深度报道解读

【案例简介】

《新闻调查》是中央电视台的一档深度调查类节目,时长45分钟,每周一期。《新闻调查》注重研究真问题,探索新表达,以记者调查采访的形式,探寻事实真相,追求理性、平衡和深入。

在中国基层,征地拆迁和信访都被称为"头号难题"。在《新闻调查》的一期节目《头号难题》中,记者用时三年,持续追踪浙江省嘉善县一起由强拆引发的信访案。由于诉求没有得到满足,熊海峰和老伴长年蜗居在拆迁办,并和女儿熊世兰从2006年起持续上访,成为让政府头疼的"嘉善第一难"。当地干部轮番上门做工作,2012年3月又派出蹲点干部芮红卫走进熊家,最终促成这起历时七年的信访积案成功化解。《头号难题》以高度的宣传智慧有效引导社会舆论,被观众称为"中国版的《拆弹部队》"。节目播出后,国家信访局、浙江省委、嘉善县委对节目给予高度评价,当事人家庭对报道充分认可。该节目创下《新闻调查》全年最高收视率,2014年2月,该节目作为年度作品被中央档案馆收藏。在2014年举行的第二十四届中国新闻奖评选活动中,《头号难题》被评为电视专题类二等奖。

【案例分析】

电视新闻调查是就某一新闻事件,或群众关注的社会问题、社会现象进行深入调查研究,是有分析解释、有思辨的电视深度报道。按照选题内容,电视新闻调查大致可分为"人物性调查""事件性调查""主题性调查"等几类。《头号难题》是围绕一起由强拆所引发的上访事件所进行的事件性调查,选题具有极高的新闻价值,调查过程严谨细致,叙事结构环环相扣,节目播出后产生了很大的社会反响。

一、选题具有极高的新闻价值

选题对新闻调查来说十分重要,它决定了报道的价值和效用。新闻调查的选题要有重要性、贴近性、代表性,重大选题可以显现新闻调查的深度,贴近百姓生活的热点、难点、疑点才会受到观众青睐,具有代表性的人或事,才能引起社会广泛关注。

在2011年11月浙江省嘉善县信访局的座谈会上,记者接触到了《头号难题》的主角熊海峰。《头号难题》讲述了发生在浙江省嘉善县的一起因强制拆迁引发的上访案。几年前县里征地拆迁,熊海峰一家选择了激烈对抗。房子被拆后,他和强拆中受伤的老伴住进了拆迁办公室,和长女熊世兰一起开始了持续上访和对峙。嘉善县有解决重点信访积案的县领导包案制度,要求领导负责解决老大难问题。几年来,嘉善县针对熊家的包案组启动了多轮,沟通不下百次,但都以失败告终。该案被称为嘉善"第一难"。2012年3月,嘉善县又派出蹲点干部芮红卫走进熊家,最终促成这起历时七年的信访积案成功化解。

《头号难题》是中央电视台近年来首次涉足"强拆+信访"这一个集中体现当下社会突出矛盾和尖锐问题的"雷区",以高度的宣传智慧有效引导社会舆论。难才有报道的必要性,问题没解决才是介入拍摄的最好时机。在跟进拍摄的过程中,谁也不知道此事能否有个结局,但《头号难题》栏目组决定:案子不结,采访不止,领导带头挑担子,三年后这组报道才终于和观众见了面。

节目播出后,国家信访局、浙江省委、嘉善县委对节目给予高度评价,当事人家庭对报道充分认可。网友认为该节目客观平衡,交由受众自主评判,保持了最大限度的公正性。该节目创下《新闻调查》全年最高收视率,全国各地多个部门、单位自发将该节目列为群众路线教育实践活动"电视教材"。2014年2月,该节目在中国电视艺术家协会举办的第19届中国电视纪录片评选活动中获得最佳编导奖,并作为年度作品被中央档案馆收藏。

二、调查过程严谨细致

(一)采访对象全面

选择采访对象是实施访问的重要步骤,记者要完成调查过程,必须选择正确的采访对象。采访对象是记者在采访活动中了解、采集、核实事件的对象,记者可以向其索取情况或意见,或者他们以资料、物件等形式向记者提供情况。与选题直接相关的、能够提供事实真相的、权威的采访对象才能保证调查的真实准确、全面客观。

《头号难题》由于其选题的复杂性,涉及的采访对象也很多。片中有十几个采访对象,其中既有当事人熊海峰、肖彩英、熊世兰这一家人,也有与该事件有关的各级政府工作人员,包括嘉善县信访局副局长周宏、嘉善县西塘法庭庭长曹建强、嘉善县人大常委会原副主任宋柏枫、嘉善县法院原副院长周卫民、嘉善县罗星街道魏南社区工作人员、嘉善县国土局局长郑利平、浙江省国土厅耕地保护处副处长沈国明、嘉善县信访局副局长芮红卫等。全面的采访对象,最大限度地保证了对事实真相的客观还原。

(二)采访过程完整

《头号难题》节目拍摄时间跨越三年,是央视历时最长的一次"走转改"报道。从 2011 年 11 月到 2013 年 3 月,两位主力记者先后 10 次赴浙江嘉善采访,取得当地政府和信访对象的充分理解和信任,全程跟踪拍摄这起信访积案的化解过程。

从一开始熊海峰父女的哭诉、愤怒、坚持上访,一家人在拆迁办的令人心酸的生活,到政府有关部门一次次与熊海峰父女沟通无果甚至发生冲突,再到最后迁进新居的熊家人接受采访,熊海峰上访前后的生活形成了鲜明对比,体现了拆迁改造后的民生改善。

片子播出后,主创谈到这样一个感想:不能当一个急于完成任务的记者,蹲点时,摄像机子一上身,一扛就是十多个小时。他们深知这扛着摄像机的肩膀,要学会担当,去体会、反映难以言传的真实。而这份真实,需要新闻人顶得住压力、背得起责任、放得下功利,不唯远、不唯苦、只唯实。

(三)采访态度客观

采访过程中,记者没有预设立场,没有主观判断,最大限度地保持了客观与中立,真实呈现了复杂的利益格局和信访处理过程,引发全民思考,并推动信访工作制度改革。

通过相关材料、手机视频、双方陈述,采访还原了记者介入前的新闻背景:熊家父女拼死抵抗为保楼、政府强拆、熊家空着新房子不住坚持上访;通过过程追踪,记录当下每次谈判的价码对决,每一场干部的沟通和解释,信访积案一积再积;通过坚持蹲守,进入事实本身,带观众一起寻找当事人、经办人、包案领导的解答,寻求可能的解决方式。

《头号难题》没有硬生生地对包案制度、蹲点制度、队伍建设做过多释义。退休包案负责人想让熊家搬新居的心愿、新任包案负责人解决信访积案的时间表、蹲点工作有成效的芮红卫被调任信访局副局长等事实的呈现,让观众对这个县的举措了然于心,不难看出嘉善基层干部队伍建设的成效和制度建设的灵活性。

同时,节目对关键人物芮红卫的基层工作表现呈现得非常具体,没有半句套话。基层干部设身处地为老百姓办实事,以往我们看到的更多是结论,而这一次是过程,是纪实。比如"她请熊家父女来自家聊天,一聊就是两三个小时""帮助生病的熊海峰转院""怕熊海峰的老伴晕车,备了咸菜"等等。

片中有一对一的采访,有一对多的采访,同时也有很多客观记录采访对象之间对话的段落。比如《相见》一节中,嘉善县法院行政庭庭长曹建强的当面沟通;《价码》一节中嘉善县人大常委会原副主任宋柏枫的谈判;《追问》一节中浙江省国土厅耕地保护处副处长沈国明释疑道歉等。这一次次见面虽然未彻底解决问题,却通过让观众"围观",推进了事态向解决的方向发展。

在报道中,我们看到,记者不是简单地找问题,而是找办法,通过揭示真相,挖掘事实,理性思考,并提供建设性的解决路径,记者的视角始终没有偏心。从记者的调查来看,嘉善这起事件,是一个打破原有利益、寻找共同利益和满足不同群体适度利益的过程,是一个防止不当公权力和防止不当个人利益最大化的过程,也是新闻工作者践行"三贴近"、深入"走转改"的生动体现。

三、叙事结构环环相扣

"嘉善第一难"决定了片例具有极高的社会价值,同时也决定了片子需要有严密的叙事结构。三年的蹲守,十几个采访对象,复杂的发展过程,如果没有一个明确的线索,是无法将事件交代清楚的。本片的叙事过程清晰明了,共分为以下六个部分:

1. 对峙:例行上访的"大衣哥"——我家住在拆迁办——最屈辱的三天——女儿的跳楼和父亲的守楼——"占领"拆迁办——嘉善"第一难"

2. 相见:从59户到11户的博弈——从11户到1户的孤守——五年之后仇人"相见"

3. 价码:10平方米与400平方米的角力——一次功败垂成的谈判——熊家"新方案":我要我的承包地——奔波上访路

4. 追问:局长释疑——承认笔误——登门道歉

5. 心愿:宋主任退休前的心愿——最后一次协商

6. 终局:蹲点干部来了——被"玩弄"的信访局长——七年之后终见"曙光"——新家

该片通过对峙、相见、价码、追问、心愿、终局六个环节形成一个完整的调查链条,几个小节环环相扣,层层递进,将调查逐步深入。

节目播出后,很多网友转发了该片的结束语:"每一处中国基层,都会有自己的'头号难题',只有深知其难、直面其难,才会葆有敬畏之心,才能架起理解之桥,才能找到解决之道。最能打动人心的,不是成功之时的掌声,而是为难之处的求索。最有借鉴意义的,不是终局之时的总结,而是过程之中的磨砺。"其实,对于媒体人来讲也是一样,要敢于直面社会的热点难点问题,通过深度调查与客观讲述,为观众提供多维的思考空间。

第三节 现象类深度报道解读

【案例简介】

《记者调查》是1998年5月山西卫视创办的山西电视台第一个以舆论监督为主要内容的综合性新闻评论节目。创办初期叫《记者观察》,1999年节目改版时改为《记者调查》。十多年来的一次次改版中,节目时长从最初的10分钟调整为15分钟,主要播出平台为山西卫视。多年来,《记者调查》节目始终坚持正确的舆论导向,把对社会负责作为衡量节目取舍的第一把标尺,不抢风头,不追求所谓的"一时轰动",不搞恶意炒作,而是通过对社会上具有典型意义的真实事件进行客观冷静的评述和思考,来引起社会各界的重视。

《"挤"在路上的66分钟》是《记者调查》改版后推出的"经济生活大调查"系列报道之一,关注公交出行难问题。该系列报道借由太原市出租车调价听证会连做三期节目关注出租车打车难问题,还有三期节目调查太原道路拥堵在何处。本节目第一期的播出时间是2011年8月25日——太原历史最久、关注度最高的1路公交车旧车退役当天,此后两期节目接着讲述1路老公交车退役事件和太原公交发展困境,相当于在一个话题被人们高度关注时,推出系列深入调查,将一个复杂的社会问题较为清晰深刻地展示在观众面前,而这样的调查深度,在本地媒体同行中是绝无仅有的,因此在本地关于著名老公交车退役的同质化报道中,显得独树一帜,令人印象深刻。

从选题上讲,本案例将百姓生活息息相关的民生同太原市市政发展的规划设计等宏观政策结合起来,既满足了观众的贴近感,更让其有"看明白"的深入感。从采编制作上讲,本案例采访对象众多,描述对象复杂,同时融合了深度报道形式中的调查性报道和解释性报道,深入浅出、条理清晰,体现出记者较高的调查能力和叙事能力,是地方电视台新闻专题节目的典型代表,具有较强的借鉴意义。

【案例分析】

一、《"挤"在路上的66分钟》节目介绍

（一）节目的内容

《"挤"在路上的66分钟》从2011年6月中科院发布的《2010中国新型城市化报告》说起，该报告显示一天两趟，太原人上下班等公交、挤公交消耗的时间为每天66分钟，在被调查的50个城市中排第9位。接下来，记者通过在公交车站的观察和采访，展示挤上公交车如何困难，高峰期人们在车门口像沙丁鱼罐头一样的拥挤画面非常具有事实说服力。接下来，解说词交代，2010年6月1日，太原市公交票价大幅下调使得公交日均客流量也随之增加，运力拥挤、车厢紧张、车辆晚点等一系列问题也日渐凸显，突出表现为车少车旧、线路有限、站网稀缺外加抛锚趴窝。公交集团处长刘辉的采访同期说出太原公交公司目前（加车前）拥有公交车2115标台，一天的客运量是140万到150万不等。然后，围绕"2115标台"这个数字，节目用解说词和太原城市规划设计院交通所所长陈永顺的采访来解释太原公共交通在全国范围内排在倒数的位置的现状，车辆的拥有数量、线网的密度、服务的半径等都较为落后，重点解释了公交万人拥有数量和公交出行分担率这两个公共交通指标，用具体的数字来说明太原和全国标准、和其他省会城市的差距。

节目接下来用主持人串词转场，"此外每天耽搁在路上的66分钟还有很大一部分是耗在了公交转乘上"，记者出镜采访太原窊流村的出行不便。在这一现象之后，节目开始介绍政府对公交出行难的应对措施，首先是政协委员同期采访，再交代他的提案和接下来市政府近年的投入。再接着是公交集团公司总经理的同期采访，解释600台公交车全部上路后，太原公交车总数将达到2702标台，目前已经有部分线路进行了车辆更换。最后主持人回到新旧公交交替上，"今天，已经在迎泽大街上奔波15年的老式1路车正式退役了，取而代之的是现代感十足的18米长的空调新车，"并对下期节目做出预告："明晚经济生活大调查我们继续关注，600辆新车能否缓解挤车难。"

（二）节目的结构

本期节目只有15分钟，却有较大的信息量，同时要做到看起来不累。结构的合理安排至关重要。从下表我们可以看到整个节目的时间安排。

时间	形态	内容	时长
49 秒	小片	网络图片	20 秒
1 分零 7 秒	主持人	开场"今天关注挤车难问题"	27 秒
1 分 34 秒	图像解说	《2010 中国新型城市化报告》显示太原人每天挤车 66 分钟	41 秒
2 分 15 秒	记者采访	公交车站挤车难	3 分零 6 秒
5 分 21 秒	图像解说	票价下调后客流激增,造成一系列问题	42 秒
6 分零 3 秒	采访同期	公交集团处长:目前太原公交车 2115 标台,有滞客现象	32 秒
6 分 35 秒	图像解说	这 2115 标台在全国是什么样的水平	24 秒
6 分 59 秒	采访同期	太原市政设计院交通所所长:太原在全国排倒数	40 秒
7 分 39 秒	图像解说	用具体数字说明落后的情况	1 分 35 秒
9 分 14 秒	主持人	转场,除了车辆少还有公交转乘问题	27 秒
9 分 41 秒	记者采访	窊流村没有直达市中心的车,附近居民不坐公交	55 秒
10 分 36 秒	图像解说	承上启下作用,这样的地区还有多少	21 秒
10 分 57 秒	采访同期	政协委员:太原的公交不方便,很多人用私家车	35 秒
11 分 32 秒	图像解说	政协委员的提案得到了政府的响应,今年将增加 600 辆新车	46 秒
12 分 18 秒	采访同期	公交公司总经理去年买了 300 辆,今年 600 辆	23 秒
12 分 41 秒	图像解说	增加的 600 辆车投到哪里了,之后能否缩短高峰期等车时间	1 分 19 秒
14 分	主持人	结束语	1 分

可以看出,片子有明显的叙事段落和转场标识,在 9 分多钟时由主持人出场切分成上下两个部分,整体而言节目内容的递进和承接都通过解说词来完成,靠意义和逻辑本身来构建全片。逻辑清晰是对结构最基本的要求。如果用一个最简单的脉络描述,本片可以视为现象展示——原因解释——应对措施,也就是专题片最常见也最稳定的结构:提出问题——分析问题——解决问题。具体来讲,首先点题,太原公交出行需要每天花 66 分钟,展示高峰期公交车的拥挤和滞客现象,再来解释太原目前公共交通在全国是比较落后的:除了公交车辆少等问题,还有一个"点"是线路不合理。这种现象已经引起了市政府的重视,2010 年

和 2011 年都在加大对公共交通的投入。整个片子脉络比较清晰,在时间分配上,最长的段落是讲述太原挤车难的现象和原因,用了 3 分零 6 秒,此后就转入另一个问题以及政府应对措施上,有详有略、重点突出,既保证了足够的信息量,也做到了结构上的平衡稳定,叙事频率不拖沓。

其次,从上表中可以看到片子交替使用同期声、解说词和记者出镜采访,各自的时长接近,整个片子的节奏控制比较好,这样就能够大大提升观众的收视兴趣,不会产生收视疲劳。

二、《"挤"在路上的 66 分钟》的制作特点

(一)高度重视选题的策划和挖掘

选题是所有电视节目的起点,对于新闻专题节目而言,选题成功就等于节目成功了一半。对选题的发现和新闻资源的开掘,直接体现出新闻采编人员发现和捕捉新闻的能力,对选题的选择、操作更体现着新闻栏目的新闻理念和经营理念,简言之,对选题的把握是一个新闻栏目能否成功的重要试金石和根本的活力源泉。

不同于日常综合新闻,深度报道类的新闻栏目的选题原则和标准要更加严格,更具有"独家性",甚至可以说是栏目的生命线所在。选择什么样的题材,就是想报道什么样的节目内容,也就是想传播什么样的媒介观点、表达什么样的价值取向。著名的《焦点访谈》的选题标准为:"政府重视、群众关心、普遍存在。"业界曾把这三条标准称之为深度报道的"选题三原则",并在过去很长一段时间内立为标杆。

《记者调查》作为山西版的《焦点访谈》,在选题的把握上主要考虑三点:一是符合新闻中心对电视新闻最核心的定位——服务大局;二是要考虑收视问题,而只有贴近百姓生活才能够有较好的收视;三才是栏目的个性特征,比如舆论监督。

在实际操作中,选题的策划在该栏目表现得非常突出,这是这个栏目的传统,历届制片人都比较重视,而在新闻竞争越发激烈的近几年,新闻策划的作用更加突出。和《"挤"在路上的 66 分钟》类似的太原堵车问题,栏目组就两次策划了大型报道,加上公交车和出租车的报道共有 13 期节目梳理太原的交通问题,这其中出租车和公交车的报道是记者、制片人自己找的,收到很好的社会反响之后,太原市交警支队主动找到栏目组来报道省城的堵车问题,在得到交警配合后,节目制作非常成功。

8月份制作的《"挤"在路上的66分钟》的记者和5月份《打车难呼吁大交通》的记者是同一个人,出租车选题源自5月份太原出租车调价听证会,公交车的选题则是在他调研出租车时就注意到的——市政府在两会期间承诺给市民办的十件好事之一就是购买600辆公交车,而能够获得制片人和中心主任认可的主要原因,是8月份太原最知名的1路公交车要换新车,服役了15年运载22亿人次的旧车退役。这一事件是较好的深度报道的由头,记者正是从这一事件入手,说服了公交公司配合采访报道。在选题获批的过程中,制片人和记者确定,这一选题将深挖下去,不仅仅是报道标志性的一趟线路旧车退役,更要报道整个城市的公共交通情况,因此要用3集的容量来承载。这是在节目制作之初就设计好了的。

(二)保证足够的采访量

一档新闻专题节目,尤其是事件和现象类的选题,要保证节目的信息量就要有足够的采访量,也就是说,只有采访工作做到位了,节目的内容才能得到保障。新闻采访最简单的划分,可以分为核心采访和外围采访,前者的采访对象是事件或者现象的当事人及核心信息的拥有者,后者则是和报道主题相关的人员,这两类采访对象都必不可少。社会现象类的报道是要找到核心信息的拥有者,也就是对这个现象最有发言权的人,在此基础上进一步调查下去,采访到更多的信息。现象类选题的难度就在于这个调查的过程中信息的筛选和思考。一个专题新闻节目好不好,主要的评价标准就是是否挖掘得足够深,提供的信息量是否充足,而这都取决于核心采访成功与否,记者采访的对象是否足够多,是否准确地找到了那个最佳的采访对象。

《"挤"在路上的66分钟》就是抓住了一个社会现象的核心信息拥有者,要谈公共交通,最合适的人就是城市规划设计院的负责人和公交集团公司的负责人,也是这两个人给片子提供了最有分量的信息,无论是记者的后续调查还是评论,都是基于这两个采访对象的访谈基础之上。与此形成对比的是,记者在查阅资料的时候,还找到了政协委员和人大代表中关注此问题的提案,由此找到了一位能够谈这个问题的政协委员,但是因为不是核心信息的拥有者,最后能用的素材有限。

不同于纸媒收集信息式的采访,对于电视而言,还有一个非常重要的要求就是得"拍"到某个身份的人说某种信息,同样的信息内容换个身份的人来说就不那么合适。比如公交集团的采访,涉及政府的决策和安排,就需要公司的总经理来说,由一个处长来说就不合适,虽然他也能提供几乎一样的信息,而一些具体的运营问题和解决方案,由相关的具体负责人来谈,就更为妥帖。这次能够得到公交公司的配合,一是时机赶得好,公交公司要上600辆新车以及1路车旧车退役,有必要向社会交代这些新车的去向;二是记者报道的意图打动了对方,有必要向公众解释公交运营的困境和未来的发展。

(三)点面结合的叙事技巧

电视深度报道绝不能是主持人长篇的评论和大段的字幕堆砌,最为常见的操作手法就是故事化叙事,即充分发挥电视媒体的优势,将画面、解说、字幕、现场同期效果声等多种因素相结合,整合当事人、记者和专家的解读视角,用细节还原事情的真相,用冲突展现当事人的命运,用结构形成引人入胜的情节,从而激发受众的视听期望,获得传播效果。所谓故事化,在社会现象类选题常用个案化,或者也可以称为情节化,也就是用具体的场景或者故事展开新闻内容,没有枯燥的道理说教,没有理性的概括叙述,用具体的人物或者场景展现新闻现象的变化发展。

在本片中就是主要运用了这种情景化的叙事手法,先展示具体现象,比如那段长达5分钟的"站台早晨"的描摹,在此基础之上再来深入探讨。没有"场景"的叙事,一定是无法打动观众的叙事。要选择场景,首先要选择片子要表现和讨论哪个"点"。本片所谈的城市公共交通问题,是相对复杂和抽象的内容,如何避免枯燥、避免呆板,最重要的就是要点面结合。要谈"面"的问题,就需要有具体的"点"来承载。公共交通这么庞大的话题、复杂的社会关系,本片从老百姓的角度出发,选择了两个主要探讨的"点",也是百姓生活中最直观的感受:一是挤车难,一是公交转乘难。记者分别到早高峰的站台和某个站点去出镜采访,在每个"场景"中又具体选择了一个个体来展示上述两个问题,尤其是早高峰时段,直观地展现出来公共交通问题,让人印象非常深刻,在这样的基础之上再来谈太原公交的落后就显得非常顺畅。

其次,在讲述抽象的公交落后的时候,记者在叙事上的处理也是"由面到点",提到太原公交落后,怎么个落后法,原因何在,记者抓住了公交车数量这个"点",用具体的数字来展示太原和全国公交万人拥有量标准15.8标台的差距以及和其他城市的差距。公交车数量也正是政府大力投入改善公共交通的一个"点",600台新车的购买和投入使用可以展示出政府改善市民生活的实际行动。整部片子将"散"出去的问题又能够"收"回来,给观众的思路一个合理的"结尾",不可说记者的叙事构思不巧。

第四节 人物类深度报道解读

【案例介绍】

人物类深度报道在不同的媒介中有不同的体现,在电视中,可以表现为人物专题、人物专访等形式。以人物专访为例,电视人物专访节目作为固定栏目在我国播出,是从1993年的《东方之子》开始的,虽然历史不算长,但是它在以人为本,强调人文精神的时代大背景下,"契合了观众渴望面对面交流的收视心理,实现了对深层人际交流的屏幕还原",因而它受到特别的重视和发展,以及受到观众的喜爱也就成为一件自然的事情。

然而,电视人物专访的采编难度较大,要做好电视人物专访,从节目的选题、采访的技巧、结构的安排等各个环节都要下功夫。综观当前电视界的专访类节目,中央电视台新闻频道的《面对面》给观众留下了深刻印象,同时也成为新闻专业学生、电视业界同人学习的标杆。

2003年1月,《面对面》栏目正式播出。这是中央电视台的一档每周一期、每期45分钟的专访节目。为变幻中国制作一份打开的人物志是《面对面》的理想和目标。《面对面》秉持新闻性、权威性、关注度、影响力的诉求,以更人文的态度关注社会,以更开放的视角关注中国。进入《面对面》的人物有新闻事件中的焦点人物,有新闻话题中的权威人物,有时代变革中的风云人物,有备受关注的公众人物。通过记者面对面与新闻人物进行心与心的交流,挖掘新闻真相,读懂新闻人物,用对话记录历史,以人物解读新闻。

【案例分析】

一、《面对面·入殓师》节目介绍

专题访问简称专访,它是对知名人士、新闻人物、重要事件的具体的参与者或具有见地的权威评论者等进行集中单一采访的专门报道。按照内容的不同,专题访问主要分为以报道人物为主的人物专访和以报道某一问题为主的事件专访两种类型。《面对面·入殓师》属于前者,是以报道两位入殓师职业经历为主的人物专访。

《面对面·入殓师》于2012年6月10日21:30在中央电视台新闻频道首

播。本期节目以社会关注度极高的英雄司机吴斌的事迹为新闻由头,引出特殊职业——入殓师,在向观众介绍入殓师职业经历、职业压力、职业挑战的同时,也传递了入殓师对生命的尊重,反映了这一职业的重要性,于无形处呼吁社会向从事这一职业的人们致敬。

(一)节目内容

2012年5月底,杭州英雄司机吴斌伤势严重,医治无效去世。入殓时,为了表示对吴斌的尊重,入殓师许康飞特意换了一身干净的衣服,为了遮盖吴斌脸上的青紫色,他特意为吴斌打了两次粉底,他希望通过自己的精心整理让吴斌能够干干净净地上路。在司机吴斌带给人们感动的同时,也让人们从入殓师对生命的尊重中有了新的认知。

本期节目就是走近入殓师这样一个特殊的职业,采访了新老两代入殓师,他们分别是有着27年工作经验的国家一级防腐整容化妆师、中国殡葬遗体特殊处理小组组长许康飞和长沙民政职业技术学院防腐整容专业"90后"入殓师季烁红。通过采访,人们了解了入殓师的职业内容、职业压力,感受了他们对生命的尊重,感受了入殓师这一职业的神圣。

(二)节目结构

本期节目分为三个部分(见下表),节目导入(约2分15秒)——入殓师许康飞专访(约9分20秒)——入殓师季烁红专访(约28分30秒),其中第三个部分"90后"入殓师季烁红是本片的重点。从人们熟悉的社会热点事件和典型人物入手,引出为英雄司机吴斌进行仪容整理的入殓师许康飞,再通过许康飞引出令他印象深刻的"90后"学生季烁红,各板块之间环环相扣,层次清晰,主次分明,自然流畅。

《面对面·入殓师》节目内容安排

序号	提纲	主要内容
①	节目导入	概述"最美司机"吴斌的事迹,再现人们为吴斌送行的场景
②	入殓师许康飞	国家一级防腐整容化妆师许康飞的经历,他感受到的职业压力,如何克服压力,令他印象深刻的学生
③	入殓师季烁红	"90后"防腐整容专业学生季烁红选择这一专业的原因、家人从不理解到支持的转变、自己面对的心理挑战、社会的压力,感情社交等生活情况、职业态度、职业评价

(三) 节目主题

尊重是贯穿节目始终的主题,本期节目在文稿写作和采访环节,时刻体现着尊重的主题。

记者在开场语中提道:"为了表示对吴斌的尊重,在开始化妆之前,入殓师许康飞特意换了一身干净的服装……吴斌,带给了全国感动,也带来了人们对于生命尊重的启示。今天的《面对面》,我们就来走近入殓师这个特殊的职业,来感受这种对生命的尊重。"结束语又说道:"我们希望'90后'入殓师的这个故事带给我们的不仅仅是对他们选择这个职业勇气的敬重,还有对这个职业的敬重以及对生命尊严的敬重。"

实际上,尊重不只是在文稿中有所体现,更贯穿于采访过程中。

一方面,记者把采访中问题的重点放在挖掘入殓师对生命尊重的态度上。比如在下面两段对话中,记者通过提问,可以使观众听到采访对象对职业的评价以及对生命尊重的心声。

【段落一】

记者:在这个行业里做了这么长时间,到今天你怎么看待你从事的行业?

许康飞:我现在觉得我们这个行业很需要,没有这些人在这里做是不行的,特别是碰到有些大的事故,家属肯定很悲痛,如果你还不帮他做好,换句话说,活着的人,要有生活品质,死了的人也要有死亡品质。

【段落二】

记者:如果给一个确定的时间,你还会在这个行业坚持多久?

季烁红:我会坚持下去,肯定要坚持下去。现在如果很难被接受,就说明很少人从事这个行业,没有人去做,谁去做?如果继续按传统的方式去为逝者服务,真的让人心里心酸,家属看了心寒,都已经最后一程了,还这么用力对他们,很不公平。

另一方面,记者在采访中也用实际行动表达着对采访对象的尊重。

比如记者在采访"90后"入殓师季烁红的开始,就表示:"其实我们挺佩服你们的。"这个说法令观众真切地感受到了他对采访对象的尊重,也拉近了记者与采访对象的心理距离。

而下面的这个片段给人的印象更加深刻。

【同期声】

记者:希望将来更多的人能理解。谢谢你。我握握你的手。

季烁红:谢谢。之前他们跟我握手,我都不好意思伸手。

记者:没关系。

季烁红:我出去从来不主动跟人家握手。

记者:我是觉得我挺敬佩你的。

季烁红:谢谢。

看似简单的一段对话,却表现了记者对采访对象的尊重,记者的行动在社会上也起到了一种示范作用。《面对面》是一个人与人之间对话交流的平台,人与人能够和谐相处的前提就是互相尊重。节目中交流双方能够尽快打破隔阂、自然交流,最好的桥梁就是尊重。

正是有了对生命的尊重,入殓师才能在重重压力和挑战之下坚持自己的职业选择;正是有了对生命的尊重,社会大众才能真正了解入殓师,逐步抛开世俗观念接受这一特殊职业;也正是有了对生命的尊重和对入殓师的尊重,记者才能在采访中让采访对象敞开心扉。

二、《面对面·入殓师》的成功之处

(一)选题:时效性强,切入点新,立意深刻

好的选题对于一个栏目来说非常重要,对于人物专访来说,被采访者的选择对节目的成败起着举足轻重的作用。《面对面》通过人物来做新闻,好的人物选题就意味着节目成功了一半。从新闻价值的角度判断,一个人是否能成为新闻人物,取决于它是否具备新闻的构成要素,而时效性和重要性则构成新闻人物的首要因素。人物专访的被采访者,往往是新闻事件或热点问题中的关键人物,因为新闻事件造就新闻人物,新闻人物离不开新闻事件。这也就决定了电视新闻人物专访的选题,必须符合新闻价值的标准。

《面对面·入殓师》这期节目的选题就非常具有新闻价值。节目从2012年5月29日"最美司机"吴斌的事迹讲起:"吴斌,这名48岁的普通司机,在这一周,感动的是全中国。他在1分16秒之内,所做的一切,也被人们反复回放……"从一个观众熟悉的新闻事件引入,可以迅速吸引观众的注意力。

在简要回顾了吴斌的事迹后,自然地引入与本期主题有关的采访对象,他就是为吴斌做最后仪容处理的入殓师。"追悼会的举办地——杭州殡仪馆,派出了国内顶尖的入殓师许康飞,为吴斌做最后的仪容处理……今天的《面对面》,我们就来走近入殓师这个特殊的职业,来感受这种对生命的尊重。"这样的引入体现了选题的时效性,同时在这一新闻热点中寻得了一个独特的切入点,将入殓师这样神圣又神秘的职业引入公众的视野中。

当然,本期节目要采访的入殓师并不只有为吴斌做仪容处理的许康飞,还有

令他印象深刻的学生季烁红。为什么以季烁红为重点采访的对象呢？入殓师这一特殊职业本身就吸引着观众想去了解,再加上"90后""女孩""防腐整容化妆专业"这些标签,几个关键词连在一起,更是迅速吸引了人们的关注。

与其他媒体只报道某一个入殓师或只报道这一职业的职业压力不同,《面对面·入殓师》中有新老两代入殓师的传承,有新老两代入殓师不同的选择初衷、不同的生活环境、不同的社会评价,有新老两代入殓师在面对压力时的坚持。即使没有华丽的赞美语言,也时刻透露着理解和尊重。

当今的媒体大战中,挖掘到独家新闻的可能性越来越小,如今的"独家"更多地是指有自己独到的角度。《面对面》作为周播节目,在时效性上肯定比不上日播节目,于是角度和深度就成了制胜的法宝。在《入殓师》这期节目中,从吴斌引出入殓师许康飞,再引出实习生"90"后入殓师季烁红和她的男朋友,通过新老两代入殓师的采访,让观众进一步了解入殓师这个职业。

(二)准备:明确报道思路,了解采访对象

"凡事预则立,不预则废",对于采访活动来说也是一样。记者在短时间内认识采访对象不是一件容易的事情,如果没有事先的充分准备,就很难达到理想的采访效果。

在进行具体的采访前,详细的策划方案是必不可少的。一份具体完整的策划方案包括选题报告、采访提纲、拍摄计划三部分。

选题报告的部分,需要包括初步拟定的新闻标题、选题的基本内容、拍摄目的或报道思想、报道形式、采访方式、节目结构、采访程序等内容。对于案例中的栏目来说,报道形式是固定的,在这一部分,记者和编导的主要任务就是进一步明确报道主题,确定报道思路。从片例中可以看出,记者将报道的主要任务放在挖掘采访对象所面对的各种压力,以及能够坚持选择的深层次原因上。正是有了这样一个主要的报道任务,在采访中才能升华主题,引出对生命尊重这一主题。在一主题的引导下,片子的报道思路非常清晰,三个板块过渡自然,主次分明,从观众熟悉的杭州"最美司机"吴斌的事迹,引出资深仪容整理专家许康飞,通过许康飞引出片子的重点——"90后"入殓师季烁红,让观众在观看时感觉非常顺畅自然。

采访提纲是采访方案中的关键部分,一份完整细致的采访提纲,能够辅助记者顺利地进行采访。采访提纲不是凭空得来的,而是要充分了解采访对象。而且在人物专访的过程中,不仅要求记者能够全面了解采访对象的基本信息,而且要求记者能够洞察人物内心,然后不断地追问,才能把人物的内心很好地展现在电视观众面前。但是能够洞察人物的内心有一个很重要的前提,就是你必须尽可能全面地了解被采访对象。

《面对面·入殓师》这期节目,是一个把社会职业还原为具体的人物,然后再升华到对职业更深层认识的过程。因此,对于这期节目的准备要从两个方面去了解,一是要了解入殓师这一职业,二是要了解具体的采访对象。

在谈到入殓师这一职业时,主持人问到工作内容、工作中的困难、社会大众的态度等问题,而这些问题的设置与采访前的准备有密切关系。要了解这一职业,可以搜集相关的报道甚至影视作品。比如片中谈到了曾经感动了无数人的日本电影《入殓师》。"一位失业的大提琴手,因生活所迫,从事起入殓师职业。家人的不理解,社会的歧视,以及自己的煎熬,最终随着对于生命的尊重,被一一克服。"通过这部电影可以对入殓师这个职业有初步认识,在此基础上才能做更深入的探讨。再比如,采访中提到季烁红毕业于长沙民政职业技术学院防腐整容专业,如果记者之前不了解这个信息,对这个专业设置感到陌生,就会显得外行,并与采访对象产生距离。

节目对入殓师这一职业的介绍落实在两个具体的采访对象身上,因此对采访对象的了解同样要做到位,这样才能展现人物的内心和人生态度,这也是对采访对象的尊重。在采访人物前,应尽可能熟悉人物的生平经历、专业业绩、思想信仰、家庭状况、个人爱好、社会影响等。比如,主持人了解到许康飞是国家一级防腐整容化妆师、中国殡葬遗体特殊处理小组组长,曾飞赴海地、青海玉树等地,为我国在海地地震中牺牲的8名维和英雄以及在玉树地震灾区做义工而不幸遇难的黄福荣进行遗体防腐整容。这样在采访过程中才有了关于工作强度、工作难度这些更细致的提问。再比如,在采访季烁红之前,先通过她的师傅了解季烁红的基本情况,这样在与季烁红交流时可以更快地熟悉,也能进行更深入的探讨。

当然,对于电视人物专访来说,准备过程不是仅限于资料的搜集,采访提纲的拟定,还要做好完善的拍摄计划,要考虑好采访现场、关键画面的拍摄。片例中正是有了一些对季烁红学习、生活场景的拍摄,才让观众对采访对象有了全方位、近距离的接触。

(三)提问:用心聆听,适时追问

提问是电视记者进行采访时最基本、最常用的方法,也是最能反映记者水平的一项技能。不同的提问技巧会取得不同的采访效果,记者必须灵活运用、融会贯通。本片的采访过程中体现出来很多采访技巧,且运用得非常自然,使整个谈话过程融洽和谐,层层递进,步步深入,探究到了采访对象内心深处最真实的想法。当然在这其中,对于采访对象回答的用心聆听给人印象深刻,这是对采访对象的尊重,也是根据回答随机应变、适时追问的前提。

【段落一】

记者:这个行业在很多人看来,是一个特别让人有隔阂的行业,您有这种感觉吗?

许康飞:这个是的,确确实实是这样的。

记者:那时有什么问题?

许康飞:首先,年轻人找对象,人家不喜欢。

记者:您当时找对象的时候遇到这种麻烦了吗?

许康飞:我找对象的时候还是遇到了。我找对象的时候,我丈母娘倒是没什么,但是我爱人单位反对。

【分析】在上面这段采访中,记者借"很多人"的看法,迂回着问到了入殓师因职业本身的问题在社会生活中确实有一些不便,再通过追问采访对象是否在找对象时遇到麻烦,让观众从采访对象自己亲身的经历中,去体会他们的不易。而且这样的提问方式,不会很唐突,不会引起采访对象的反感。

【段落二】

记者:小季在这里实习了多久?

许康飞:一个月。

记者:时间并不长。

许康飞:时间不长,但是那一个月事情特别多,各种疑难杂症她都碰到了。

记者:你称之为疑难杂症,为什么这么称呼?

许康飞:因为正常遗体,基本上人家都会做。而像高度腐败或者头没有了、破了、烂了、鼻癌、半个脸烂了,都属于疑难杂症,别人都不愿意做。

记者:你当时对她的印象怎么样?

许康飞:她胆子比较大,再一个,我感觉也比较积极。

记者:你怎么感觉出她胆子很大?

许康飞:因为多数情况下,高度腐败的,我做的话人家都不敢看,都跑了,她还来跟我一道做、拍照。所以我感觉她胆子大,一般人家看到遗体都跑了,一个是很臭,再一个,看着也很害怕,更不要说高度腐败的了。

【分析】在上面这个采访的回合中,两处用到了追问。追问为什么称为"疑难杂症",可以让观众从回答中了解入殓师工作的真实内容,也为引出季烁红的大胆做了铺垫。追问"你怎么感觉出她胆子很大",可以让采访对象用具体的事例去证明,细节往往更生动,也更具有说服力。

【段落三】

记者:如果给一个确定的时间,你还会在这个行业坚持多久?

季烁红:我会坚持下去。肯定要坚持下去。现在如果很难被接受,就说明很少有人从事这个行业,没有人去做,谁去做?如果继续按传统的方式去为逝者服务,真的让人心里心酸,家属看了心寒,都已经是最后一程了,还这么用力对他们,很不公平。

记者:你的内心很柔软。

季烁红:我很坚强。

记者:但是你说的这些话是很多人平常不会考虑的。

季烁红:我不知道他们是怎么想的。如果他们这么想,也不会对这个行业这么抵触吧。但如果他们像我这样考虑,他们会觉得这个行业真的很神圣。

记者:你为什么称之为神圣,这是个很重的字眼。

季烁红:因为我们所做的是别人不敢做的,我们是最后的一站,我们是生命的终点站服务者。让逝者走得有尊严、安详、干干净净的,我觉得就是神圣。

【分析】在这个回合中,记者首先用设问法向采访对象提问会坚持多久,季烁红的回答让大家看到了她的坚持以及她坚持的理由。随后,记者再通过追问为什么用"神圣"这个很重的字眼,让采访对象评价了自己所从事的这一职业,他们是生命终点站的服务者,他们让逝者走得有尊严。这个回答与前面的一系列回答形成对比,入殓师带给逝者和逝者家人尊严,然而他们在现实生活中,因为"传统观念"却受到旁观人的不理解,生活中处处受阻。这个回答也让人看到"90后"入殓师对其职业的理解,她选择这一职业的勇气令人佩服,她对生命的尊重更令人佩服。

通过对上面三个片段的分析,我们可以看到,适时的"追问"可以让谈话产生回合之美,追问可以让采访更加深入,可以了解更多的细节。当然,追问的前提就是要用心聆听采访对象的回答,所以有人说,倾听是最有力的询问。因此,在采访的过程中必须随时做好倾听的准备,听主要新闻事实、听观点、听没说出的话,并根据倾听的内容表达自己的态度,或适时打断进行提问。

(四)结构:逻辑清晰,过渡自然,层层深入

通过采访前的准备和采访现场的观察提问,记者可以充分了解采访对象的各方面信息,然而,丰富的材料如何向观众有条理地展现也是必须进行深入思考

的问题。一期电视人物专访节目有着外在的架构,也有着内在的逻辑关系。外在的架构能够使观众看到明确的开头、主体、结尾等部分,而内在的逻辑关系则是进行板块分割的依据,是不同部分之间的关系纽带,也是每个独立的部分采写思路的指导。

在前面介绍《面对面·入殓师》这期节目的结构时提到,本期节目分为三个部分,这三个部分逻辑清晰,环环相扣地引出采访的重点,每个部分之间的连接自然流畅,且过渡方式非常多样。片中可以看出,从许康飞引出季烁红做了以下铺垫。

【同期声】

记者:每年带那么多学生,最后会有多少学生还继续在这个行业从事这个工作?

许康飞:我这里来的都到了单位里,现在这里还有一个,学生基本上在这个行业里。毕业出去之后不在这个行业的人也有一些,他们最后由于各种原因,不在这个行业里做了。

【解说词】"这是老师傅们打出来的空间。"这是一些新人对于入殓师这个行业的评价。而随着时间发展,如今的实习者,已经有了"90后"的身影。在这其中,有一个叫季烁红的女孩,给许康飞留下的印象颇深。

【主持人】

在采访许康飞的过程中,能感觉出他不善言辞,也能感受到这个行业带给他的压力以及成就感。而"90后",入殓师,这两个关键词联系到一起,迅速地吸引了人们的关注。于是,我们也找到了季烁红,来听听新一代入殓师的心声。

【解说词】

22岁的季烁红,目前还是大二学生。这位来自浙江丽水的女孩,还有一年就将从湖南长沙民政职业技术学院殡仪系毕业。目前,她和另外的3男6女,10个标准的"90后"在浙江嘉兴殡仪馆内的一家礼体中心见习。媒体将他们称作我国首批"90后"职业入殓师。但这样的一个新兴事物,目前受到的社会反响很冷淡。

【同期声】

记者:小季在这里实习了多久?

许康飞:一个月。

记者:时间并不长。

许康飞:时间不长,但是那一个月事情特别多,各种疑难杂症她都碰到了。

通过上面的片段可以看出,从许康飞过渡到季烁红采用了三种方式,这其中既有许康飞采访同期声的引入,也有解说词的引入,同时还有记者在演播室中的报道词引入。

引出报道的重点对象季烁红后,片子的内在结构将递进式结构和板块式结构相结合,以解说词作为连接,将采访分为八个段落,从基本信息到深度信息,全方位地表现了采访对象季烁红,其中所包括的内容有:季烁红给大家的直观印象,一个爱笑的开朗的年轻女孩;许康飞对季烁红的评价,胆大积极,即使第一次有些恐惧,但也很快克服了;季烁红选择学习这一专业的原因,与亲人的去世有关,与兴趣有关,与责任有关;选择面临了来自家人的反对,但季烁红执着地坚持着;当真正进入学习过程时,季烁红面临着不小的挑战,好强的她不断调整适应;家人的理解,媒体的支持,这些让季烁红感动,但来自社会各方压力仍然很大;即使有压力,生活中的季烁红,依然快乐阳光,男朋友也与自己有着同样的职业;对于自己的职业,季烁红用"神圣"评价,表示会一直坚持。

在这样层层递进的结构中,观众对这位"90后"入殓师既有直观的印象,也能深入地了解她的性格、内心情感以及对职业的真正认识。

对于一名记者来说,要做好一期专访,需要熟悉整个工作流程,了解流程中每个环节的工作内容和技巧,在有一个好选题的基础上,采访前做好准备,采访中灵活运用访问技巧,采访后能够有逻辑地对采访资料进行整理,这些都是必不可少的。

第五节　新媒体时代的深度报道

一、机遇

与传统媒体的大众传播时代相比,新媒体时代开创了一个"泛传播"的聚合时代,其新兴的、特有的传播特性为深度报道带来了极好的发展机遇。

(一)新闻传播主体的泛化为深度报道的选题提供了丰富的信息来源

新媒体突破了传统的传播主体主导的传播模式而实现多元传播主体,换句话说,受众作为新闻事件传播客体存在的同时也是新闻信息传播的主体。各个不同的社会群体、社会阶层或个体都能通过新媒介发布信息,这为深度报道的选题提供了广阔的空间。选题是深度报道成功与否的关键,新闻信息资源丰富了,可选择的余地也就大了。

在传统媒体时代,深度报道的新闻信息来源主要是观众来信、电话、通讯员、"线人"等,其途径狭窄、时间效率低下、形成的报道面世周期漫长。而新媒体时代,尤其是网络技术、手机移动通信技术的出现与普及,使任何人都可以参与新闻事件的生产。他们能够在"第一时间、第一现场"借助手机、计算机网络等新媒体形式发布他们认为重要的周边的新闻事件。因此,新闻报道者可以迅速在第一时间从这些"草根记者"提供的原创新闻信息中提取有价值的、源于群众的题材,从而为深度报道的成功打下坚实的基础。

(二)新闻传播介质的泛化为深度报道汇集更"深"的报道力量

新媒体的特点之一在于它的消解力量——消解传统媒体(电视、广播、报纸、通信)之间的边界,消解国家与国家之间、社群之间、产业之间的边界,消解信息发送者与接收者之间的边界等。自从新媒体诞生以后,很多传统媒体一改原貌,也开始以电子化、数字化的形式呈现在人们面前。随着新媒介功能的融合与强大、信息终端的功能和特点汇聚一体化,尤其是移动技术的发展与成熟,手机报纸、手机杂志、手机广播、手机电视、手机博客等一系列手机媒体业务的出现,人们可以通过手机这一种媒介完成对原本存储于不同传统媒介上同一题材或不同题材的深度报道的阅读。新闻内容的呈现方式可以是文字、图片、动画、视频、音频或其他组合,其强烈的视觉冲击力和声音的震撼力是传统媒体无法比拟的。

此外,计算机互联网络特有的超链接技术能够为深度报道更进一步地"深入"提供更多的信息补充。正如美国传播学者弗里登所言:"超媒介比传统媒介令人激动的优点是经常可以得到音频、视频、图标和文本信息,而网页之间的链接,比如链接一个新闻的相关新闻和其他信息则是超链接最根本的优点。"毫无疑问,这种传统媒体无法企及的新技术能够拓展报道的深度。

(三)新媒介传播关系泛化为深度报道提供了互动渠道

在传统媒体时代,由于地域、职业、信仰、地位等的制约,新闻信息传播大多是单向、线性的,受众只能被动地接受。而在新媒体时代,手机、计算机多媒体、互联网络等高交互性新媒介正在消解限制、束缚人们的一切枷锁,这为深度报道提供了良好的互动渠道。一则深度报道的发布或播出,人们可以通过新媒体直接参与其中,实现与新闻事件近距离甚至零距离的接触。这不仅能使受众拥有话语权,对报道事件的认识更为深刻,而且在某些时候能够帮助媒体发现、纠正报道本身存在的一些瑕疵。因为深度报道的题材重大、复杂,牵涉面广,报道中要还原已发生事件的原貌,又常常受时间、空间和精力的限制,记者的努力付出获取的可能只是事件或人物的某几个侧面,最终完成的深度报道难免有些与事实情况不符的地方。"群众的眼睛是雪亮的",从某种意义上来说,受众的互动参与将有助于阻止错误的进一步蔓延。

(四)新闻传播层级泛化增强深度报道的传播效果

根据库尔特·卢因提出的"把关人"理论,传统媒介时代,在新闻信息的提供、采集、写作、编辑和报道的全过程中存在着众多不同级别的把关人,受众最终看到的新闻报道都是经过他们提炼、筛选过的内容。传播的过程基本上严格遵守保罗·F.拉扎斯菲尔德提出的"大众传播中的两级流动"传播理论自上而下地传达信息。

新媒体时代的传播层级则呈现为"一对一、一对多、多对一、多对多"的多级传播通道模式。"传播通道不再是线性的,而是非线性的;传播层级不再是有量化定义的,而成为泛化的和未定义的。"受众在"泛传播"中享有了与任何层级信息对称的权利,他们可以通过新媒体在任何地点、任何时间接受或向任何人传播重要的新闻事实。新媒体获取新闻事件之及时、传播信息速度之快、传播范围之广所带来的超强传播效果远远超出传统媒介时代人们的想象。毋庸置疑,这也将有助于增强深度报道的传播效果。

二、挑战

(一)新媒体语境下信息的娱乐化消费

在人们享受着新媒体带来方便快捷的使用感的同时,新媒体也在潜移默化之中改变着人们对日常信息的接受与处理习惯。碎片化、社交化等特点使得媒体深度报道也受到一定的影响。受众对于传播内容的选择呈现出消费主义和娱乐化的倾向,有趣、好玩的内容逐渐成为受众关心的重点,娱乐性内容占据了众多媒体头条。而微信公众号、微博等在传播新闻时,总是希望用最快的速度追逐时事热点事件,抒发自己的观点,被称为"深度好文"的良心公众号还是有些匮乏。

(二)新媒体语境下受众阅读习惯的变迁

新媒体的快速发展无疑为当下的阅读活动提供了许多便捷,并满足了受众在进行阅读时的视觉享受。微博、微信、知乎、头条等社交媒体成为新时代的宠儿,人们也不必等候报纸或者电视提供的新闻信息,相反,只需打开新媒体,受众就可以很轻松地获得任何想要的最新资讯。美国的有线电视公司2017年最后一个月的调查显示:美国的青年人从网络上获得的新闻信息已超过了电视加上报纸的总和。据《传媒蓝皮书:中国传媒产业发展报告(2017)》显示,纸媒读者数量与营收依旧处于不断下跌的态势。最常见的场景还是人们通过手中的电子设备,获得资讯,受众不会放过任何细碎的时间。新媒体信息短平快的特性,成为受众日常浏览的对象。优质内容与简单易得的消息相比,受众更愿意选择最容易获取的消息。在轻点手指就可以得到信息的时代,优质内容并不一定能够获得受众的青睐,深度报道中冗长复杂的介绍对于受众的阅读容易造成视觉疲劳。

(三)新媒体语境下深度报道人才的流失

当传统媒体体制改革无力,报道空间受到限制,许多纸媒精英纷纷选择转行或进入新媒体领域。对深度报道部门来说,这一现象尤其严重。2015 年 8 月 10 日《新京报》深度报道部副主任张寒发布"十年为期,一次离别"的朋友圈离职消息,引起同行与业界的感叹。2017 年,有上百位媒体人离职传统媒体,他们中有继续选择从事与媒介内容相关的,也有的转行进入商业。无论转入哪些领域,都意味着优秀的记者将会越来越少,尤其是传统媒体中深度报道这一汇集业界精英的板块,如今能够坚守的人已经屈指可数。

新媒体环境下,深度报道挑战与机遇并存。深度报道想要得到更好的发展,就要求记者必须深刻领会深度报道的实质,形成科学的深度新闻报道观念。在正确观念的指导下,深度报道还必须适应并借助新媒体的优势,继续扩大自身的内容优势和社会影响力,一方面为新媒体时代深度报道突围找到路径,一方面也用深度报道的优质内容丰富新兴媒介平台。

参 考 文 献

[1]彭兰.媒介融合方向下的四个关键变革[J].青年记者,2009(6).

[2]刘小帅,张世福.3G时代:传媒价值链的重构[J].网络传播,2009(7).

[3]罗鑫.什么是"全媒体"[J].中国记者,2010(3).

[4]郜书锴.全媒体:概念解析与理论重构[J].浙江传媒学院学报,2012(4).

[5]姚君喜,刘春娟."全媒体"概念辨析[J].当代传播,2010(6).

[6]王学成,来丰.论跨媒体联合[J].新闻大学,2002(1).

[7]蔡雯,王学文.角度·视野·轨迹——试析有关"媒介融合"的研究[J].国际新闻界,2009(11).

[8]郜书锴.全媒体记者:后报业时代的记者先锋[J].青年记者,2011(7).

[9]郜书锴.视觉传播:融合新闻的转型与实践[J].现代视听,2008(8).

[10]田勇.全媒体运营:报业转型的选择——宁波日报报业集团的全媒体实践[J].新闻与写作,2009(7).

[11]曹轲,庄慎之,陈雨.南都全媒体集群构想[J].青年记者,2010(19).

[12]郜书锴.全媒体:概念解析与理论重构[J].浙江传媒学院学报,2012(4).

[13]丁柏铨.新闻采访与写作[M].北京:高等教育出版社,2009.

[14]赵振义.把握好新闻采访四最[J].新闻传播,2010(9).

[15]张艳,冷轶鹏.浅谈社会新闻的采访技巧[J].新闻战线,2007(12).

[16]任志霞.浅析编辑记者的新闻敏感度[J].中国报业,2014(6).

[17]许彦伟.新闻敏感与素质培养[J].新闻爱好者(上半月),2008(7).

[18]葛逸飞.浅析电视新闻系列报道[J].佳木斯教育学院学报,2010(27).

[19]比尔·科瓦奇,汤姆·罗森斯蒂尔.新闻的十大基本原则[M].刘海龙,连晓东,译.北京:北京大学出版社,2011.

[20]梅尔文·门彻.新闻报道与写作[M].展江,译.北京:华夏出版社,2003.

[21]肯·梅茨勒.创造性的采访[M].北京:中国人民大学出版社,2004.

[22]莫继严.重提新闻专业主义[J].当代传播,2003(1).

[23]张国良.新闻媒介与社会[M].上海:上海人民出版社,2001.

[24]陆晔.美国新闻业"客观性法则"的历史演进[J].新闻大学,1994(1).

[25]董方晓.新闻爱好者:提高网络媒体的公信力[J].中国出版,2008(5).

[26]王龙卿.浅谈日报记者新闻写作存在的问题及改进策略[J].新闻传播,2013(9).

[27]闫朝.浅析记者利用微博报道新闻存在的弊端及其应对措施[J].视听,2015(2).

[28]胡志平.新闻写作创新智慧[M].北京:新华出版社,2003.

[29]周海燕.调查性报道采访与写作[M].北京:新华出版社,2003.

[30]范斌.新闻写作案例教程——范例、思路与技巧[M].广州:南方日报出版社,2003.

[31]威廉·E.布隆代尔.《华尔街日报》是如何讲故事的[M].北京:华夏出版社,2006.

[32]李培林.读图时代的媒体与受众[M].北京:新华出版社,2005.

[33]王蕾.报纸新闻图片的传播优势及其应用[J].中州大学学报,2009(4).

[34]余文,索进兴.浅谈新闻摄影中视觉冲击力的生成[J].新闻知识,2012(6).

[35]杨俊伦.媒介文化及其对社会的影响[D].武汉:武汉大学,2004.

[36]林楚方."短视频"能热多久?[J].中国记者,2017(1).

[37]何志华.浅议小屏时代的短视频传播[J].新媒体研究,2016(8).

[38]栾萌飞,薛可.基于5W模式的短视频新闻传播特征研究——以梨视频为例[J].新闻研究导刊,2016(24).

[39]周笑.新媒体产业格局及发展趋势[J].电视媒介,2011(1).

[40]田中阳.对微视频个体表达的传播学解释[J].湖南师范大学社会科学学报,2011(2).

[41]何志华,徐舟.短视频的制作创新[J].新媒体研究,2017(15).

[42]王晓红,包圆圆,吕强.移动短视频的发展现状及趋势观察[J].中国编辑,2015(3).

[43]陈力丹.深度报道深在哪儿[J].新闻与写作,2004(4).

[44]徐占煜.论深度报道[J].新闻界,2000(3).

[45]任丽.浅析电视新闻的深度报道[J].青年记者,2008(26).

[46]华山跳崖者的陡坠人生[N].新京报,2014-12-25.

[47]许鑫峰.记者编辑在新闻策划中的角色[J].赤子,2015(13).

[48]杨威.编辑在新闻策划中的作用[J].西部广播电视,2015(2).

[49]邵蕾.新媒体与青年亚文化的变迁[J].当代青年研究,2012(5).

[50]熊澄宇.新媒体研究前沿[M].北京:北京大学出版社,2012.

[51]宫承波.新媒体概论[M].北京:中国广播电视出版社,2011.

[52]彭兰.中国新媒体传播学研究前沿[M].北京:中国人民大学出版社,2010.

[53]操慧.新闻采写教程[M].成都:四川大学出版社,2010.

[54]张俐.新闻采写实务[M].兰州:兰州大学出版社,2010.

[55]赵振宇.新闻策划的定义、作用及实施前提[J].现代传播,2001(4).

后 记

2008年从湖南大学毕业至今已有十年的时间。这十年,从传统媒体的衰落到新兴媒体的繁荣,新闻工作方式和新闻人才培养都在不断适应调整。这十年,从新闻专业的学生到新闻学院的老师,我积累了一些对新闻行业和新闻教育的粗浅认识。尤其是在新闻教育方面,工作以来参与了多项教改课题,其中有一些内容正与本书主题相关,是对媒介融合时代新闻教育的思考。本书的最后拿来与大家分享。

新闻传播学是一门新兴的学科,其学科地位确立的历史并不长,需要不断地探索和完善。新闻传播学所服务的新闻传播业是一个技术、理念、模式更新换代非常快的行业,需要学科建设能根据传媒业需要做出及时有效地调整。

在"中国传媒高等教育的现状与未来卓越传媒人才培养高峰论坛"上,强实践、促复合、做无可替代的专业化教育成为专家讨论的主题。原密苏里大学孙志刚博士在会上介绍了密苏里大学在传媒人才培养方面与时俱进表现:2005年,在本科和硕士课程中开设"媒介融合"方向;2005年,将"报纸媒体"专业改为"报纸与数字媒体";2010年秋季,将传统的六个专业拓展成三十多个"兴趣领域",帮助学生细化他们所需要学习的具体课程;如果说从2005年起,密苏里新闻学院开始把媒体融合这个概念融合在每一个课程中的话,那么今天更多是贯彻和执行"移动优先"的理念,在2014年秋季设置社交媒体、数字新闻的课程。

如今,面对传媒业的巨变,这些措施对我国高校传媒人才培养有着一定的参考价值。结合实际,为了适应媒介融合新时代,高校传媒人才培养可以主要从以下几方面着手。

一、以实际需求为导向,培养复合型传媒人才

各种新型传播手段的出现,给新闻工作带来许多新变化、新挑战。自2008年年初新闻出版总署全面启动"全媒体数字采编发布系统工程"以来,全媒体传播环境便开始出现在公众视野里。这种环境使得业界改变了对新闻传播人才的需求类型,同时也迫使高等院校对新闻传播教育的目标理念进行重构,急需确立一套新型的传媒专业人才培养模式,使得传媒人才的培养与业界的现实要求相匹配,最终培养出高级应用型、创新型、复合型的传媒人才。

复合型传媒人才不仅指传媒专业知识与其他专业知识的复合,在当前的媒体环境中,更多地表现为传媒专业内部不同生产环节、不同媒介特色等相关知识的复合。

根据课题组对山西传媒学院毕业生的调查,新闻采编与制作专业的就业方向主要集中在广播电视领域,同时也涵盖了报纸、网络、企业事业单位宣传、广告策划等领域。因此,山西传媒学院在制定2013级广播电视学专业培养方案时,充分考虑了媒介融合和文化产业大发展的背景,将培养目标定位于新闻专才和媒介通才,拓宽专业口径,灵活设置专业方向,培养厚基础、宽口径、高素质、强能力的技能型人才。教学活动在以广播电视学为主的同时,开设《报纸编辑》《广播新闻节目制作》《新媒体概论》《网络编辑》等课程,注重学生在平面媒体与新媒体等方面的知识与技能的培养,提高学生对于媒介知识与技能的全面认知与掌握,努力培养出既能适应社会经济发展的专业新闻人才,又能顺应媒介融合要求的复合型传媒人才。

当然,不同院校一定要根据自身定位、自身优势,打造个性化、特色化的人才培养目标,提升核心竞争力。如长治医学院就结合学校医学专长,开设了传播学专业(健康传播方向),不仅是山西唯一,也是全国唯一,大大提升了学生在就业时的竞争力。

二、树立大传播理念,优化课程内容安排

要使传媒人才符合文化产业全面振兴的要求,传媒人才培养应当坚持"大传播的理念、全媒体的视野",不断推进学科和专业建设,推进人才培养模式创新。在媒介融合背景下强调全媒体概念,人才培养方案要进一步加强媒介融合方面的课程建设,帮助学生做到在媒体和相关产业从业的"无障碍";关注新媒体发展与媒介融合背景下的行业需求,在加强基础理论知识学习的同时,建设更有深度的专业理论课程模块,在史、论、法等课程方面加大投入,帮助学生实现知识及素养的"横贯"与"纵深"。

(一)设置多元化专业课程,提高学生综合专业能力

根据对山西传媒学院2010级新闻采编与制作专业毕业生就业情况的调查,有50%左右的毕业生在电视台、报社、网站、杂志社等媒体从事新闻采编工作,其余学生则分布在广告、文化传播、市场营销等领域或通过专升本考试继续深造。

这些毕业生进入这些和专业相关但又有区别的领域后,需要从零开始学习,

增加了入职的时间和难度。在课程设置中可以考虑以选修的形式加入广告创意策划、市场营销等内容,让学生对这些领域有初步的认知,将来再进入这些领域后学习起来会更容易。

从传媒产业化发展需要来看,高校也需要为传媒类专业的学生开设经营管理类课程。2006年12月21日,山西出版集团挂牌成立;2011年4月25日,山西广电网络集团、山西演艺集团、山西日报传媒集团、山西广电传媒集团、山西影视集团等五大文化企业集团挂牌成立。而2013年,山西省广播电视从业人员中经营人员仅202人,占全体从业人员的0.93%。从全国范围来看,全国广播电视从业人员中经营人员共42069人,占全体从业人员的4.98%。可见山西省广播电视经营人员远低于全国平均水平。这样的人才比例很难满足产业化的发展需要。因此,为适应产业化发展,需要加强媒介经营管理相关课程的建设力度,培养一批熟悉市场经济规律,懂经营、善管理的人才。

(二)设置新兴专业课程,提高学生适应媒体新环境的能力

第一,设置新媒体相关课程。山西传媒学院2013级广播电视学专业的169名同学,在2015—2016学年小学期中,分别在山西广播电视台、山西日报集团、晋中新闻网、晋中广播电台、晋中广播电视台综合频道、晋中广播电视台公共频道、太原电视台、新华社山西分社、《人民代表报》等媒体进行实习。根据统计,实践中,有30%的同学从事与新媒体有关的工作,有60%的同学在实习单位的新媒体中心工作,其他的同学通过不同的方式参与到新媒体工作中。因此,我们有必要在教学中加入与新媒体有关的专业理论和专业技能课,使学生能够适应媒体需求。

第二,设置数据处理相关课程。大数据时代,媒体掌握着大量的数据信息,包含媒体信息本身的数据形态、受众行为信息等内容。因此,教师需要注重新闻传播学科专业学生数据搜集、统计、处理能力的教育和培养,在课程设计上加入统计学、SPSS统计软件与分析等课程作为该学科所有专业的基础课程。对数据分析技能的培养,能够帮助新闻传播从业人员从海量的数据中获得新闻线索、开展新闻调查、发掘社会关注焦点、预测社会关注的演变趋势等。因此,分析技术的掌握和分析工具的熟练使用是当下新闻传播教育不可忽略的重要环节。而在大数据的操作上,学生还需要具备数据可视化的能力,能够将数据转化为图形、图表、视频等易于被受众接受的形态。这是大数据时代受众对新闻传媒行业所提出的要求,更是行业对新闻传播教育所提出的要求。

三、创新实践教学方式,提高实践教学质量

要保证实践教学有序开展,必须重视对校内实训条件的改善,也要注重对校内、校外实践基地的建设。要根据行业需求,不断更新教学仪器设备,提高仪器设备的现代科技含量,形成教学、科研、生产相结合的多功能实验室。当前很多高校的实验室以培养报纸、广播、电视等传统媒体专业技能为主,应加快建设适合新媒体发展要求的实训室。同时,还要合理安排实践课程、规范实践教学内容、加强实践过程监督、加大实践指导力度、完善实践评价体系。

如今,复合型人才培养目标的提出,对当前的实践教学提出了新的挑战。除了要在以上几方面下功夫,在实践项目的安排上也要创新探索,尝试打通课与课之间的壁垒,适应当前媒体中央厨房式的工作模式。在新闻行业一线,各项工作并不是割裂的,学生在进入工作岗位后,往往需要具备多项技术能力。2011 级新闻采编与制作专业实习岗位的统计数据显示,有 41.5% 的学生在实习单位要完成新闻制作流程中多个环节的工作。

实训项目设置除了要考虑课程目标的具体性,还要兼顾课程间的关联性。任何岗位之间的关系都是非常紧密、环环相扣的,因此,课程之间也是相互融通的。要完成一个优秀的电视新闻作品,采访、拍摄、写作、编辑等每一个环节都必不可少,每一门课程有专项训练,不一定要面面俱到,可以通过设置专门的综合实训环节来提高学生的综合能力,这样也可以避免课程间的重复交叉。

四、设置新兴专业,促进新闻传播学科全面发展

"互联网+"行动计划的提出,推动各行各业与互联网有机结合,从而在新的领域创造一种新的生态。2012 年教育部对我国本科专业目录进行了修订和调整。新闻传播学类新增网络新媒体和数字出版两个特色专业,凸显了互联网时代对于网络传播人才的重视培养。

目前我国互联网、手机用户、网民数量位列全球第一,新媒体上市公司更是传统媒体的 2~3 倍。据《中国传媒产业发展报告(2014)》蓝皮书中数据统计,2013 年中国传媒产业总产值规模为 8902.4 亿元,2014 年预计突破 1 万亿元,尤是以"移动互联"为代表的新兴媒体已正式走入第一媒体的序列,更在使用时间上远远超越了广播电视、报刊图书等传统媒体,成为占据人们工作、休息之外闲暇时间的最主要媒介。

这样的背景下,如果仅在传统专业人才培养方案中加入与新媒体相关的知识和技能的专门课程,难以应对新媒体快速发展的趋势。为了迎合时代赋予的契机,满足业界对新媒体专业人才的需求,国内外众多高校纷纷开设新媒体相关

专业。南京大学金陵学院从 2007 年起在国内率先成立了新传媒系,并在该系下成立了国内第一个媒体融合本科专业。为此,学院还投资 700 万元,打造仿真媒体生态环境的"未来"的媒体融合实验室。2014 年 12 月,山西传媒学院广播电视学专业划分为新闻学、广播电视学、网络新媒体三个课程方向教研室,明确的方向划分为网络新媒体教研室发展提供了空间。2016 年,山西传媒学院网络与新媒体专业招收了首届本科生。

媒介融合时代给传统的传媒人才教育提出了挑战,同时也为传媒人才教育开辟了新的发展空间。因此,为了更好地适应传媒发展新环境,高校必须直面当前存在的人才培养观念落后等问题,深入调查研究,结合行业需求,革新教学理念,优化培养模式,从而提高传媒人才培养质量,为媒介融合的新时代提供卓越传媒人才。

最后,感谢在本书写作过程中我的硕导吴高福教授在理论上的指导,感谢同事武慧芳老师、赵燕老师以及成都体育学院的研究生郝悦敏参与第二章、第六章及第九章的部分案例编写,感谢我所指导的毕业生所进行的资料搜集、文稿校对等工作,更要感谢一直以来在工作上给予我帮助的校领导和同事,感谢家人无条件地付出和支持,正是因为有你们,本书才能顺利出版。

由于时间仓促,能力有限,书中难免会有纰漏,望各位批评指正。